Diego Rivera, luces y sombras

Diego Rivera, luces y sombras

Narración documental

Raquel Tibol

Lumen

Diego Rivera, luces y sombras

D.R. © 2007, Raquel Tibol

Primera edición, 2007
Primera reimpresión, 2007

Derechos exclusivos de edición en español reservados
para todo el mundo:

D. R. © 2007, Random House Mondadori, S. A. de C. V.
            Av. Homero No. 544, Col. Chapultepec Morales,
            Del. Miguel Hidalgo, C. P. 11570, México, D. F.

Fotografía de portada, de Bernard Silberstein, cortesía de
Throckmorton Fine Art, Inc.

D.R. © 2007 Banco de México, "Fiduciario" en el Fideicomiso
            relativo a los Museos Diego Rivera y Frida Kahlo. Av. Cinco de Mayo No. 2,
            Col Centro, Del. Cuauhtémoc 06059, México D.F.

www.randomhousemondadori.com.mx

Comentarios sobre la edición y contenido de este libro a:
literaria@randomhousemondadori.com.mx

ISBN: 978-970-780-459-3
ISBN: 970-780-459-9

Impreso en México / *Printed in Mexico*

Índice

Antecedentes

En 1881 el pintor y escritor mexicano Felipe Gutiérrez (1824-1904), discípulo de Pelegrín Clavé, viajero por Europa y Sudamérica, fundador de la Academia de Bellas Artes en Bogotá, Colombia, autor de un *Tratado del dibujo y la pintura*, de otros libros y numerosos artículos, al comentar en el periódico *El Siglo XIX* «La exposición artística de 1881» en la Academia de San Carlos, sentenció: La política es la única que da dinero en nuestro país.[1] Felipe Gutiérrez (productor, maestro y teórico del arte) no sólo había hecho enormes esfuerzos para vivir de su profesión, sino que había observado y analizado, desde dentro del problema, lo difícil que resultaba en México vivir de la producción artística.

La necesidad de arte era enunciada en el siglo XIX con arrebato idealista; valga como ejemplo lo escrito por Juan M. Villela en 1874 en *El artista:* La sociedad sin el arte sería lo que el hombre sin el alma [...] El hombre necesita un ideal, y ese ideal debe buscarse por medio del arte.[2] También se daban consideraciones orientadas hacia un concreto sentido gremial, y preocupaciones por valorar un trabajo que no había logrado un estatuto profesional. En 1875, desde *El eco de ambos mundos,* José González de la Torre señalaba: Incierto es el destino de los que estudian en la Academia de San Carlos, no hay para ellos porvenir seguro [...]. Después de consumir los primeros años de su vida en el estudio, no pueden decir sino muy pocos que se han formado una manera honesta de vivir; pues que la mayor parte, después de haber gastado largos años en el estudio de la pintura o la escultura, salen a la calle y las esperanzas que habían concebido se disipan como el humo, encontrándose entonces sin porvenir y obligados a tomar una ocupación, sea la que fuere, para buscar su pan. [...] Hemos oído decir a personas consideradas del establecimiento de San Carlos que allí se forman desgraciados, y ésta es la verdad. [...] Hay también que considerar que al gobierno supremo le ha costado muy cuantiosas sumas, y estos sacrificios se han hecho sin provecho, sin que se formen útiles a sí mismos, sino en muy reducido número.[3]

Ante el extendido y doloroso problema del incierto porvenir de los artistas en formación, con magras esperanzas González de la Torre proponía algunas soluciones: juntas de calificación que al seleccionar obras las prestigiaran y, por lo mismo, abrieran mercado; exposiciones permanentes, no sólo en la capital sino también en los estados para facilitar las ventas; crear el gusto por las artes con extendidos proyectos a largo plazo. Para hacer viable cualquier solución, proponía que los artistas se asociaran con el gobierno.

Rafael de Rafael, colaborador de *El espectador de México,* abordaba el problema de la producción artística de manera concreta: Cada ramo —escribió el 4 de enero de 1851—, cada profesión, necesita prosperar. Poco progresará el ramo de la construcción de máquinas en una nación escasa de fábricas; y la arquitectura naval no podrá existir en un país sin puertos o sin comercio; las bellas artes exigen también condiciones especiales.[4] Rafael de Rafael creía que el arte, para remontar el vuelo, necesitaba del calor de instituciones robustas, y no sin escepticismo señalaba la triple base sobre la que descansaba entonces el arte en México: la religión, el poder, el orden jerárquico; pero advertía que el arte puede arraigar, vivir y prosperar sin el sustento de instituciones robustas porque hay en el artista amor indestructible por su oficio.

El mismo Rafael de Rafael, en publicación del 5 de junio de

1851, lamentó la inexistencia de una escuela nacional de arte en México, escuela entendida no como academia sino como un conjunto de atributos espirituales y materiales que hacen identificable una determinada producción artística como propia de un país o región.[5] La ausencia de originalidad en la pintura y la escultura fue percibida también por Ignacio Manuel Altamirano *(El artista,* 1874). Si había predisposición en los artistas, ¿por qué no acometían la empresa de crear una escuela nacional moderna, vigorosa, vital, y seguían consagrados a la estéril y tediosa imitación servil de modelos extraños y convencionales? Asumir un carácter nacional que nos pertenezca o al menos que pertenezca a la América,[6] solicitaba Altamirano; un carácter estético que no estuviera sujeto al gusto de los compradores ni a la autoridad de los preceptores. Altamirano apelaba a la imaginación atrevida e independiente para echar las raíces de ese arte nacional. Por la misma época Manuel de Olaguíbel *(El artista,* 1874) pedía un sentimiento nacional en el arte. ¿Para qué? Para conservar la sociedad. El arte pensado como elemento estabilizador de una patria en débiles vías de recuperación de sucesivas y brutales agresiones extranjeras, cuando la nueva burguesía, para afianzarse en su espacio social y geográfico, no sólo succionaba sino agredía y despojaba al viejo campesinado. Se pugnaba por reformas políticas y sociales y, en consecuencia, se requerían reformas intelectuales y artísticas.[7]

Jorge Hammeken y Mexía, el discípulo de Altamirano, celebraba jubiloso el advenimiento de un mundo nuevo *(El artista,* 1874), el alborear de nuevas organizaciones y nuevas doctrinas, y se desesperaba, igual que su maestro, por la falta de artistas que expresaran en sus imágenes los nuevos resplandores de la democracia: Bastante tiempo ha tenido el arte los brazos cruzados. Tiempo es ya de moverse, de entrar un poco en ejercicio, de cooperar a la grande obra, de ayudarnos en la colosal empresa […] mezclarse en nuestra vida y sufrir con nuestros sufrimientos […], tiempo es ya de arrojar el guante a esta sociedad corrompida y filistea, de avergonzarla y vencerla.[8] Y José Martí, como crítico del arte mexicano, terciaba *(Revista Universal,* diciembre 29, 1875): Hay grandeza y originalidad en nuestra historia; haya vida original y potente en nuestro arte.[9]

Las obras artísticas de gran parte del siglo XIX mexicano fueron fruto de una sociedad feudal, de una sociedad dividida en castas; de una nación débil, sometida a los planes políticos de naciones más poderosas; pero fueron también expresión de los invasores extranjeros, inclusive cuando traían disfraces de refinados emperadores. Se luchó para separar a la Iglesia del Estado, con todas las consecuencias que este hecho tendría para la libertad de cultos, para el fortalecimiento de la emergente burguesía nacional, para la organización de la familia. Fueron las obras de arte del siglo XIX mexicano expresión de un país que comenzó a industrializarse y que conoció el desarrollo social que la industrialización provoca, de un país que aceptó ese substituto de la estabilidad que son las dictaduras; pero un país que al sentirse ahogado por la dictadura y la clase privilegiada que la sustentaba estalló en rebeldía, estalló en revolución, rebeldía y revolución que también prepararon algunos de los intelectuales que esporádicamente durante el siglo XIX hicieron crítica de arte, crítica de arte que debe situarse como un antecedente encomiable porque en esos escritos se solicitaba la proyección de ciertos valores que tardarían en concretarse, y que eran los de un robusto humanismo que diera marco racionalista y exaltación romántica al desarrollo de la clase que despuntó al restaurarse la República, clase que al asumir el poder dio, en alguna medida, cumplimiento a lo que había proyectado.

Antes de la Revolución de 1910 el interés cultural por el arte fue, a pesar del empeño de los intelectuales liberales, bastante relativo; prueba de ello es la obra monumental que en 1900-1901 dirigió Justo Sierra: *México, su evolución social,* en la que intervinieron los más destacados intelectuales del porfiriato, como el licenciado Pablo Macedo, el general Bernardo Reyes, el doctor Porfirio Parra y otras personalidades de igual magnitud, como el ingeniero Agustín Aragón, el licenciado Ezequiel Chávez y el propio magistrado Justo Sierra. Los dos grandes tomos fueron impresos a todo lujo por la casa mexicana J. Ballescá y Compañía, Sucesor, Editor, y la Lipolitografía de Salvat e Hijo de Barcelona, España, dando por resultado lo que en negritas se destacaba en la página de créditos: Espléndida edición, profusamente ilustrada por artistas de renombre. Esta obra, consultable por múltiples razones y panorámica en su estructura, no incluía capítulo alguno sobre las artes plásticas, ausencia inexplicable si se toma en cuenta la conocida inclinación de Justo Sierra por la pintura y su íntima amistad con Leandro Izaguirre, uno de los pintores sobresalientes de su hora. Esto obliga a concluir que, al arrancar el siglo XX, para los mexicanos ilustrados las artes plásticas no contaban como capítulo específico de la evolución social.

Secuencia milenaria

Los pueblos que desarrollaron sus culturas en la Mesoamérica anterior a la Conquista decoraron, a lo largo de muchas centurias, pirámides, templos y palacios con pinturas muy elaboradas, en técnicas similares al fresco o al temple. Con profusa carga simbólica, estilizada policromía y dibujo muy definido, exaltaban en los muros los atributos de las deidades a las que rendían culto, simbolizaban los ciclos de la naturaleza y de los astros o relataban acontecimientos sobresalientes. Rojos, azules, verde malaquita, amarillos y anaranjados eran los colores más frecuentes; aunque en La casa de las tablas de Huapalcalco, estado de Hidalgo, se encuentran unas pinturas muy antiguas (V a II a.C.) en negro sobre blanco. En Bonampak, Chiapas, son tres los cuartos de un templo decorados con escenas de batallas, bailes, músicos, conversaciones, sacrificios, atavíos suntuosos, plataformas y escaleras, ejecutados estos frescos hacia el siglo VIII d.C. Cercanos en el tiempo son los de Cacaxtla, Tlaxcala, donde se combinaron los estilos mayas y teotihuacanos, desarrollados estos últimos en poblaciones cercanas al centro ceremonial del estado de México, como Tepantitla, Tetitla, Otetelco y Zacuala, sobresaliendo el Tlalocan, paraíso del dios de la lluvia, con escenas de gracia festiva.

Desde los primeros años del Virreinato, para los franciscanos, agustinos y dominicos constructores de capillas, iglesias y conventos, las pinturas en las paredes fueron complemento habitual en su labor catequizadora. La riqueza pictórica del Renacimiento, el

Barroco y el Neoclásico europeos tuvo equivalencias en las paredes de la Nueva España desde el siglo XVI hasta principios del XIX. Los franciscanos hicieron murales catequizantes en el convento y en la iglesia de Tepeapulco hacia 1528; un año después prosiguieron su obra arquitectónica y pictórica en Cuernavaca. Grandes muralistas en el siglo XVI fueron los agustinos; abundan pruebas en Epazoyucan, Atotonilco el Grande, Actopan, Ixmiquilpan y Alfajayucan en el estado de Hidalgo; Yecapixtla, Ocuituco y Jonacatepec, en Morelos, y Acolman en el Estado de México.

En 1858 Juan Cordero (1824-1884) recibió el encargo de decorar la cúpula de la iglesia de San Fernando, donde pintó al temple una *Inmaculada Concepción* rodeada de coros de ángeles que emergen de nubes vaporosas. A diferencia de su obra habitual, aquí Cordero utilizó tonos suaves y contornos gráciles. Ya en su madurez, en 1874, Cordero realizó el mural *Triunfos de la ciencia y el trabajo sobre la envidia y la ignorancia,* alegoría ubicada en la pared del último descanso de la escalera principal de la Escuela Nacional Preparatoria, instalada en el antiguo Colegio de San Ildefonso, erigido por los jesuitas a principios del siglo XVIII. La obra le fue encargada a Cordero por el director de la Preparatoria, el reformador de la educación y teórico del positivismo mexicano, doctor Gabino Barreda, quien inspiró su contenido. El sistema de cultura científica y filosófica que Barreda luchaba por imponer necesitaba su propia expresión artística, una obra superior que resumiera las ideas preconizadas por Auguste Comte, de ahí que en la composición se conjuntaran la Sabiduría, la Arquitectura, la Ciencia, la Electricidad, la Industria, el Comercio, la Historia, el Progreso. La elite intelectual festejó entusiasmada la realización del mural, descubierto en una ceremonia extraordinaria en la que Guillermo Prieto leyó un poema alusivo. Cordero fue coronado con áureos laureles y Barreda pronunció un discurso en el que exaltó la unión de las Ciencias y las Bellas Artes, más la apertura de un nuevo campo a la estética mexicana. A pesar de los elogios, en 1900 el mural fue destruido y en su lugar se colocó una ventana con emplomados.

Fue por encargo de Maximiliano que Santiago Rebull (1829-1902) comenzó a pintar al fresco las bacantes que decoran las terrazas del Castillo de Chapultepec. Estas guapas deidades, de carnalidad y gracia muy terrenas, pasaron por muchas vicisitudes. Iniciadas durante el Imperio, fueron terminadas en la época de Porfirio Díaz. En 1867, cuatro de las seis necesitaban ser restauradas; el presidente Juárez encargó el trabajo a Giorgio Giovanneti, pintor italiano traído a México por el arzobispo, pero en los periódicos aparecieron protestas: El Sr. Rebull vive aún, es profesor de la Academia, sus obras son conocidísimas, y nos parece que es apto y capaz para hacer una restauración de esos frescos. Los periódicos ganaron el pleito, Rebull hizo la restauración y completó los tableros que faltaban.

El primer mural del siglo XX lo pinto al óleo sobre tela Francisco de Paula Mendoza (1867-1937), discípulo de José María Velasco, con el fin de que se le obsequiara a Porfirio Díaz, quien fue representado al mando de las fuerzas republicanas en el momento de entrar en la ciudad de Puebla el 2 de abril de 1867. El presidente ordenó que se colocara en la escalera principal del Castillo de Chapultepec, ocupado entonces por el Colegio Militar, y ahí permaneció hasta que avanzado el siglo XX fue removido y depositado en el Centro de Restauración del Instituto Nacional de Antropología e Historia.

En los últimos años del porfiriato las decoraciones en los muros no era muy frecuentes, pero las hubo. Por encargo de Justo Sierra, ministro de Instrucción Pública y Bellas Artes, Saturnino Herrán (1887-1918) pintó entre 1908 y 1910 unos paneles sobre el trabajo en la Escuela de Artes y Oficios, definida por Sierra en carta del 28 de octubre de 1907 a José Ivés Limantour, ministro de Hacienda: Es una escuela profesional de obreros en donde para entrar no es preciso apenas la instrucción obligatoria y ni eso, porque allí hay cursos suplementarios para remediar la deficiencia. Estaba situada en la esquina de las calles de Allende y Belisario Domínguez. Los tableros al óleo (274 × 185 cm cada uno) llevan ahora los nombres de *Alegoría del trabajo* y *Alegoría de la construcción;* en ellos Saturnino Herrán se muestra sensible a las condiciones de la clase trabajadora, representada no sólo en sus esfuerzos, sino enaltecida a través de la alegoría. Pintados sobre aplanado de yeso, los tableros fueron desprendidos de la pared y transportados a soportes de fibra de vidrio por técnicos del Centro Nacional de Conservación de Obras Artísticas del Instituto Nacional de Bellas Artes, trabajo de alta dificultad que culminó felizmente. Las obras fueron entregadas al Instituto Politécnico Nacional, heredero del patrimonio de la Escuela Nacional de Artes y Oficios.

En 1903 el Doctor Atl (1875-1964) había regresado de Europa. Pronto dio una conferencia en la Escuela Nacional de Bellas Artes con énfasis en las pinturas de grandes dimensiones realizadas por los pintores del Renacimiento. Estimulados por su prédica, los artistas consideraron necesario un cambio radical en la enseñanza, la ubicación y la función del trabajo artístico. La primera oportunidad de actuar llegó con motivo de los festejos del centenario del Grito de Dolores, en cuyo programa se había incluido, haciendo caso omiso de los artistas nacionales, una gran exposición de pintura española. La Independencia de México se celebraba con mentalidad colonialista. Decididos a dar la batalla, al Dr. Atl se unieron Joaquín Clausell, José Clemente Orozco y otros hasta sumar cincuenta pintores y diez escultores que presentaron una protesta a la Secretaría de Educación Pública. Ésta liquidó el problema dándoles tres mil pesos para una exposición colectiva de artistas mexicanos que tuvo un gran éxito. Entonces Atl propuso organizar un Centro Artístico, el cual estableció su sede en un segundo piso de

la calle Monte de Piedad. La primera decisión asumida colectivamente fue conseguir la decoración de edificios públicos. Entonces
solicitaron al ministro Justo Sierra el Anfiteatro de la Escuela
Nacional Preparatoria, construido por aquellos días dentro del
antiguo conjunto de San Ildefonso, según proyecto del ingeniero
Samuel Chávez. Para calmar los ánimos la Secretaría de Instrucción Pública aceptó la propuesta e hizo la siguiente declaración:
No es esto un premio acordado por el Ministerio para alentar a los
artistas mexicanos, aunque así lo pareciera, sino la declaración de
que el gobierno contará de hoy en adelante para sus trabajos con
los mexicanos que cultivan las artes pictóricas y esculturales. Para
que los artistas mexicanos decoren el hermoso anfiteatro, que
quizá es el más bello de los salones de actos con que cuentan las
escuelas nacionales y las particulares, se abrirá un gran concurso.
Como son varios los muros, serán varios los artistas premiados.[10]
Los del Centro Artístico se aprestaron a levantar andamios. La
caída de Porfirio Díaz y su gabinete frustró esa posibilidad.

Tiempo temprano

Diego Rivera nació en Guanajuato el 8 de diciembre de 1886. En ese año salió de la fundición la estatua de Cuauhtémoc para el Paseo de la Reforma. La había modelado Miguel Noreña, escultor académico y de muy buen oficio aprendido con el español Manuel Vilar, gran entusiasta del dibujo anatómico y del clasicismo. Las personas adineradas se hacían retratar entonces preferentemente por artistas españoles.

En 1886 Leopoldo Batres, arqueólogo y conservador de los monumentos arqueológicos durante el gobierno de Porfirio Díaz, comenzó sus excavaciones en Teotihuacán. En 1886 el periódico *Foro*, de Tampico, denunciaba el robo de piezas arqueológicas llevado a cabo por estadounidenses. El ingeniero Francisco Jiménez, autor del proyecto para el monumento a Cuauhtémoc, del que formaría parte la estatua de Noreña, había hablado de la necesidad de impulsar un renacimiento de los valores estéticos contenidos en los vestigios del pasado prehispánico: Tula, Uxmal, Mitla, Palenque… Había que demostrar cuán adelantados habían sido en las artes los antiguos pobladores.

En 1886 Leopoldo Batres documentaba sus hallazgos arqueológicos con fotografías. Sólo en Oaxaca, en su trabajo de campo, había tomado en diciembre, mes del nacimiento de Rivera, cincuenta fotografías en la zona de Mitla. El estado de Oaxaca, gracias al entusiasmo de Leopoldo Batres, se abría en su riqueza arqueológica y pervivencia de culturas aborígenes al interés nacional, interés que no tocaba a la Escuela de Bellas Artes.

Rivera todavía no llegaba al año de edad en la humilde casa de su familia en Guanajuato, cuando el *Diario del Hogar* celebraba la habilidad del alumno José Inés Tovilla para pintar una *Adriana abandonada* y un *Bajorrelieve*. Éste no era copia de ninguna estela de Palenque sino de los yesos traídos por Manuel Tolsá a la Real Academia de San Carlos. El año en que los Rivera-Barrientos se instalan en la capital de la República (1892), en busca de un ambiente menos hostil para las ideas liberales del maestro de escuela Diego Rivera Acosta, un periódico italiano celebraba que en Florencia el joven pintor mexicano Luis Muñoz representara en un dibujo, con gran propiedad, al tribuno y filósofo ateniense Demóstenes.

En 1891 se produjo un acontecimiento artístico de significación simbólica y patriótica. En el Departamento de Hacienda del Palacio Nacional, donde aún continúa, fue colocada la magnífica escultura de Benito Juárez sentado en la silla presidencial, obra de Miguel Noreña. Esta estatua fue fundida con el metal de cañones tomados a los conservadores y a los invasores franceses.

Por ese tiempo los artistas mexicanos comenzaron a buscar mercado para sus trabajos más allá de las fronteras. En diciembre de 1891 el *American Mail* comentaba que el público afecto al arte de los Estados Unidos aplaudía la intención de algunos pintores de México de poner una galería, ya fuera en Nueva York o en Chicago. Los cuadros de costumbres y paisajes mexicanos eran muy apreciados por los estadounidenses. Cosas indias, escenas de la Conquista, rincones de calles coloniales, mercados característicos, arreglos de flores tropicales tenían, según el periódico, mercado seguro en un medio que vivía una nueva prosperidad.

En la exposición de 1891 en la Escuela de Bellas Artes, entre muchas copias mediocres, sobresalían los paisajes de quien poco después sería maestro de Diego Rivera: José María Velasco. Sobre su trabajo, en las páginas de *El Siglo XIX* escribía Daniel Eyssette: El señor Velasco es un notable pintor entre nosotros, y no sin un poquito de temor me atrevo a señalar un defecto que para mí tienen sus cuadros; es, a saber, la falta de juego y de frescura de las tierras y follajes que pinta. Hay sequedad, aridez en todos los cuadros del señor Velasco, y no es ésa, en mi concepto, la nota predominante y verdadera en la vegetación de nuestros campos americanos. Por lo demás, el señor Velasco, detallista minucioso hasta la nimiedad, cosa que también perjudica un poco la belleza de sus lienzos, es artista concienzudo y de exquisito gusto.[11]

Andrés Ríos, quien sería el primer maestro de Rivera en las clases nocturnas de la Escuela Nacional de Bellas Artes desde 1896, despertaba en la misma crónica de *El Siglo XIX* la indignación del crítico: ¡Dios mío! ¿Es posible que el decoro artístico se haya perdido? ¿Y el que ha pintado este escorzo sabe dibujo? Alguien me ha dicho que sí; pero en vista de este San Juan (tema del cuadro entregado al Salón de 1891), me permito ponerlo en duda. Otro de los cuadros de Andrés Ríos en esa exposición fue *Un paseo de Santa Anita,* cuadro de costumbres que el crítico encontró sin gracia. Me permito confiar en el juicio de Daniel Eyssette por la opinión que le mereció el cuadro *El velorio* de José Jara: El asunto está bien entendido; las figuras están bien distribuidas; pero le molestaban los efectos de luz, cuando quizá la manera estática de usarla se hubiera podido considerar como novedosa para las atildadas concepciones académicas. Sin grandilocuencia, José Jara había desarrollado el sencillo asunto de tres generaciones de una familia campesina velando a un muerto. *El velorio* se inscribe en los esfuerzos de la academia por tratar, enalteciéndolos, asuntos indígenas. José Jara se sumaba a este esfuerzo con una composición realista y menos empalagosa que la mayoría. Esto lo supo ver Manuel Revilla. En el periódico *El Nacional* escribió: Lienzo original, verdadero, sentido y que agrada.[12] Pero tampoco Revilla escapó a un concepto atildado de los elementos representados en una composición; le chocaban en *El velorio* los pies del muerto. No había necesidad de que figurasen en escena —se quejaba—, con el cajón mortuorio hubiera bastado. El interés demostrado por la crítica hacia el Salón de 1891 se debía a que era el primero que se presentaba después de cinco años de interrupción. Si quienes escribían de arte expresaban en las suyas las ideas de algún sector del público, puede pensarse que no faltaban los mojigatos. Eduardo Gibbons, por ejemplo, se quejaba de que al premiado Leandro Izaguirre, ganador del certamen del año con su cuadro sobre el arribo de Colón al Convento de la Rábida, se le hubiera ocurrido enviar otra pintura representando a un borracho. En vez de darle al pueblo una lección de moral —reclamaba— parece más bien darle el apoteosis de un vicio a la puerta de una pulquería.[13] Gibbons consideraba que al mostrar hechos negativos el arte caía al abismo; pero lo cierto es que Izaguirre no hacía otra cosa que tomar una situación muy frecuente en la ciudad. Entre sus cuatrocientos mil habitantes de aquellos años, eran muchísimos los borrachos.

Entonces el ochenta por ciento de la población era analfabeta, y quizá por eso mismo estaba muy desarrollado el gusto por la narrativa en imágenes. Poco antes de los Rivera-Barrientos, quien había abandonado el estado de Guanajuato en 1888 fue José Guadalupe Posada, afincado en León. En la Ciudad de México se convertiría en el máximo proveedor de imágenes de consumo masivo. El pueblo consumía academia sólo en las iglesias. Fuera de ellas su alimento visual lo encontraba en calendarios, cancioneros, hojas volantes, cuentos, recetarios, modelos para cartas de amor, anecdotarios, ejemplos, juegos de mesa, silabarios, carteles de teatro y circo, naipes, anuncios comerciales, programas de corridas de toros, calaveras, corridos ilustrados… En medio de las desigualdades y amarguras finiseculares, el sarcasmo en forma de esqueleto era un recurso inagotable de precaria reafirmación individual y colectiva. Las hojas de colores volaban de mano en mano, de ojo en ojo por todo el país. El 31 de mayo de 1892 Posada publicó en el periódico *El Fandango* el siguiente anuncio: José Guadalupe Posada tiene el honor de ofrecer al público sus trabajos como grabador en metal, madera, para toda clase de ilustraciones de libros y periódicos. Igualmente ofrece sus servicios como dibujante de litografía.

La gráfica europea romántica y realista, y la producida en México en décadas anteriores, más la incipiente fotografía, fueron asimiladas, transformadas y reinterpretadas por Posada para impregnarlas de urgencia comunicante. Sus imágenes eran para el día, para una función inmediata. Esta mezcla nada frecuente, hecha con refinadísimo talento, no la producía por entonces ningún artista adscrito a la Escuela de Bellas Artes. Mano de obrero —precisaría años después Diego Rivera— armada de un buril de acero, hirió el metal ayudado por el ácido corrosivo para arrojar los apóstrofes más agudos contra los explotadores.[14] Pero el avispado niño entre humilde y catrín que comenzó a frecuentar la Escuela de Bellas Artes en 1896 no se inclinó por esa manera de hacer arte; sus precoces ambiciones fueron otras. Tenía que emular a sus maestros; Velasco, Rebull, Félix Parra. Que Rivera conoció la producción de Posada y sus colegas es indudable porque en un área de unas veinte cuadras a la redonda de la Escuela de Bellas Artes estaban las imprentas donde se confeccionaban: *La Patria Ilustrada, Almanaque del Padre Cobos, El Hijo del Ahuizote, El Centavo Perdido, El Teatro, Don Chepito, La Gaceta Callejera, El Boletín, El Fandango, Juan Lanas, El Popular, El Colmillo Público, El Chamuquito, El Diablito Bromista, El Argos, La Guacamaya, El Hijo del Fandango, Mefistófeles, El Moquete, El Moscón, El Padre Eterno, El Padre Padilla, El Chile Piquín, El Pinche, La Palanca, El Perico, La Tijera, El Papagayo, El Gil Blas, Fray Gerundio, El Vale Panchito…*

Esa fertilidad periodística se desarrolló paralela a la construcción de los ferrocarriles hecha por ingleses. Para introducir los ferrocarriles, abrir minas, pozos petroleros explotados por ingleses y norteamericanos, establecer plantaciones de algodón, hule, maguey, henequén, eran necesarias enormes extensiones de tierra. El saqueo de tierras a los campesinos se llevaba a cabo brutalmente. Poderosas compañías deslindadoras operaban al compás de una desenfrenada corrupción, coludidas con ministros y personajes cercanos al gobierno. La usurpación de tierras enriqueció a Porfirio Díaz, a sus familiares, a sus amigos, a sus gobernadores, a los favoritos extranjeros y a su grupo financiero, en medio de la inexistencia de los más elementales derechos democráticos.

Exactamente cuando los Rivera-Barrientos se aprestaban a dejar Guanajuato para venir a la Ciudad de México, se creó el Club de Obreros Antirreeleccionistas que se propuso desenmascarar el mito de la supuesta popularidad de Porfirio Díaz. El gobierno dictatorial respondía clausurando periódicos obreros que reflejaban influencias del socialismo utópico de Charles Fourier y de Robert Owen.

Lejos de estos ruidos, en el natal Guanajuato de Rivera, exactamente en el pequeño pueblo de Purísima del Rincón, un pintor humilde, nevero y hortelano, Hermenegildo Bustos, pintaba su autorretrato y al reverso de la lámina caligrafiaba esta orgullosa inscripción: Hermenegildo Bustos, indio de este pueblo de Purísima del Rincón, nací el 13 de abril de 1832 y me retraté para ver si podía el 19 de junio de 1891. El «para ver si podía» era una advertencia por parte del autor para que se supiera que era «aficionado», que tenía afición pero no academia. Para 1891 Hermenegildo Bustos tenía una abundante producción iniciada en 1850. La muy notable y del todo excepcional pintura de Bustos, y la de otros pintores populares muy activos en esa zona del país, es fruto de una cultura europea que a lo largo de tres siglos se abrió paso, se infiltró, se injertó, se aclimató y, al fin, brotó como fruto de específicas necesidades espirituales de una comunidad aldeana en el centro de México. La circulación de esa obra se correspondía con las funciones impuestas por los consumidores, quienes accedían a ella por medio de un trato muy directo entre el productor y el depositario final. La gente del centro de México usó de manera frecuente y extendida retratos, exvotos y copias de imaginería religiosa. Durante mucho tiempo se copiaron en México estampas religiosas y profanas provenientes de Bélgica, más que de otros países europeos. En 1926 Rivera ya admiraba la obra de Bustos, aunque todavía no sabía su nombre. La conoció en la colección del escritor y diplomático Francisco Orozco Muñoz, también guanajuatense, quien gustaba de ese oficio amoroso y sabio que dominaba los materiales y los medios en combinaciones seguras. Rivera señalaba con justeza que tanto esa pintura popular como la académica, de la que él provenía, estaban ligadas a la producción pictórica extranjera, con la ventaja para el pintor no académico de que al tomar ejemplos extraños transformaba el modelo y a fuerza de imprimirle e imponerle su propia personalidad y carácter lo convertía en algo realmente mexicano. El artículo publicado por Rivera en la revista *Mexican Folkways* decía: Allí donde la incomprensión sin límite ni fondo de los oficiales de la Academia al servicio de la pedantería y servilismo de la sociedad metropolitana no llegó el genio del pueblo y su gusto innato hicieron maravillas.[15]

En 1895 habían acudido a México unos quinientos delegados al Congreso de Americanistas, y resulta muy ilustrativa la lista de los cuadros que se presentaron en la Escuela de Bellas Artes para homenajearlos: *El tormento de Cuauhtémoc* de Leandro Izaguirre, *La prisión de Cuauhtémoc* de Joaquín Ramírez, *Visita de Cortés a Moctezuma* de Juan Ortega, *El Senado de Tlaxcala* de Rodrigo Gutiérrez, *Fray Bartolomé de las Casas protector de indios* de Félix Parra, *La reina Xóchitl ofreciendo el pulque al rey azteca* de José Obregón, *Episodios de la Conquista* de Félix Parra y dos paisajes de Velasco.

En el medio finisecular había otro espacio de respiración anímica para los artistas: el de la bohemia, descrito por Jesús Urueta desde las páginas de la *Revista Moderna* en noviembre de 1898. Se refería a una cantina húngara de la calle de La Palma, donde observaba artistas alegres y alegrados, de testas enmarañadas y sombreros exóticos, que beben cerveza, recitan versos, dislocan paradojas, cascabelean chistes y desmigajan su buen humor sobre el mármol tapizado de tabaco y de ceniza. Barbas puntiagudas, bigotines rizados, cabelleras de grandes mechas, desaliño con coquetería, empolvados chambergos de pelo. Guasa atolondrada, charla lengüirrota, gritos, piruetas. La bohemia, carro dorado, lleno de músicas, de estrofas, de carcajadas.

La asombrosa precocidad de Rivera comenzó a hacerse evidente lejos de esa bohemia como lo demuestra, entre otros dibujos de entonces, una *Cabeza clásica* de 1895, realizada cuando el guanajuatense, ya en la Ciudad de México, cursaba estudios primarios en el Liceo Católico Hispano y habitaba con su familia muy cerca de la Escuela Nacional de Bellas Artes, a cuyos cursos vespertinos ingresó en 1896. Temprano acercamiento a la conciencia artística tuvo Rivera gracias a Santiago Rebull, quien estableció para el arte mexicano los primeros nexos entre el romanticismo y el naturalismo. Como pintor predilecto de la corte de Maximiliano había trabajado un retrato del Archiduque de cuerpo entero, el cual le había valido la condecoración de Oficial de la Orden de Guadalupe. Rivera admiró sinceramente a Rebull y solía contar que cierto día entró a la clase de pintura, recorrió pupitres y caballetes mirando los ejercicios de los muchachos; de pronto le llamó la atención la forma de trabajar del adolescente de unos doce años, se detuvo y le advirtió que había comenzado el trazo del modelo vivo por donde no debía; pero interesado en lo que su dibujo denotaba le pidió que se presentara en su taller personal al día siguiente. Recordaba Diego que el pintor de setenta años le dijo: Lo único importante es que le interese el movimiento y la vida de las cosas. En nuestro oficio todo corre paralelo con esta vida vulgar que nos ata. Esas cosas que llamanos cuadros y bosquejos son sólo tentativas para poner en la superficie plana lo que es esencial en el movimiento de la vida. El cuadro debería contener la posibilidad del movimiento perpetuo; debería ser una especie de sistema solar encerrado en un marco. Si en verdad Rebull le dijo esto, fue un gran maestro. Diego comprendería después cuánto le debía el pintor mexicano a la pureza de la línea del francés Jean Auguste Dominique Ingres.

Fuera de Rebull y Velasco, Rivera recordaba a los profesores de la Escuela de Bellas Artes como flojos, mediocres, pedantes y melindrosamente dictatoriales. Después confesaría la molestia que le producía copiar moldes de yeso, aunque hay que observar que los tempranos trabajos de ese tipo no sólo demuestran precoz habilidad sino empeño y hasta gusto en el esfuerzo.

Llamado por Justo Sierra, en 1903 llegó a la Escuela de Bellas Artes Antonio Fabrés, pintor catalán conocedor de su oficio, disciplinado y trabajador, buen representante de un academismo en decadencia. En 1904 Rivera ganó medalla en la clase de pintura de Fabrés, lo cual no impidió que por entonces comenzara a rebelarse contra la artificiosidad y a salir al aire libre a pintar por su cuenta. Su habilidad, su temperamento levantisco, diferente, comenzó a llamar la atención del medio cultural. Se dedicó a probar diversos materiales; del óleo pasó al pastel, del lápiz a la tinta. Se mezcló con la bohemia y la farándula. Pronto despuntó lo que sería su norma de vida: trabajar arduamente, hasta el agotamiento.

En 1905 ya no se daban becas o residencias en Europa por intermedio de la Escuela de Bellas Artes. De todas formas Diego quería salir de México y se lo hizo saber a su padre, quien entonces se desempeñaba como inspector en el Departamento Nacional de Higiene Pública. Sus deberes lo llevaban a muchas partes de la República; no fue excepción el estado de Veracruz, donde gobernaba desde 1892 Teodoro Dehesa, hombre muy cercano a Porfirio Díaz, pero con iniciativas más democráticas. Repartió latifundios, proyectó una ley obrera que el Congreso de la Unión no le aprobó. Introdujo el agua a muchos poblados, fomentó los hospitales públicos, hizo progresar la educación en el estado y se mostró abierto para becar a jóvenes artistas. En el primer año de su gobierno entre quienes recibieron becas del veracruzano estuvo Rivera. Tras la huelga de Río Blanco y el sangriento encuentro entre las tropas federales y los obreros, Dehesa condenó públicamente las medidas represivas oficiales. Diego Rivera siempre tuvo orgullo de que hubiera sido un hombre de ideas democráticas quien lo volviera a apoyar en 1906 para salir a estudiar en Europa.

¿Dónde exhibió Rivera sus trabajos antes del viaje decisivo? En 1906 Alfonso Cravioto y Luis Castillo Ledón decidieron presentar a los nuevos pintores, a los rebeldes del momento. Sería una actividad sobresaliente de la revista *Savia Moderna* que ambos habían fundado en marzo de ese año, y cuyo último número, el 5, aparecería en el siguiente junio. Cravioto —abogado, político y escritor— militaba en la oposición a Díaz con suficiente agresividad como para haber sido encarcelado. Además era un entusiasta de la pintura. Gerardo Murillo (el Dr. Atl) fue el encargado de organizar la exposición, inaugurada el 7 de mayo de 1906 en un local de la calle de Santa Clara. Además de los maestros Joaquín Clausell y Germán Gedovius, participaron Francisco de la Torre, Rafael Ponce de León, los hermanos Alberto y Antonio Garduño, Jorge Enciso y Diego Rivera. Entre la aportación de éste figuraba un *Autorretrato* de 1906, pintado cuando contaba 19 años de edad. Pese a su juventud Diego tenía ya una presencia notoria en la vida cultural de la Ciudad de México, documentada justamente en *Savia Moderna*, cuyo directorio enlistaba treinta y tres escritores, veinticuatro artistas plásticos y tres fotógrafos. Rivera fue colaborador de ella con ilustraciones y estaba de acuerdo en demostrar que los impulsos de la nueva pintura no eran o no debían ser los académicos entronizados en la Escuela de Bellas Artes. Lo nuevo quedó de hecho en promesas, pues los mejores exponentes apenas ensayaban un tímido impresionismo, aunque demostraban con precoz madurez en la técnica una manera distinta de objetivar la naturaleza, así como un realismo teñido de pasión subjetiva, como ese *Autorretrato* de Rivera adquirido por Cravioto, a quien le fue dedicado en agradecimiento por la acogida, la ayuda y aun la promoción que el grupo le había brindado, lo que también propició la beca para Europa.

De Rivera debe señalarse que en lo pictórico su etapa temprana fue anacrónicamente europeísta. Debió vivir casi quince años fuera de México para darse cabal cuenta de ello. Rivera ya había llegado a España cuando Cravioto ofreció en la Sociedad de Conferencias, en 1907, una plática sobre Eugène Carrière, el pintor amigo de Rodin, artista éste muy admirado por los miembros de *Savia Moderna*. En el primer número habían reproducido el *Balzac*. La nota correspondiente desbordaba admiración: Augusto Rodin, por la pasmosa evolución que ha realizado en la técnica escultórica, así como por su original y notabilísima concepción artística, marcha hoy al frente de los que se dedican a cultivar esta modalidad del arte [...] No es la obra de Rodin, por los estremecimientos nuevos que aporta, y por sus contrastes y rebeldías con las técnicas anteriores, de aquellas que se imponen bruscamente. Meses después en la misma revista se reproducían *El pensador, ¡A las armas!* y *La agonía* para ilustrar la síntesis de una conferencia sobre Wistler y Rodin, dictada por esos días en La Habana por Max Henríquez Ureña. El escritor dominicano, muy ligado a la actividad intelectual de México, había afirmado: Rodin es el supremo innovador de la escultura.[16]

En 1921, a poco de regresar de Europa, Rivera se preguntaba: ¿Por qué en la tierra en que hay la maravillosa arquitectura de Teotihuacán, Mitla, Chichén y la escultura antigua más pura y sólidamente plástica del mundo, la exhibición que nos dan nuestros escultores actuales parece representar los efectos de un descarrilamiento? ¿Por qué aquí, donde hay escultura de conjunto y de bloque, por excelencia; aquí donde hay pirámides, nuestros jóvenes obreros de la plástica tienen esa propensión de fabricar extraños despojos humanos? Hombres sin cabeza que se retuercen, pedazos de torso que marchan sobre muslos amputados. Y cuando se llega a modelar una figura entera no se ven sino contorsiones o actitudes afectadas, producidas por móviles sentimentales. [...] El rodinismo, he ahí el peligro, peligro que, desde luego, es ya inactual en París, donde se evoluciona hacia la escultura, aceptada como conjunto arquitectónico, aunque se trate nada más de una cabeza. Todos sabemos que la incapacidad de Rodin para concebir un conjunto plástico, para hacer arquitectura con el cuerpo humano, fue una tara de su talento, y es un absurdo sumamente cómico hacer de ella una manera de trabajar dentro de los cánones de una escuela. [...] Necesitamos amor, amor a la escultura mexicana, tanto la antigua como la colonial, que también es admirable; que los mexicanos —artistas y público profano— miren menos las revistas de ultramar y muchísimo más el admirable Museo Nacional.[17]

Hacia la etapa cubista

Diego Rivera era un joven de veintiséis años de edad cuando decidió, en el verano de 1913, incursionar en el cubismo. Había llegado a Europa en 1907. Ahí su primer mentor fue el español Eduardo Chicharro, a cuyo tibio modernismo trató de disciplinarse, aunque después lo desconcertó al punto de comprender que su camino se forjaría fuera de talleres convencionales. Largas horas en el Museo del Prado, estudiando con avidez a Velázquez, a Goya y, sobre todo, al Greco, lo impulsaron a recorrer los principales museos de París, Brujas, Gante, Londres, Roma. En Madrid, en el taller de Chicharro, había hecho amistad con algunos colegas igualmente inquietos, como María (Guitiérrez Cueto) Blanchard; pero fue al lanzarse al peregrinaje por museos cuando el círculo de amistades profesionales se hizo más amplio y más orientador. En 1909 comenzó su relación con la pintora rusa Angelina Beloff (1879-1969), quien al llegar a París desde su natal San Petersburgo había ingresado a una academia organizada por Henri Matisse, y también al taller de Hermenegildo Anglada Camarasa en la Academia Vitti. Ahí Angelina había conocido a María Blanchard, quien le presentaría a Rivera. A partir de 1911 (se casaron en junio de ese año) habrían de consolidar una relación que duró hasta 1921 y que convierte a la Beloff en el testigo más cercano del avance de Rivera hacia el cubismo, periodo que se extiende de 1913 a 1918, con una producción que comprende pinturas, dibujos e ilustraciones.

Cuando Angelina y Diego se instalaron en Madrid en 1914 cultivaron estrecha amistad con el escritor español Ramón Gómez de la Serna quien, en el capítulo «Riverismo» de su libro *Ismos*, hizo una sutil descripción de ella: Angelina Beloff, incógnita, silenciosa, bajo un delicado velo casi siempre —un velo que iba muy bien a su espíritu—; Angelina Beloff era la delicadeza trabajando la materia más dura y viril, en contraste con la labor de acuarelistas de casi todas las pintoras [se refiere Gómez de la Serna a la producción gráfica de la artista]. Ante ella se hace necesario fijar bien este contraste de su obra con su ser dulce y débil, de voz delicada —a la que da un tono herido el que la emanación de los ácidos que trabajan las planchas del aguafuerte le ha atacado la garganta—, de ojos azules, de perfil fino y suavemente aguileño, toda ella delgada y vestida de azul —jersey azul en la casa, y en la calle traje azul de líneas resueltas—, tan azul toda ella, tan envolventemente azul que por eso, además de por su perfil, se le podría llamar «el pájaro azul».[18] Ese pájaro azul tuvo el 11 de agosto de 1916 un hijo de Rivera, al que llamaron Miguel Ángel Diego, que sólo vivió un año y cuatro meses y murió de neumonía en un duro invierno parisino.

Los primeros cuadros cubistas los pintó Rivera en la ciudad de Toledo, que le atraía sobremanera y donde gustaba regresar cuando ya estaba instalado en el número 26 de la Rue de Départ, en Montparnasse, donde tuvo por vecino a Piet Mondrian. El franco acercamiento de Rivera a las vanguardias pictóricas, no sólo al cubismo sino también al futurismo, se produjo tras su regreso a Europa después de una estancia México desde octubre de 1910 hasta junio de 1911.

Una carta que Rivera le escribió a Angelina el 18 de noviembre de 1910 (cuando se dirigía a España, cuyos museos recorrió antes de tomar el barco hacia México), ofrece un resumen del arte que más le interesaba entonces: El Greco, el pintor más sublime, el pintor más alto ante mi alma [...] ese amor y ese dominio de la materia tan grande, tan devoto. Y equipara la fuerte emoción que le despertaba con la que había recibido ante las pinturas de Rembrandt, Turner, Boticelli, Paolo Uccello, Piero de la Francesca. Goya —le decía— ha crecido también en mi espíritu [...] y el pintor moderno más grande, el que sintetiza los sentimientos y las pasiones de toda una raza [...] El Greco y Goya son mis dos grandes emociones de España. Enormes los dos.[19]

Rivera había vuelto a México por obligación de rendir cuentas por la pensión que continuaba recibiendo; debía presentar en la Escuela de Bellas Artes una exhibición del trabajo realizado a partir de 1907, la cual se inauguró el domingo 20 de noviembre de 1910. La gran expectativa en el medio cultural hizo que la *Revista Moderna de México* publicara por adelantado en el mes de octubre la lista de las obras: treinta y cinco pinturas y diez aguafuertes. Algunos de los cuadros habían recibido premios en Madrid o en París: *La parte de Pedro*, *La casona*, *Reflejos*, *La casa sobre el puente*.

En sus veinticuatro años de edad Rivera, más que celebrar sus triunfos, se dejaba poseer por los cambiantes estados de ánimo a que lo empujaba un ambicioso y vigilante deseo de no estancarse en estilos o en técnicas, a la vez que obligarse a regresar a París con obra hecha en México. Desde Amecameca, poblado donde se refugió para entregarse a una pintura de paisajes diferentes en su concepción, el 1 de marzo de 1911 le escribía a Angelina para informarle que de los cuadros expuestos había vendido trece, cinco de ellos para la pinacoteca de la Escuela de Bellas Artes; que los trámites para la continuidad de su pensión le habían provocado molestias y que si no había recibido a tiempo sus cartas se debía a las irregularidades en el correo provocadas por los «desórdenes políticos», es decir, el incipiente movimiento revolucionario.[20] Entre los vendidos se contaban *La casa sobre el puente*, *El barco demolido de Bretaña* y *Muchacha bretona*. De éste comentaba: Tú tienes razón en que no te guste, pues a mí tampoco [...] A mí me molesta mucho que esté con *La casa sobre el puente* que sí se sostiene. Lo encontré muy bonito, viejo y de mucho carácter, y de un tono admirable [...] sin embargo, yo ahora quiero otra cosa distinta a esto.

La etapa cubista en la pintura de Rivera comenzó a gestarse en 1912, floreció de 1913 a 1917 y dio sus últimos frutos en 1918. Corriente principalísima en el arte del siglo XX, el cubismo fue iniciado por Pablo Picasso y Georges Braque en 1907 como un expresionismo constructivo que tomaba en cuenta la realidad para conceptualizarla de manera extrema por medio del análisis y la descomposición de las formas visibles. Del futurismo Rivera tomó el principio de la dinámica y los fenómenos perceptivos simultáneos, o sea, una simultaneidad multisensorial del espacio, donde varias fases móviles fluyen entremezcladas, como irradiaciones espaciales de aspecto movedizo, el cual se logra al ordenar en forma radial las líneas de la estructura. En su práctica cubista Rivera hizo una aplicación personal a la organización sistemática de la superficie plástica. Los iniciadores de este método pictórico enseñaron a descomponer espacios y objetos en unidades estructurales, con eliminación de la perspectiva. De un mismo objeto o de una misma figura se daban simultáneamente distintas relaciones de proporción.

Rivera guardó siempre un gran afecto, nada nostálgico, por su época cubista, pues la consideraba la más importante de su etapa formativa, al punto de que una de sus pinturas tempranas dentro de esa tendencia *(El reloj despertador,* 1914) adornó su recámara en la casa de Coyoacán. Este cuadro figuró como propiedad de Frida Kahlo en la gran retrospectiva del artista que el Instituto Nacional de Bellas Artes presentó en el Palacio de Bellas Artes de agosto a diciembre de 1949. En unas evocaciones dictadas en 1927 a la escritora alemana Lotte Schwartz, publicadas como autobiografía en *Das Werk Diego Riveras*, libro editado en Berlín en 1928, Diego expresaba: En mis primeros días en París fui el primer discípulo de Picasso y más tarde su amigo. Por sobre todos los demás, Picasso es el pintor moderno que trabajó más francamente por hacer una pintura con elementos puramente plásticos. Fue el único pintor que formó un estilo innegablemente nuevo. El pintor que vino después de él difícilmente se sustrajo a su influencia.[21]

Rivera debutó como cubista en el Salón de Otoño de 1913. Expuso entonces *La niña de los abanicos*, *Muchacha con alcachofas* y una *Composición* con el asunto de la adoración de la Virgen y el Niño. Cabe recordar que la primera colectiva de cubistas se vio en el Salón de los Independientes en 1911. La primera individual de Rivera cubista se presentó del 21 de abril al 6 de mayo de 1914 en la galería de Berthe Weill (Victor Massé 25), quien se vanagloriaba de dar oportunidad a los talentos desconocidos, y así lo expresó en el texto para el catálogo: Presentamos aquí a los *amateurs de jeunes* al mexicano Diego M. Rivera, a quien han tentado las investigaciones del cubismo. Pero los *amateurs de jeunes*, en tanto historiadores del cubismo —con excepción de Ramón Gómez de la Serna— no se dieron por enterados de la nueva presencia artística del mexicano. Rivera no se contó entre los cubistas dignos de ser tomados en cuenta. ¿Ignorancia? ¿Soberbia? ¿Chovinismo europeísta? Seguramente un poco de todo y bastante mezclado.

La crónica de esa exposición la hizo Alfonso Reyes en carta del 8 de mayo de 1914 a Pedro Henríquez Ureña: Diego está entregado, místicamente, al cubismo. Se reconoce discípulo de Picasso. Últimamente, obligado por su penuria, abrió una exposición en un cuartito cercano a la Place Pigalle (pleno Montmartre); el lugar, aunque abominable, tiene historia: desde 1900 es centro de exposiciones y su dueña ha deseado conservarle su aspecto bohemio e insignificante. Ahí empezó Picasso. La tal dueña es un andrógino anarquista con aspecto de insecto y ojos saltones de habitante de

Marte; jorobada, de estatura nauseabundamente insignificante. Publicó un cataloguito de la exposición de Diego (sin consultarlo con éste) al que puso un prólogo en que atacaba a Picasso. El pobre de Diego hizo cerrar la exposición y se privó del apoyo de esta terrible mujercilla, en aras de un amigo que quizá mira las cosas de la moral con muy distintos ojos. ¡Y mientras tanto es posible que ni él ni su pobre Angelina Beloff (su musa aguafuertista, muy inteligente y humilde) tengan que comer! [...] el texto de presentación del catalogo, en el que en realidad no se menciona a Picasso aunque se atacaba al arribismo general de los nuevos pintores, entre los que se habla de un español de genio. La exposición volvió a abrirse pero desapareció el catálogo.[22]

En su libro de memorias Ilya Ehrenburg evoca aquellos tiempos con elocuente precisión: Conocí a Diego a comienzos de 1913; entonces empezaba él a pintar naturalezas muertas cubistas. En las paredes de su estudio colgaban las telas de los años precedentes, en las que podían distinguirse etapas andadas: el Greco, Cézanne. Se percibían asimismo su gran talento y cierta inclinación hacia lo desmesurado que le era inherente. Durante un breve periodo Diego se sintió atraído por Zuloaga; los historiadores del arte incluso definen algunas telas de Rivera como del «periodo Zuloaga». En 1913 había tenido tiempo ya de despedirse de este pintor, pero según parece aún no había visto su camino, pues un año antes de llegar al cubismo todavía se entusiasmaba por Zuloaga. Y a su lado tenía a Pablo Picasso. En cierta ocasión dijo: Picasso no sólo es capaz de hacer del diablo un justo, puede obligar a Dios Nuestro Señor a ir de fogonero al infierno. Picasso nunca ha preconizado el cubismo, en general no es amigo de las teorías artísticas y le deprime que le imiten. Tampoco a Rivera intentó convencerlo de nada; se limitó a mostrarle sus trabajos. Picasso pintó una naturaleza muerta con una botella de anís español; pronto vi una botella igual en Diego. Por supuesto que Diego no creía imitar a Picasso; cuando, al cabo de muchos años, tuvo de ello conciencia, comenzó a renegar de La Rotonda: ajustaba cuentas con su pasado.[23]

Después Ehrenburg cuenta que él también posó para Rivera: Me dijo que leyera o escribiera, pero me pidió que me sentara con el sombrero puesto. El retrato es cubista y a pesar de todo tiene un gran parecido (lo compró un diplomático americano; Rivera no supo luego qué había sido de aquella tela).[24] Conservo una litografía del retrato. Diego y yo nos entendíamos muy bien. La Rotonde entera constituía un mundo de desarraigados; pero nosotros, al parecer, éramos desarraigados entre los desarraigados.

Ehrenburg, fervoroso picassiano, señala la influencia de Picasso sobre el cubismo de Rivera, y se le olvida la muy evidente de Robert Delaunay y sus indagaciones sobre el movimiento, las cuales aparecen muy desarrolladas en la etapa cubo-futurista de Rivera entre 1913 y 1914 en telas como *El viaducto, Puente de Toledo, La niña de los abanicos, La niña con alcachofas, Dos mujeres* o *El paisaje de Mallorca,* todos ellos de gran refinamiento en la construcción y en el tratamiento cromático. Después Rivera le dará la espalda a este sentido de exquisitez y se lanzará hacia una etapa experimental que durará unos tres años, desde 1915 —año del *Paisaje zapatista*— hasta 1917. Es entonces cuando substituye el óleo por la cera, usa corcho prensado y telas rugosas o toscas sobre las que implanta texturas violentas, y desarrolla una fórmula matemático-mecánica para medir el valor del cuadro.

Llegué al cubismo luchando, afirmó Diego alguna vez, y prueba de esta lucha es *La mujer del pozo,* pieza acabada en 1913 y cubierta con una capa de pintura morada en 1915 para pintar del otro lado el *Paisaje zapatista,* destapada entre 1975 y 1977 por Tomás Zirián y su equipo en el Centro de Conservación de Obras Artísticas del Instituto Nacional de Bellas Artes. Sólo las tribulaciones anímicas que provocan las transiciones pueden explicar la anulación perpetrada por el artista de una pintura que hoy conmueve por su densidad estética y que es tan apreciada como para haber lucido en la carátula del catálogo de la exposición presentada en 1984 en tres ciudades de Estados Unidos (Phoenix, Nueva York, San Francisco). Justamente *La mujer del pozo* corresponde al tránsito de lo greco-cezanniano a lo picassiano, cuando todavía Rivera no se desprendía de las figuras humanas situadas en un entorno muy español, presentadas en este caso con refinamiento en el dibujo y el color, fluidez serpentina de las formas, complejidad decorativa, exuberancia cromática. Ramón Favela, historiador de arte de la Universidad de Texas y prolijo experto en el cubismo riveriano, ha hecho una bella y acertada descripción de esta pintura: En un patio rodeado por una espaldera y con piso de mosaico, una figura femenina, en el momento de sacar agua del pozo, aparece en diversas etapas del movimiento y analíticamente dividida en amplios planos de impresiones fragmentadas. El misterioso *trompe l'oeil* de la mano que quiere retener los planos deslizantes del cántaro es el punto de partida de este ejercicio de progresión repetitiva hacia la abstracción plástica dentro del cuadro. El «tema» es el hecho de sacar agua del pozo, y está representado a través de transiciones temporales desde múltiples puntos de vista, reales y conceptuales. En el cuadro se presenta la desaparición gradual de los puntos de referencia naturalistas de la figura en la esfera visualmente geométrica y teóricamente abstracta. La figura de la derecha atraviesa una serie de metamorfosis geométricas que la conducen a la figura de la izquierda, con la armadura metálica decorativa, en la que sólo se reconocen en la tercera dimensión las múltiples vistas del cuello alargado de la figura. Los otros rasgos y el resto de la anatomía fueron reorganizados en una dimensión conceptualmente elevada. *La mujer del pozo* es el más logrado de los cuadros «cubo-futuristas» de Rivera. Combina los principios del cubismo (tratamiento estereométrico de las formas y construcción del espacio pictórico tangible) con el futurismo (descomposición sucesiva del movimiento). Utiliza asimismo el concepto bergsoniano de la memoria y la interacción mutua de los objetos y su entorno recordado como impresiones visuales. En *La mujer del pozo* Rivera representó las impresiones recordadas de una escena toledana. Vistas múltiples de objetos tales como un florero, una tapa que se abre y se cierra, el brocal de un pozo, el movimiento para subir el agua o el movimiento de la figura femenina fragmentada y abstraída en diversos niveles de la realidad, están combinadas en un diseño cuidadosamente coordinado de líneas angulares y curvas. En esta pintura se aplicó, con más éxito aún que en otras, la maestría colorista de Rivera que supo transformar los colores manieristas de El Greco: brillantes verdes-amarillentos, ígneos rojos anaranjados, azul grisáceo ultramarino y metálico, y el característico rosa mexicano en una paleta cubista dinámica.[25]

Seguramente fueron los valores sensuales exaltados por Ramón Favela los causantes del ocultamiento. En su plenitud cubista Rivera no se permitió el deleite de los sentidos. Trabajó texturas bastas, casi agresivas; prefirió los colores sordos cargados de violencia y los planos macizos de contornos recortados. Al plegarse a la ortodoxia cubista (antisentimental, racionalista, alejada de la intuición), Rivera postergó su sensibilidad vital, su inclinación por las refinamientos táctiles y colorísticos, tan evidentes en *La mujer del pozo*.

El muy valioso estudio de Ramón Favela sobre el cubismo riveriano es el más completo que se haya realizado nunca, resultado de varios años de investigación. El historiador consultó archivos de México, Europa y varias ciudades en Estados Unidos; el de Adam Fischer, amigo de Rivera; en la Real Biblioteca Danesa de Copenhague, donde encontró correspondencia entre Diego y Angelina Beloff con el pintor danés y su esposa; el del fotógrafo y promotor cultural Alfred Stieglitz en la Universidad de Yale, con correspondencia entre el célebre fotógrafo y animador de la

Galería 291 y el mexicano Marius de Zayas cuando hacían referencias a los cuadros cubistas de Rivera; los papeles de Bertram D. Wolfe en la Universidad de Stanford, entre los cuales se encuentran las notas utilizadas por el escritor para la biografía de Rivera en la primera versión de 1939 y la segunda de 1963; los papeles de Alfonso Reyes en la Capilla Alfonsina, testimonio de una larga amistad entre el pintor, el escritor y varios de sus contemporáneos. También los documentos del crítico de arte Louis Vauxcelles, localizables en París en la Biblioteca de Arte y Arqueología Jacques Doucet; los papeles de los pintores Robert y Sonia Delaunay, situados en la Biblioteca Nacional de París, con cartas de Rivera y otros practicantes del cubismo. Además, el archivo fotográfico de la antigua colección del *marchand* Léonce Rosenberg en el Servicio Fotográfico del Acervo Nacional de Monumentos Históricos de París, particularmente importante por haber sido Rosenberg el dueño de la galería donde Rivera vendió sus primeros cuadros cubistas y de donde salió el conjunto de pinturas cubistas del mexicano que al término de la Segunda Guerra Mundial adquirió el coleccionista Alvar Carrillo Gil; la correspondencia entre André Salmon y Jean Cocteau guardada en la Biblioteca Sainte-Geneviéve de París.

La minuciosa investigación histórica, iconográfica, estética y comparativa de Ramón Favela confirmaba de hecho lo expresado por Martín Luis Guzmán en 1915: A pesar de cuanto después se contó e inventó sobre su fallido cubismo y sobre sus quejas acerca del tiempo perdido, fue el cubismo donde Rivera descubrió el camino de regreso a Anáhuac, su tierra natal.[26] Martín Luis Guzmán convivió en París y Madrid con Rivera en los días en que éste pintó el retrato del escritor y activista político sentado en un equipal. Para simbolizar su arraigada mexicanidad y a la vez su identificación con la cultura española, Rivera envolvió a Guzmán en un sarape zacatecano y construyó el peinado y la cabeza de manera que semejaran una montera de torero. Ninguno de los mexicanos frecuentados por Rivera en España y en Francia tenía la trayectoria política de quien sentado en un equipal, en un pobre taller de pintor parisino, relató vívidamente sus profundas experiencias en el proceso revolucionario de México. Miembro a partir de 1911 del Partido Liberal Progresista, supo denunciar en valientes artículos periodísticos la conspiración contra Madero dentro del Senado y desde misiones extranjeras. Temprano se unió a la lucha armada, contra Porfirio Díaz primero y contra Huerta después, dentro de las fuerzas revolucionarias que actuaban en Sonora y Sinaloa. Su simpatía por Francisco Villa le ganó la enemistad de Venustiano Carranza. Antes de la Convención de Aguascalientes lo mandó encarcelar y a la hora de su predominio Guzmán se vio obligado a salir del país. Ni Rivera ni su producción pictórica fueron iguales tras la crónica espontánea de la compleja epopeya popular hecha tanto por Guzmán como después por David Alfaro Siqueiros. La irrupción de datos mexicanos en las macizas composiciones cubistas de Rivera en 1915 no fue pintoresca; esos datos fueron históricos o populares, como un «Benito Juárez» que orla en una etiqueta de puros un paisajito verista de volcán, palma y jacal en *La terrasse du cafe* o la canastilla de paja trenzada con frutas en *Naturaleza muerta con tazón gris*. La culminación fue *El guerrillero* (como inicialmente tituló el *Paisaje zapatista* o *Naturaleza muerta con paisaje zapatista)*, síntesis iconográfica cubista adherida a un paisaje primitivista de altas montañas y conos volcánicos, más un alarde verista en el papel desdoblado y sostenido por una tachuela, donde se pensó escribir algo y al fin quedó en blanco, como un detalle metafísico. Las grecas y listones de un sarape amarran el fusil al sombrero de alta copa y ala muy ancha. Una especie de basamento de piedra y madera veteada substituye a un posible cuerpo. Todo indica reposo, quietud, excepto el grueso cinturón que pareciera conservar la forma y el calor de un hombre. Es una pieza maestra de las formas en vaivén entre el plano y el espacio consagradas hacia 1913-1914 por su maestro Picasso, a quien tanto le gustó *El guerrillero* que intentó remedar su estructura en la primera versión de *Hombre apoyado en una mesa*. Las mutuas acusaciones de plagio pusieron fin a la cordial amistad entre ambos artistas.

A partir de la ruptura con Picasso el medio artístico parisino comenzó a desarrollar una actitud hostil hacia Rivera. Él reaccionó acentuando la búsqueda de un camino más propio, percibido certeramente por Martín Luis Guzmán: Aunque entusiasta admirador de Picasso, Rivera va por su propio camino. No en vano nutrió e hizo florecer las inquietudes que produjeron en su alma las obras de El Greco. Entre una pintura de Rivera y una de Picasso hay tanta diferencia como entre una montaña y un bosque; en la de Rivera la materia se rompe y corta el aire; en la de Picasso el aire atraviesa suavemente la materia. Picasso es flexible, vaporoso, susurrante; Rivera es impetuoso, dominante, macizo. Rivera nació en Anáhuac y las montañas son lo que primero aprendió a ver.[27]

Así como Rivera llegó al cubismo siguiendo la huella de los iniciadores, en el arribo de María Blanchard (Santander 1881-París 1932) a esta corriente hay un peso ejercido por Rivera. En el modo muy personal como María entendió y realizó el cubismo entre 1916 y 1919 se encuentran ciertas maneras riverianas: punteados en colores contrastados, imitación detallada de papeles decorados, estructuras triangulares centradas y rodeadas por cadencias de formas onduladas, efectos de ensamblado. Este contagio fue esporádico, pues Blanchard se sintió más identificada con el austero rigor de Juan Gris. Sea como fuere, una maternidad de 1919, titulada *Composition avec rouge,* hace recordar la maternidad de Rivera de 1916 cuando representó a Angelina Beloff con el niño Miguel Ángel Diego en los brazos.

De los numerosos retratos hechos por Rivera en su periodo cubista se cuenta el del pintor A. Zinoview, de 1913, quien el mismo año representó a Diego de cuerpo entero, en un óleo de gran formato (194.3 × 126.3 cm), de sentido romántico en la figura y fondo biográfico-simbolista. Este personaje es evocado por Angelina Beloff en sus *Memorias* editadas después de su muerte: Sucedió algo curioso con uno de los pintores que venían a visitarnos. En aquella época Ilya Ehrenburg iba a vernos a nuestro taller; allí se encontró con este otro pintor que, según nos decía, le recordaba a alguien, pero no podía acordarse exactamente a quién. Este pintor se llamaba Zinoview, nos visitaba con frecuencia y le hizo un gran retrato a Diego. Nos decía que recibía con regularidad una pensión de su tía que vivía en Moscú. Nosotros le creíamos e incluso en una ocasión que venía con licencia, llegué a prestarle los binoculares de teatro de mi madre. Jamás me los devolvió y ahora ya sé por qué. Cuando estalló la revolución rusa en 1917, se publicaron en los periódicos franceses los nombres de todos los policías secretos del zar en París, que vigilaban y denunciaban a todos los refugiados rusos que estaban en París. El nombre de nuestro pintor se encontraba allí, con todos los sobrenombres bajo los cuales trabajaba en París. Era, ni más ni menos, un espía que recibía su «pensión» de la policía secreta de Moscú y en Francia estaba movilizado como «cancerbero» para vigilar a los emigrados. Ehrenburg nos contó más tarde, cuando supo quién era el personaje, que siendo estudiante, a los diecisiete años, había estado involucrado en un complot contra el gobierno. Zinoview, también estudiante, pertenecía a ese grupo, pero fueron descubiertos y arrestados. Durante el interrogatorio Zinoview fue amenazado por la policía con sufrir grandes castigos si no revelaba los nombres de sus camaradas, pero si los denunciaba, lo enviarían a París como policía secreto y le pasarían la «pensión» de la que hablaba. Habló, delató a todos y se fue a París. Como consecuencia de esto algunos de los involucrados se exiliaron; otros fueron hechos prisioneros, algunos enviados a Siberia y, parece ser, que unos cuantos fueron ahorcados, entre ellos una joven. A pesar de ser espía, Zinoview pintaba y frecuentaba a los pintores. Como nosotros teníamos muchos amigos entre los refugiados políticos (entre ellos Ilya Ehrenburg), Zinoview tenía mucho interés en visitarnos. A Ehrenburg le recordaba a alguien conocido, pero como habían pasado tantos años y no había vuelto a ver a Zinoview durante su exilio de diecisiete años, no lo identificaba como aquel muchacho que el tiempo había cambiado y que ahora figuraba como pintor.[28]

También Rivera recordó a Zinoview cuando le contó pasajes de su vida a la cubana Loló de la Torriente, y también se refirió a las denuncias hechas por quien le había pintado uno de los mejores retratos que le hicieron a lo largo de su existencia.[29] El cuadro había ido a parar a la colección Barratt-Brown y la casa Sotheby's de Nueva York lo sacó a subasta en noviembre de 1997. Por su parte, el retrato cubista de Zinoview hecho por Diego quedó en propiedad del Museo Regional de Guadalajara, Jalisco.

En sus *Memorias*, Angelina Beloff hizo una observación que en cualquier momento deberá tomarse en cuenta: Creo que Diego se interesaba en la gente mientras sabía que podía nutrir su espíritu con la relación, pero perdía todo interés cuando sentía que aquella fuente se había agotado. Este tipo de reacciones corresponden a un periodo formativo, y así debe ubicarse la producción cubista dentro de la totalidad de la pintura riveriana. Esa etapa formativa fue vivida con suficiente profundidad, entrega, audacia y talento como para permitir el surgimiento de una poderosa personalidad artística, capaz de proyectarse por medio de sus creaciones con suficiente hondura como para despertar y aun conformar nuevas sensibilidades.

México se presentó en el ánimo de Diego como una urgencia; pero antes de emprender el regreso decidió ir a Italia, donde pasaría cuatro meses descubriendo hasta qué punto era inmensa la riqueza de la pintura monumental a la encáustica, al fresco y en mosaicos, de los siglos XIII, XIV, XV y XVI. Entonces hizo del dibujo un depósito de recuerdos que presentía necesarios. Dibujó para resumir, para analizar, para fichar. En junio de 1921 escogió los dibujos y pinturas que llevaría consigo y, en compañía de Angelina, se encaminó a Saint Nazaire para embarcarse hacia América. Ella no sospechó que la despedida sería para siempre. Diego regresó a México con los ojos afinados en el difícil ejercicio de mirar y ver, aunque una vez aquí debió aceptar que desconocía a su pueblo: a los campesinos, a los obreros, a las diferentes comunidades indígenas, a los artesanos con sus gestos característicos al fabricar cerámicas, joyas, vestidos, sombreros y útiles de labor con técnicas a veces milenarias. Entonces entendió que el dibujo sería para él instrumento de aprehensión y conocimiento. Desde 1921 comenzó a captar la vida que fluye en todo el territorio mexicano, lo recorrió palmo a palmo en horas de labor o de recreo, en días de tranquilidad o de revuelta, y los dibujos con los que fue llenando cientos de libretas constituyen algo más que un documento preciosísimo: representan uno de los esfuerzos menos dogmáticos, menos turísticos y menos doctorales para captar la idiosincrasia de los mexicanos. En más de treinta años de permanente práctica en tal sentido, fue reuniendo un completísimo catálogo de actitudes cuya clasificación estilística se escapa de los casilleros del costumbrismo o el naturalismo. El trazo ligero, el acento preciso y nada preciosista, la economía de líneas en tantos dibujos hechos fuera del taller se apoyan o derivan del principio enunciado por Rivera de que el realismo mexicano es eminentemente plástico porque ha logrado —gracias a lo sustancial de una herencia y una tradición cultural— representar siempre la forma del movimiento. Estos atributos del dibujo riveriano deberán llevar alguna vez a desentrañar los valores etnográficos, ecológicos e históricos escondidos en ellos como fluyentes ríos subterráneos.

La acción de José Vasconcelos

La década se inicia en 1920 con la muerte de Venustiano Carranza, asesinado en una miserable choza del pueblo de Tlazcalantongo por las fuerzas de quien se fingiera su amigo, el general Rodolfo Herrera. Éste había recibido del general Álvaro Obregón órdenes similares a las que en el curso de 1919 diera Carranza para la eliminación de los generales revolucionarios: Francisco de P. Álvarez, Felipe Ángeles, Leopoldo Díaz Cevallos, Emiliano Zapata y algunos más. La década termina en el gobierno de Emilio Portes Gil, con Plutarco Elías Calles instalado como jefe máximo de la Revolución, la campaña presidencial del propio José Vasconcelos y el asesinato, en las cercanías de Topilejo, de un centenar de vasconcelistas. Con no calmada indignación escribía Vasconcelos en su autobiografía: La corrupción carranclana primero y la corrupción definitiva del callismo han tomado en la plebe (gallera y alcohólica) el material con que se fabrican los ministros ladrones, los diputados analfabetos, los militares asesinos.[30]

En 1920 Vasconcelos regresaba a México tras un destierro de cinco años. Poco después es nombrado por el presidente interino Adolfo de la Huerta rector de la Universidad Nacional. El 9 de junio, al ser presentado oficialmente, pronuncia un discurso en el que expresó: Yo soy en estos instantes, más que un rector que sucede a los anteriores, un delegado de la Revolución que no viene a buscar refugio para meditar en el ambiente tranquilo de las aulas, sino a invitaros a que salgáis con él a la lucha, a que compartáis con nosotros las responsabilidades y esfuerzos. En estos momentos yo no vengo a trabajar por la Universidad, sino a pedir a la Universidad que trabaje por el pueblo. [...] Organicemos entonces el ejército de los educadores que sustituya al ejército de los destructores. Y no descansemos hasta haber logrado que las jóvenes abnegadas, que los hombres cultos, que los héroes todos de nuestra raza se dediquen a servir a los intereses de los desvalidos y se pongan a vivir entre ellos para enseñarles hábitos de trabajo, hábitos de aseo, veneración por la virtud, gusto por la belleza y esperanza en sus propias almas. Ojalá que esta Universidad pueda alcanzar la gloria de ser la iniciadora de esta enorme obra de redención nacional.

Alfredo Ramos Martínez, quien fuera nombrado durante el gobierno usurpador de Victoriano Huerta director de la Escuela de Bellas Artes, en esa calidad pudo abrir la primera de las Escuelas de Pintura al Aire Libre, clausurada a la caída de Huerta; entonces Ramos Martínez fue sustituido en la dirección de Bellas Artes por el Dr. Atl. Sintió Ramos Martínez, y con él sus allegados, que las palabras de Vasconcelos animaban sus dormidos proyectos. El Consejo Universitario y el rector Vasconcelos estuvieron de acuerdo con los planes barbizonianos del aire libre; pero, además, Ramos Martínez fue nombrado una vez más, en un clima de confusión, director de la Escuela de Bellas Artes.

En 1913 la primera Escuela de Pintura al Aire Libre se había instalado en Santa Anita; en 1920 se ubicó en una vieja casona en Chimalistac (después de mudaría a Coyoacán). Allí asistieron Fernando Leal, Ramón Alva de la Canal, Mateo Bolaños, Emilio García Cahero, Francisco Díaz de León. A ellos se sumaron poco después Joaquín Clausell, Fermín Revueltas, Ramón Cano y, esporádicamente, Leopoldo Méndez. Hay que recordar que al producirse en 1911 la huelga de estudiantes de la Escuela Nacional de Bellas Artes contra el director y arquitecto porfirista Antonio Rivas Mercado y los profesores con métodos retrógrados,

Ramos Martínez emergió como personalidad alternativa, capaz de darle nuevo desarrollo al arte mexicano por apartarse de rutinas y amaneramientos que nulificaban el talento y la personalidad de los alumnos. Los estudiantes estaban hartos de copiar láminas de periódicos alemanes, ingleses, españoles; querían producir una obra de carácter nacional y pensaron que Ramos Martínez era el pedagogo de la línea y el color capaz de levantar con sus alumnos los cimientos de un arte nacional. Por su parte, Ramos Martínez consideraba que el nuevo arte mexicano sería el resultado de trabajar con modelos mexicanos, en contacto con la naturaleza de México, pues el follaje y los efectos de perspectiva expresarían caracteres propios de México.

Vasconcelos había sido nombrado no sólo rector de la Universidad Nacional sino también director del Departamento Universitario de Bellas Artes. Las posibilidades para desarrollar un amplio plan educativo y cultural eran muy grandes y Vasconcelos supo utilizarlas: la gran campaña nacional de alfabetización; la fundación de bibliotecas, incluidas las populares y las circulantes por todo el país; el inicio de una labor editorial que comenzó con las *Monografías mexicanas de arte*. El 1 de diciembre de 1920 asume la presidencia Álvaro Obregón y en enero de 1921 pone a disposición de la Universidad Nacional los Talleres Gráficos de la Nación; aunque Vasconcelos prefirió instalar los propios para vigilar más estrechamente la producción. Se editan libros de historia y geografía, libros de lectura para escuelas primarias, los libros de pasta verde con los clásicos y la revista *El Maestro*. Colaboraron en esta gran empresa educativa y cultural: Palma Guillén, Salvador Novo, Gabriela Mistral, Jaime Torres Bodet, José Gorostiza, Francisco Monterde, Xavier Villaurrutia, Joaquín García Icazbalceta, Bernardo Ortiz de Montellano, Enrique Monteverde, Agustín Loera y Chávez. Mientras tanto, con la ayuda de Ezequiel A. Chávez, Enrique D. Aragón, Alfonso Caso, Alberto Vázquez del Mercado, Manuel

Gómez Morín y Mariano Silva, Vasconcelos elabora el proyecto de ley que habría de crear la Secretaría de Educación Pública, suprimida en la Constitución de 1917 aprobada en Querétaro.

Sancionada la ley el 2 de marzo de 1921, establecía tres departamentos básicos: Escuelas, Bibliotecas y Bellas Artes, más dos auxiliares: Desanalfabetización y Enseñanza Indígena. Para que esa nueva ley entrara en vigor debían aprobarla las legislaturas estatales. Con el fin de apresurar los trámites, Vasconcelos inició giras por diversas partes de la República, con una comitiva de intelectuales en la que no faltaron los pintores: Roberto Montenegro, Jorge Enciso, Diego Rivera, Gabriel Fernández Ledesma y el músico Julián Carrillo, quien dirigía la Escuela Nacional de Música y Arte Teatral. En el último párrafo de *La tormenta,* segundo tomo de su autobiografía, Vasconcelos escribió: En la Rectoría, mientras se discutía una ley de Educación que debía crear un Ministerio Federal, se empezó a actuar ya como Ministerio. Invité de Estados Unidos y Europa a muchos desterrados o ausentes que debían contribuir poderosamente al gran impulso que tomó el trabajo. Sin exclusivismos ni exclusiones, se abrieron las puertas al mérito y fue mi mejor amigo el que mejor trabajó en la tarea común. Pronto se sintió en el país que algo serio comenzaba. Y no faltó quien comparara nuestro pulso al de un motor en vibración, del cual está fluyendo la energía. Desde entonces mucho tonto ha habido que se llama a sí mismo o es llamado «dinámico»; el adjetivo tuvo suerte; pero no basta con moverse; es necesario saber a dónde se va.

En la cruzada político-cultural en pro de la Secretaría se daban conciertos y conferencias y se organizaban mítines. En *El desastre,* tercera parte de su autobiografía, Vasconcelos relata: Los artistas que congregábamos hacían ver las ventajas que cada localidad obtendría mediante la cooperación de maestros federales de modelado, pintura y artesanías de todo género. [...] En Aguascalientes hubo en el Teatro solemne velada en que habló Caso, de filosofía, y otros más, de patriotismo; pero al día siguiente el artista Fernández Ledesma dio los primeros pasos para la creación de una escuela de cerámica que debía recoger y organizar la tradición de los operarios locales derivada de la Colonia.

En efecto, Gabriel Fernández Lesdesma pidió permiso a Luis Castillo Ledón, director del Museo Nacional de la calle de Moneda, donde trabajaba en el Departamento de Etnografía, para atender la invitación que le hiciera Vasconcelos para unirse a la cruzada. Nativo de Aguascalientes, Fernández Ledesma había tenido una precoz curiosidad por las artesanías de la región, principalmente tejidos y alfarería, y aun antes de su traslado a México, en 1917, había tratado de intervenir en los diseños de piezas en el conocido taller El Caballo Blanco. En *El desastre* hay varias referencias que conviene recordar porque aclaran puntos que después entraron a discusión. Por ejemplo, cuando la cruzada llegó a Colima, Montenegro y Fernández Ledesma pintaron a la acuarela panoramas, edificios y tipos colimenses. Al respecto Vascocelos señaló: Puede decirse que estos ingenuos trabajos fueron el comienzo de la pintura de tema popular que más tarde hizo escuela. Así como también todo el renacimiento de la cerámica nacional parte del viaje que a Oaxaca habían hecho semanas antes Enciso y Montenegro. Unos platos decorados que por allá crearon Enciso y Montenegro fueron las primicias de lo que es hoy una industria artística. Lo menciono para que conste que no se improvisan ni salen espontáneamente del pueblo las industrias y las artes, sino que constantemente hace falta la intervención del artista culto para iniciar o para resucitar la producción artística. De allí se deduce también la necesidad de que las funciones del Estado recaigan en personas inteligentes y bien preparadas, pues no puede hacer nada el artista abandonado a sus propios recursos y es el gobierno quien únicamente puede, en los tiempos que corren, hacerse mecenas y director, sistematizador de las actividades superiores, así como de las menores.

El asombrado descubrimiento y el extendido estudio de las artesanías tienen una primera culminación en la Exposición de Artes Populares organizada en 1921, para los festejos del centenario de la Independencia, por Jorge Enciso y Roberto Montenegro con la colaboración de Adolfo Best Maugard y Francisco Cornejo. En el mismo año aparece la primera edición de *Las artes populares en México* del Dr. Atl, obra encargada por el ministro de Relaciones Exteriores en el gobierno de Obregón: Alberto J. Pani (retratado por Rivera en París y a cuyo hijo dio clases de pintura). Dos tomos que constituían, según se expresaba: El homenaje oficial del gobierno de la República al ingenio y habilidad del pueblo de México. La primera edición, hecha precipitadamente, se agotó muy pronto, y en 1922 se publicó la segunda, corregida y aumentada. Con desbordado entusiasmo, Atl escribía: La obra de arte no tiene dimensiones, ni estilos, ni escuelas, y las interpretaciones de la naturaleza transmitidas por las vibraciones de un espíritu y la fuerza de una mano pueden tener el mismo valor en el gran muro de una iglesia toscana o de la Umbría, que en una porcelana china o en un cuadro veneciano, o en un paisaje moderno, o en una terracota griega o en un jarro de Tonalá decorado por Zacarías Jimón. [...] Las artes populares en México son importantes porque ellas satisfacen vitales necesidades sociales por la variedad de sus productos, porque todas tienen o en sus formas o en su técnica o en su espíritu decorativo o en sus colores, el sello innato y hondo sentimiento estético; porque algunos de sus productos son de un valor artístico de primer orden, porque sus manifestaciones puramente intelectuales están impregnadas —como la música— de una profunda melancolía, y son ambas poderosamente subjetivas.

Fue el del Dr. Atl el primer intento por analizar las bases económicas de la producción alfarera, tomando en cuenta el número de familias empleadas temporalmente, el número de horneadas efectuadas al año, el valor de cada horneada y el término medio del valor de la producción y venta. La máxima capacidad productiva la tenían, en orden decreciente, estos estados: el de México, Jalisco, Oaxaca, Michoacán, Puebla, Guanajuato, Hidalgo, Aguascalientes, Tlaxcala, San Luis Potosí, Chiapas y Chihuahua. Los capítulos abarcaban: juguetería, orfebrería, cestería, plumaria, mueblería, pintura religiosa, lacas, talabartería, etcétera. El segundo tomo estuvo dedicado a las diversiones populares, empezando por la música, con énfasis en las canciones. En la música erudita comenzaba a tomar cuerpo el nacionalismo posromántico. Atl se opone a esta corriente artística y expresa: Algunos músicos mexicanos han tratado de arreglar o de vestir la música popular de México para presentarla dignamente ataviada en un salón de niñas cursis. En mi concepto, estas transcripciones o deturpaciones que llevan nombres clásicos: sonatas, fugas, rapsodias, etcétera, son depravaciones académicas de la vigorosa corriente del sentimiento popular —como lo son igualmente los pastiches gráficos del arte azteca ejecutados por artistas «nacionalistas».

No se ocupó Atl de algo tan rico como las danzas regionales, pero sí se detuvo en el teatro, en el lenguaje, en la comida, en la arquitectura autóctona. Consciente del valor del esfuerzo, al que se habían sumado los fotógrafos Ramos y Arriaga, y los grabadores Garduño, Vargas y Tostado, Atl expresaba al final de su monumental trabajo primigenio: No está lejano el día en que la mayor parte de las manufacturas indígenas sea sustituida por la producción del maquinismo. Por eso este libro, que es un catálogo incompleto de las artes manuales indígenas, pero único en su género en México y en el mundo entero, tendrá mañana una importancia muy considerable bajo el punto de vista etnológico y constituirá un testimonio de la inteligencia y profundo sentimiento artístico del pueblo mexicano. A esta certera apreciación hay que agregar que la amplísima y razonada catalogación marcó pautas y descubrió para nacionales y extranjeros la riqueza artística oculta en millares de poblaciones de la provincia mexicana.

Mientras tanto, Vasconcelos avanzaba en la gran empresa educativa y cultural que emprendiera, como él mismo decía, inspirado en Anatoly Lunacharsky, el Comisario del Pueblo para la Educación en la República Soviética. En *El desastre* escribió: A él debe mi plan más que a ningún otro extraño. Pero creo que lo mío resultó más simple y más orgánico. […] El Departamento de Bellas Artes tomó a su cargo, partiendo de la enseñanza del canto, el dibujo y la gimnasia en las escuelas, todos los institutos de cultura artística superior, tal como la antigua Academia de Bellas Artes, el Museo Nacional y los Conservatorios de Música. Esta estructura perduró hasta diciembre de 1946, cuando al asumir la presidencia de la República Miguel Alemán se crea el Instituto Nacional de Bellas Artes. Grande fue la multiplicidad de alientos que dio Vasconcelos a la actividad artística. La escultura, tantas veces desatendida, entró en el área de sus preocupaciones. En *El desastre* relató: Nacho Asúnsolo y otros escultores recién devueltos al país, después de pasar uno o dos años en Europa, trabajaban en talleres que les habíamos improvisado, a efecto de que, paralelamente al movimiento pictórico que ya tomaba fuerza, hubiese también actividad en la escultura mexicana. Y también, como en el caso de la pintura, procurábamos alejar al artista del trabajo burgués de los bustos de personajes del día, encomendándoles obra en grande. Miren las fachadas de las viejas iglesias —decíamos—, allí está la prueba de que el mexicano puede hacer escultura monumental.

El Ministerio de Educación recién creado necesitaba casa y Vasconcelos decidió que se aprovechara el patio de arcadas del antiguo convento de Santa Teresa como base para la nueva edificación, la cual debería respetar el bello estilo renacimiento español de las partes originales que no habían sido demolidas para levantar ahí una escuela normal para mujeres. La obra le fue encomendada al ingeniero Federico Méndez Rivas y ahí, como en otros edificios, Vasconcelos se preocupó por las decoraciones en diversas técnicas, siempre con sentido simbólico o funcional. En *El desastre* recordó: Le encomendé a Asúnsolo el grupo que hoy está en el remate de la fachada del Ministerio de Educación. Una Minerva cuyas proporciones pusieron en aprietos al ingeniero, que tuvo que reforzar sus cimientos, de un lado Apolo, del otro Dionisos, que debían presentarse según el sentido nietzscheano que después he adoptado en mi *Estética:* el arte apolíneo y el arte dionisíaco. En el centro, Minerva, la Sabiduría antigua, significaba para nosotros la aspiración hacia el Espíritu, el anhelo que más tarde vino a colmar el cristianismo. Es claro que poner detrás y más alta una cruz hubiera sido lo indicado y obvio, pero la jacobinería hubiese echado abajo el edificio antes de que quedase terminado. En los extremos o esquinas de la fachada debieron ir estatuas de la aviación que no se concluyeron, como se no concluyó el edificio por causa de mi separación de la tarea. En el antepatio debió ir una escalera monumental y en las esquinas del primer patio cuatro estatuas dedicadas a cada una de las razas que han contribuido a la formación del Nuevo Mundo o deben contribuir a ella: la blanca, la india, la negra y la amarilla, reunidas todas en un ideal de síntesis que comencé a titular de la raza cósmica o raza definitiva total. Terminó Asúnsolo el grupo de Minerva y llegó a moldear en yeso una de las estatuas colosales que debían representar a las razas. Exhibimos el molde en uno de los ángulos del patio para estudiarle las proporciones, y esto nos perdió. Se alarmaron ciertas maestras del desnudo completo ideado por Asúnsolo, y empezaron a llenarme de quejas: ¿iba yo a permitir semejante inmoralidad en un edificio visitado por niños, por niñas? Vacilé y pospuse la resolución, mandé suspender mientras tanto el vaciado. Entonces me apostrofó Asúnsolo: —Parece mentira que usted se deje influenciar por viejas solteronas, ¿qué tiene de particular una exhibición de este género, si en Europa…?, etc. Lo dejé perorar pero al fin le expresé mi propia alarma: —Figúrese, Nacho, van a ser cuatro las estatuas, todas desnudas; hasta ahora sólo hemos exhibido al blanco; vendrá el indio y el amarillo, pero ¿qué vamos a hacer cuando instale al negro…? Le van a llamar a todo eso el patio de los falos. Se fue Asúnsolo desconcertado y en vez de estatuas hizo el escultor Mercado los bajorrelieves que hoy se miran, dedicados a la cultura de los cuatro continentes.

Según Vasconcelos, la Escuela de Bellas Artes siguió viviendo, dentro de las nuevas circunstancias, el caos de siempre, aunque progresaba la campaña contra el academismo, llevada adelante —señalaba— por los principales artistas jóvenes y por las Escuelas de Pintura al Aire Libre. Pero advertía: También en la vieja escuela se trabajaba, y esto era cierto, y así lo recordó: Las clases nocturnas de dibujo y pintura se abrieron a todo el mundo para cursos rápidos; y eran de verse las salas llenas de niños y adultos dibujando del natural, pintando o modelando. Un poco más tarde, para la enseñanza del dibujo en las escuelas se aprovechó el sistema elaborado por el artista Adolfo Best a base de ciertos elementos decorativos primarios, indefinidamente combinados, según la fantasía de los alumnos.

En julio de 1921 Diego Rivera regresa después de la estancia de once años en Europa. Lo entrevista un reportero de *El Universal* y él manifiesta su deseo de estudiar «el arte popular, las ruinas de nuestro asombroso pasado». Pronto vio cumplido su deseo, pues Vasconcelos lo suma a su comitiva en la muy especial visita que hizo a Yucatán para reconciliarse con el gobernador Felipe Carrillo Puerto, de quien se distanciara por ser éste antimaderista. Iban también Roberto Montenegro, Adolfo Best Maugard, Jaime Torres Bodet, Carlos Pellicer, Pedro Henríquez Ureña. De regreso de ese viaje por Mérida, Campeche, Uxmal, Chichén Itzá, Rivera visita una exposición en la Escuela de Bellas Artes, con trabajos de Mateo Bolaños, Rosario Cabrera, Emilio García Cahero, Joaquín Clausell, Fermín Revueltas, Ramón Alva de la Canal, Rufino Tamayo, Francisco Romano Guillemín. En octubre de ese mismo año 1921, escribió un artículo sobre la exposición para la revista *Azulejos,* con ánimo de orientar y enseñar. De Rosario Cabrera dijo que poseía verdadero talento y «positivo don para expresar el volumen por medio del color, cualidad primordial en un pintor». De Bolaños, guanajuatense como él, opinó que con mucha y fina sensibilidad comprendía el sentido de las cosas mexicanas. En Cano percibió madera de gran pintor mexicano, con capacidad para dejar atrás «el merengue posimpresionista». Consideró que el más osado era Fermín Revueltas, con capacidad para ubicarse en el «verdadero terreno de la plástica». Consideró a Clausell como un verdadero precursor, «fuerte, agudo, sólido y libre», capaz de crear un impresionismo sin fotografismo. En Tamayo vio «presteza en la notación, sensibilidad y buena compresión de los planos, muy pintor». Con ganas de dar alientos, Rivera destacaba el inicio de «un movimiento por la independencia espiritual de México», y contagiado del extendido entusiasmo revolucionario expresaba: Que nuestros artistas sepan, crean y sientan que, en tanto que no nos volvamos obreros y no nos identifiquemos con las aspiraciones de las masas que trabajan, para darles, en un plano superior a la anécdota, su expresión por la plástica pura, manteniendo constantemente lo más profundo de nuestra alma en comunicación íntima con el pueblo, no produciremos más que abortos, cosas inútiles por inanimadas. Felizmente, este pueblo mexicano tiene desarrollado, a un grado increíble, el sentido plástico; todo lo producido por él tiene el sello de un arte superior, simple y refinado a la vez; en todo hay sentido de la belleza, salvo en lo que concierne a la gente que remeda lastimosamente lo de ultramar. Viendo los trabajos hechos por los niños, de los cuales la mayor parte son de familia obrera, se siente la necesidad de repetir a los hombres que pintan: «volveos como niños» y decir a los maestros: «no hagáis de esos niños admirables unos hombres banales».[31]

Con aguda previsión Rivera alertaba contra el subimpresionismo, útil en tanto había servido para desterrar «la mugre académica», pero peligroso en tanto llevara a abusar del azul y del blanco y no se supiera distinguir entre pintura y fotografía, y alertaba también contra la precoz y falsa madurez: No olvidaré al talentoso chico de diez años que pinta con la malicia de un hombre de treinta o cuarenta. ¡Que Dios pida cuentas a quienes tengan la culpa de esto, y que ayude a ese niño a volver a tener diez años, o mejor cinco, después de treinta años de trabajo y vigilia! Las posiciones estéticas de Rivera fueron asimiladas de manera muy profunda por quienes serían los animadores de un movimiento de amplios alcances. Con él adquirieron nuevos conocimientos y vislumbraron caminos que Alfredo Ramos Martínez jamás se había atrevido a transitar. Ortega, cronista de *El Universal Ilustrado*, lo escribió en 1922: A la llegada de Diego, los más audaces y que ya habíanse esforzado por encontrar su propia corriente —Revueltas, Leal, Cahero— se agruparon con él y se dieron a estudiar lo que trata de Europa.

Por su parte, Ramos Martínez predicaba en pro de un arte nacional. Para llegar a hacer el arte verdadero tenemos irremisiblemente que ir hacia lo nuestro, expresó en un informe dado como director de la Escuela Nacional de Bellas Artes a principios de 1922. Ramos Martínez se definía por los talleres libres, por dejar a los profesores Toda la iniciativa, toda la libertad, para obtener así criterios distintos en la enseñanza, y para que los alumnos aprovechen el consejo que más esté de acuerdo con su manera de ser, con su temperamento, lo que les dará, no dudo, la personalidad. No todos compartían los criterios educativos de Ramos Martínez. Al escribir en 1922 sus «Impresiones sobre el arte actual en México», el crítico estadounidense Walter Pach, después de aplaudir que se reconociera «la aptitud instintiva de los muchachos para el dibujo y el color», se preguntaba si a esos muchachos les bastaría «su instinto para llevarlos a través de los terribles obstáculos que esperan al artista», y respondía: Hasta ahora no he visto una indicación de tal posibilidad. Es posible que el sistema no haya tenido el tiempo suficiente para producir resultados tan admirables, entre los más adelantados, como vemos entre los que empiezan. El trabajo de éstos tiene mucho más valor que lo que producen los que han estudiado dos o tres años, si dejamos a un lado uno o dos cuyo talento parece poder triunfar de la imitación naturalista: la trampa en que se pierde la mayoría.[32]

El voluntarismo de José Vasconcelos lo llevaba a estimular de manera directa los trabajos, tanto en el edificio de la Secretaría en construcción como a los artesanos y artistas decoradores. Cuenta en *El desastre*: A las 8 ya estaba visitando las obras, trepando andamios, urgiendo prisa, tomando nota de lo que hacía falta para apresurar su entrega. También entró en sus planes el estímulo a talleres de artesanos mexicanos. Cuando los carpinteros y ebanistas de una importante fábrica entraron en huelga, Vasconcelos les propuso que se constituyeran en cooperativa y recibieron el contrato de todos los muebles del nuevo Palacio de la Educación. Señalaba: Pudimos entonces convencernos de la capacidad, la seriedad de los obreros mexicanos, cuando se ven libres de la coacción gubernamental y de la acción de los líderes. Obras de lujo como ciertas mesas del despacho de Educación Pública fueron trabajadas por ebanistas independientes con un esmero y un arte que hace tiempo habían olvidado los maestros de labor. El dibujo de las mejores piezas les era entregado por nuestros artistas. Enciso, el pintor tan experto en cuestiones coloniales, se dedicó a revivir el mueble de tipo español antiguo. De la Escuela de Industrias Químicas nos surtían los cueros para los sillones de estilo arcaico. Y cada vez comprábamos menos al comercio; todo lo hacíamos en el departamento y lo hacíamos mejor y a más bajo precio. Recuerdo la ocasión en que asistimos en grupo de los más íntimos colaboradores a contemplar la vidriera artística que acababa de terminar Montenegro en el Salón de Discusiones del antiguo San Pedro. Anteriormente todas las vidrieras de color, hasta los emplomados más vulgares, se encomendaban a casas francesas o italianas productoras de horribles modelos en estilo cromo. Al descubrirse la obra de Montenegro alguien la comparó con la vidriera que por esos mismos días había estrenado el Palacio de Hierro en su nuevo edificio encomendado a ingenieros y artesanos traídos de Francia. Es muy superior —convinieron todos— por el colorido del dibujo y aun por la solidez, la obra de Montenegro. Ya lo creo —expuse yo—, como que lo del Palacio de Hierro es obra de extranjeros. No puede el extranjero competir con nosotros. Estas palabras en un pueblo vigoroso suelen ser arrogancia y chauvinismo. En un pueblo como el nuestro, enfermo de un justificado complejo de inferioridad, eran parte de la tarea del educador, utilizaban los triunfos de aquel incipiente renacimiento para despertar los ánimos e infundirles confianza en las propias capacidades.

Fruto del estímulo a artistas y artesanos fue el despacho que el propio Vasconcelos calificó de imponente: Gran decoración mural en los dos extremos; al centro una gran mesa tallada con incrustaciones del Zodiaco en la tapa magnífica, obra toda del pintor Enciso y un hábil carpintero nacional. Los vitrales de Montenegro a los que se refiriere Vasconcelos son *El jarabe tapatío* y *La vendedora de pericos,* en cuya ejecución colaboró Eduardo Villaseñor. Cuando se decide instalar en la nave de la ex iglesia de San Pedro y San Pablo la Biblioteca Iberoamericana, Vasconcelos le encarga a Montenegro la decoración del ábside; con la ayuda de

Gabriel Fernández Ledesma, Julio Castellanos y Xavier Guerrero, Montenegro pintó al temple el mural *El árbol de la ciencia*. Para complementar la decoración se decidió recubrir los lambrines y algunos tableros con azulejos. El diseño de los lambrines fue tomado por Enciso de unos azulejos originales del convento de Churubusco; el de los tableros lo realizaron Montenegro y Fernández Ledesma. La labor de alfarería se hizo en El Caballo Blanco de Aguascalientes, bajo el cuidado de Gabriel Fernández Ledesma, a quien ayudó su hermano Luis, muerto prematuramente. El gran retrato del fondo no lo hizo Montenegro sino un pintor venezolano. Diego Rivera quiso iniciar en San Pedro y San Pablo su labor como muralista dando imagen a un proyecto sobre la entrevista de Bolívar y San Martín en Guayaquil; pero el ministro del renacimiento mexicano lo mandó al Anfiteatro Bolívar, apenas terminado de construir.

En 1923, desde las páginas de *La Falange,* Rivera hacía apretado resumen de lo ocurrido en la pintura desde su llegada: Aparte del grupo de Coyoacán, sólo había la tendencia decorativa «nacionalista», es decir, se empezaban a enjarrar los muros de San Pedro y San Pablo, y Best Maugard trabajaba solo en su casa y era casi todo. Después se principió la pintura del Anfiteatro de la Preparatoria y más tarde vinieron a trabajar sobre muros de la misma escuela Alva, Charlot, Cahero, Leal y Revueltas. Su talento se adaptó a la disciplina constructiva que la decoración del Anfiteatro imponía. Tiempo después llegaron Siqueiros y De la Cueva llenos de ardor, fresco en sus ánimos el entusiasmo por la pintura sin tiempo, época ni moda de los grandes italianos y el esfuerzo moderno de París. Es decir, de Picasso y los demás. Hoy todos están trabajando, Clausell ha resurgido y también Atl. Se cubre muro tras muro, todos trabajan; los primeros junto con Guerrero (el que tan bien sabe el oficio de pintor), Mérida y Amero. Y surgen nuevos cultos, capillas y devociones. Los niños trabajan con las directivas de lo decorativo nacionalista. Y han surgido nuevas personalidades de pintores jóvenes como Rodríguez Lozano y Abraham Ángel; otros nuevos vendrán. Carlos Orozco empezó en Guadalajara una decoración interesante que todos se apresuraron a maldecir.[33]

Rivera no mencionaba a José Clemente Orozco, y no es porque Orozco no pintara en la Preparatoria. Sucedió que Orozco comenzó a pintar ahí después de que Rivera escribiera su artículo; pero su presencia en el medio artístico mexicano era ya muy visible, como lo demuestra un párrafo en el ya citado comentario de Walter Pach: Los tipos de José Clemente Orozco son tan definitivos de expresión que sería fácil creer que su arte ha llegado a su plena expansión. Pero basta con mirar un poco debajo de la superficie de su producción para hacerse cargo de que la obra más importante de este artista está delante de él. Las formas —físicas y psicológicas— que el pintor ha registrado tienen la precisión de lo primitivo, es decir, del arte en tal estado de intensidad que cuando divide y recombina sus elementos va ganando siempre en riqueza. Este aspecto del arte del señor Orozco es más evidente en la definición casi geómetrica de su dibujo que en su color. Sin conocer a los artistas franceses que son parientes espirituales de la suya, el artista mexicano ha producido una obra que forma parte de la gran expresión moderna, tanto en idea de la vida, como en su manejo de las propiedades abstractas.

Relataba Rivera en su artículo de *La Falange* que estudiantes, empleados, profesores y personas más o menos letradas, al ver los muros decorados se morían de risa o les daban asco e indignación. Por su parte, la prensa comenzó a publicar críticas violentas. Se molestaba a Rivera, sí, pero el tiro iba dirigido al animador del renacimiento, a Vasconcelos. Inclusive algunos acudían a la Secretaría para expresar de viva voz su descontento. Los pintores seguían trabajando y contaban con el apoyo de otros grupos; pero, a causa de tanta cizaña, comenzaron a agitarse, a agruparse unos contra otros, a lanzarse reproches, a dividirse. A Rivera le preocupaba que todo se quedara en una diminuta querella entre clásicos y románticos, pese a usar los nuevos términos: comunista, nacionalista, fascista. Pero el movimiento plástico, aunque diminuto, ya existía y su dínamo era un profundo anhelo de pueblo. En consecuencia Rivera concluía: Espero que algún artista, o los artistas lleguen a ser de este anhelo LA VOZ.

Entrevistado en diciembre de 1922 para *Revista de Revistas*, Gabriel Fernández Ledesma resumía como preocupación muy generalizada el encuentro de un arte con características de identidad mexicana: Los pintores, después de realizar tentativas en un principio desorientadas, y en las cuales persisten aún muchos de ellos, siguiendo modas y expresiones europeas, tales como el cubismo, que hace diez años tuvo su efervescencia en París, han venido a comprender la necesidad de hacer un arte social y con orientación decorativa educacional. Hasta ahora el arte entre nosotros había aceptado explícitamente el hacer arte por el arte mismo, es decir, un arte íntimo y egoísta para el cual daban su aprobación los amigos íntimos del artista, constituidos en una sociedad de mutuo aplauso. No, el arte debe adaptarse a su medio y a sus condiciones de lugar para que pueda vivir. Por ejemplo, tratándose de decorar una escuela no debe perderse de vista su finalidad educativa y tener presente que para hablarles a los niños en su lenguaje mismo necesita infantilizarse. Como en este caso de carácter educacional, es indispensable que obre en todos los casos restantes, poniéndose siempre a la altura de las circunstancias y tratando de solucionar todos los nuevos problemas que se les planteen con relación al mundo que generó ese mismo arte.

Ya para 1923 la actividad de los pintores había cobrado la fuerza de un movimiento que debía enfrentarse a críticas, apoyos, derechos, deberes, defensa gremial. Debido a ello decidieron organizarse en el Sindicato de Obreros Técnicos Pintores y Escultores. En la Convención del Partido Comunista Mexicano, Rivera, Siqueiros y Xavier Guerrero fueron elegidos para integrar el Comité Ejecutivo de ese partido. José Clemente Orozco y Diego Rivera se habían entregado a cubrir muros y muros de dos grandes patios y en varios niveles; Orozco en la Escuela Nacional Preparatoria y Rivera en la Secretaría de Educación Pública. Respecto del sindicato, Vasconcelos comentó en *El desastre*: Me comunicó la creación del sindicato Siqueiros. Lo acompañaban tres ayudantes; vestían los tres de overol. Durante dos años le había estado teniendo paciencia a Siqueiros, que nunca terminaba unos caracoles misteriosos en la escalera del patio chico de la Preparatoria. Entre tanto, los diarios me abrumaban con la acusación de que mantenía a zánganos con pretexto de murales que no se terminaban nunca o eran un adefesio cuando se concluían. Resistí todas las críticas mientras creí contar con la lealtad de los favoritos, y a todos exigía labor. En cierta ocasión, por los diarios definí mi estética: superficie y velocidad es lo que exijo, les dije exagerando, y expliqué: —Deseo que se pinte bien y de prisa porque el día que yo me vaya no pintarán los artistas o pintarán arte de propaganda. A Diego, a Montenegro, a Orozco nunca se les ocurrió crear sindicatos; siempre me ha parecido que el intelectual que recurre a estos medios es porque se siente débil individualmente. El arte es individual y únicamente los mediocres se amparan en el gregarismo de las asociaciones que están muy bien para defender el salario del obrero que puede ser fácilmente reemplazado, nunca para la obra insustituible del artista. Así es que cuando se me presentaron sindicalizados precisamente los que no hacían labor, divertido, sonriendo les contesté: —Muy bien, no trato ni con su sindicato ni con ustedes; en lo personal prefiero aceptarles a todos la renuncia; emplearemos el dinero que se ha estado gastando en sus murales en maestros de escuela primaria. El arte es lujo, no necesidad proletaria; lujo que sacrificó a los proletarios del profesorado. La cara que pusieron fue divertida. Se retiraron confusos. Pero contaban con mi amistad y no tuvieron de qué arrepentirse. Al salir le rogaron a alguno de los secretarios: Dígale al licenciado que no vaya a cesarnos; seguiremos trabajando como antes. Y todo fue tempestad en un vaso de agua. Conviene declarar en este punto que cada uno de los artistas ganaba sueldos casi mezquinos, con cargo de escribientes, porque no me había atrevido a inscribir en el presupuesto una partida para pintores porque seguramente me la echaban abajo en la Cámara. No se había habituado aún la opinión a considerar el fomento del arte como obligación del Estado.

Los hechos no se desarrollaron tal como los relató Vasconcelos. Los miembros del sindicato que habían ayudado a Rivera en el mural del Anfiteatro decidieron ofrecer una fiesta. La invitación, en papel color naranja e impresa por ambos lados, decía que el 20 de marzo de 1923 se haría la fiesta en honor de Diego Rivera, «querido camarada y maestro del taller», porque su obra *La Creación:* Resucitaba la pintura monumental no sólo en México, sino en todo el mundo, empezando así en nuestro país un nuevo florecimiento que se comparará al de los tiempos antiguos, y cuyas grandes cualidades: buena obra de mano, buen criterio en proporción y valores, expresiva claridad y poder emocional (todo dentro de un mexicanismo puramente orgánico, libre de dañinos y fatales caracteres pintorescos) señalan la obra como insuperable, y los amantes de la profesión de pintar pueden obtener de ella la ciencia y experiencia allí acumuladas. El festejo fue en la sede del Taller Cooperativo de Pintura y Escultura «Tresguerras», ubicado en Mixcalco 12. Fueron invitados de honor José Vasconcelos y Vicente Lombardo Toledano, ministro de Educación y director de la Preparatoria, respectivamente, «inteligentes iniciadores y poderosos protectores de esta obra y de todo el noble esfuerzo hecho en favor del desarrollo del arte plástico en México». Se detallaba que los «expertos ayudantes del maestro Rivera» habían sido: Luis Escobar, Xavier Guerrero, Carlos Mérida, Juan Charlot y Amado de la Cueva.

Pero los ataques arreciaron al punto de que el 22 de junio de 1923 Rivera, Orozco, Charlot, De la Cueva, Montenegro, Xavier Guerrero, Mérida, Fermín Revueltas, Siqueiros, Rodríguez Lozano, Abraham Ángel y Emilio Amero firmaron una protesta cuyo contenido es de una elocuencia definitiva: Se ha iniciado una campaña contra el movimiento de pintura de México. Sólo por la ignorancia y la envidia puede ser atacado. Y para que el golpe tenga carácter de infamia mal calculada se pretende mezclar el movimiento actual de pintura con la política personalista. Se nos tira la piedra del dinero manchada por aquello de gran derroche, precios fabulosos, ganancias pingües, etc. Al pintor que más se le paga en la Secretaría de Educación Pública se le liquida lo mismo que a un obrero pintor que cobra el precio común y corriente pintando paredes lisas por metro cuadrado. El público puede convencerse revisando los contratos que tienen los pintores con la Secretaría de Educación Pública. De ninguna manera esta protesta significa disculpa. Estamos seguros que el movimiento actual de pintura en México es expresión de la afirmación de nuestra nacionalidad, sus enemigos no lo atacan en nombre del gusto, porque el gusto que lo norma, manteniéndose mexicano, encuentra acuerdo con el de los hombres civilizados de aquí y del extranjero; como lo demuestran las opiniones estampadas por escrito sobre nuestra labor en México, Estados Unidos y Europa; así es que nuestros enemigos mezquinos deben, a nombre del desarrollo de nuestro país y del buen gusto universal, ser tratados como retardatarios ignorantes y perjudiciales, al mismo título y del mismo modo que los que se niegan a vacunarse, bañarse y aprender el silabario. Protestamos con toda la fuerza de nuestra sinceridad contra el montón que intrigue y levante voces para estorbar la marcha del movimiento de pintura actual de México, aprovechándose de la incomprensión del vulgo semiilustrado, de la masa incolora y mediocre, el mismo vulgo burgués que intentó desgarrar los cuadros de Manet, que protestó contra las decoraciones de Puvis de Chavannes en el Panteón, que insultó a Delacroix y a Ingres, que apedreó *El David* de Miguel Ángel, que silbó a Ricardo Wagner, guiado y azuzado siempre por los oscuros fracasados envidiosos de los artistas que trabajan de acuerdo con el sentir del pueblo y el gusto de los escogidos, y sin cuidarse del burgués incomprensivo que quiere normar los derechos de la obra de arte por su propia bajeza.

Puede suponerse que Vasconcelos estaba de acuerdo con los términos de la protesta pues casi todo su equipo de intelectuales se adhirió con firmas que se unieron a las de los pintores: Martín Luis Guzmán, Genaro Estrada, José Juan Tablada, Antonio Caso, Julio Torri, Carlos Gutiérrez Cruz, Ignacio Asúnsolo, Carlos Pellicer, Vicente Lombardo Toledano, Manuel Toussaint, Pedro Henríquez Ureña, Luis Enrique Erro, Palma Guillén, Alfonso Cravioto, Salomón de la Selva, Miguel Covarrubias, José Romano Muñoz, Germán Cueto, Carlos Obregón Santacilia, Adolfo Best Maugard, Jorge Juan Crespo de la Serna y Eduardo Villaseñor.

Los periodistas azuzaban las diferencias de todo orden. Entre los pintores Diego Rivera demostraba dignidad y equilibrio. Cuando le preguntaron sobre la labor de Ramos Martínez en la Escuela Nacional de Bellas Artes, con objetividad respondió: Lo único bueno que ha hecho en la Academia es desacademizarla. Ya eso es mucho. En cambio la Escuela de Coyoacán está bien, es decir, casi bien; porque todavía no responde a las exigencias del momento. Se necesita más libertad, dejar la originalidad a sus propios recursos, porque el freno más duro es el de la disciplina mental. Mientras que Ramos Martínez, entrevistado por el mismo reportero Óscar Leblanc, declaraba con miopía para *Revista de*

Revistas que el «prestigio artístico de México» estaba en la Escuela de Bellas Artes. Decía: La Academia de San Carlos y la Escuela de Coyoacán han sido cunas de la verdadera pintura nacionalista. El arte de Diego Rivera no ha sido ni podrá ser genuinamente nacional porque está impregnado de múltiples prejuicios, de visiones de las que nunca podrá desprenderse. Veamos si no: en la Escuela Nacional Preparatoria, por ejemplo, quiere ser primitivo, casi bizantino. En la Secretaría de Educación Pública, en cambio, pretende retornar a la infancia. ¿Cómo es posible que Diego pueda ser como un niño si no tiene la sinceridad que es privilegio exclusivo de ellos? Diego va con la moda, enfermo de influencias extrañas y con sus abominables exageraciones sólo trata de «epatar» a los burgueses.

Estas declaraciones se hicieron en junio de 1923. En diciembre de ese año aparece en la revista *Azulejos* un artículo de Rivera escrito en días posteriores a las declaraciones. El título era elocuente y escueto: «Dos años». Hacía un balance del medio artístico desde su regreso en 1921. Reconocía que tanto los que habían llegado de fuera como alguno de los posimpresionistas de las Escuelas al Aire Libre se contaban en las filas de los mejores combatientes culturales. Se alegraba de que tanto Clausell como Orozco pintaran de nuevo, asentaba que las discusiones no bastan para hacer un movimiento artístico. No había ni milagro ni Con tajante claridad escribió: El hecho fue solamente q al apoyo de ciertos revolucionarios de ayer, hoy en e' primero en obrar fue Vasconcelos, sirviéndose de su a ministro de Educación Pública), los pintores tuvieroi trabajar y trabajaron en forma que no habían hecho que por lo que al arte concierne, lo más interesante en este momento la pintura, pero sería peligroso ex; ha hablado de renacimiento. No, señores; nosotro de si esto será renacimiento o no, o si Dios pe mejor, es decir, que sea nacimiento. Por favor no teoricemos, no pedantiquemos ni seamos impacientes; hay pintor que teniendo el encargo de cubrir una superficie de cientos de metros cuadrados y llevando sólo hecho, muy bien hecho, un pequeñito plafón, se impacienta y malhumora porque todos los megáfonos gigantes de la radiotelefonía de la fama no proclaman ya su gran valor. [Obviamente se refería a Siqueiros.] Hay quien ataca a los decoradores a nombre del impresionismo creyéndose más grande impresionista que Pissarro y Claude Monet, aunque sólo tenga tras de sí una corta docena de telas Ramo-coyoacaneras; tal otro quiere, con autoridad de seis meses de cal y arena, que todo lo que no sea clásico sea echado al fuego; y quien, con un año de pintura nacionalista, desde su nacimiento acá, se siente DEFINITIVO; alguno se creyó El Greco de México con un bagaje franco-germánico que aquí eliminó a Marcel Lenoir, el fatídico católico, gracias a amicales sugestiones que le dirigieron hacia Paolo Ucello, con lo cual realizó su intento de mural wagnería [clara es la dedicatoria a Jean Charlot]; podíamos haber seguido más, pero para tanta juventud ya es suficiente. [...] Aunque el eclecticismo oficial y las necesidades estéticas de velocidad y superficie inunden los muros con gasolina anilizada en formas y trazados dictados por el más puro gusto yanqui de quincuagésima categoría, aunque la perplejidad que amalgama Marinetti con John Ruskin bajo la aureola de Buda haga posible toda clase de regocijadas pinturas, ¡nada importa! Porque a pesar de tantas impaciencias, es preciso que nosotros tengamos paciencia porque en todos estos elementos hay ciertamente talento y buena voluntad; esperemos que cuando estas gentes hayan trabajado, hecho obra de pintor y cumplido sus espléndidas promesas, el arte indo-americano contemporáneo habrá nacido.

Después Rivera pedía que los artistas no hicieran tonterías, que no se declararan tradicionalistas, sino que con su trabajo cimentaran una tradición. Escrito a fines de junio o principios de julio, pero publicado en diciembre, Rivera se vio obligado a agregar un *post scriptum,* síntesis de una conmoción histórica de primer orden: La muerte de Pancho Villa hizo relegar al olvido la campaña antipictórica. El mar de la estupidez está en marea montante. Los literatos y el vulgo con diploma profesional pesa en el ánimo del que promovió desde el Poder, él, hastiado de ronrones de criticones, quisiera que ya no hubiera pintura molesta. Los tiempos se enturbian. Uno tras otro desaparecen los andamios […] De los verdaderamente nuestros, los que queden después ya volverán a los andamios.

El 23 de julio de 1923 es asesinado Francisco Villa y el 5 de diciembre se produce la insurrección en contra del gobierno de Obregón encabezada por Adolfo de la Huerta, para protestar por la imposición como sucesor de Plutarco Elías Calles. El 9 de diciembre el Sindicato de Obreros Técnicos Pintores y Escultores lanzó un Manifiesto en contra de los golpistas. Estaba dirigido A la raza indígena humillada durante siglos; a los soldados convertidos en verdugos por los pretorianos; a los obreros y campesinos azotados por la avaricia de los ricos; a los intelectuales que no estén envilecidos por la burguesía. En el Manifiesto se definía la situación prevaleciente: De un lado la revolución social más ideológicamente organizada que nunca, y del otro lado la burguesía armada. Soldados del pueblo, campesinos y obreros armados que defienden derechos humanos contra soldados del pueblo arrastrados con engaños o forzados por jefes militares políticos vendidos a la burguesía. Del lado de ellos, los explotadores del pueblo, en concubinato con los claudicadores que venden la sangre de los soldados del pueblo que les confiara la Revolución. Del nuestro, los que claman por la desaparición de un orden envejecido y cruel, en el que tú, obrero del campo, fecundas la tierra para que su brote se lo trague la rapacidad del encomendero y el político, mientras que tú revientas de hambre; en el que tú, obrero de la ciudad, mueves las fábricas, hilas telas y formas con tus manos todo el confort moderno, solaz de las prostitutas y de los zánganos, mientras a ti mismo se te rajan las carnes de frío; en el que tú, soldado indio, por propia voluntad heroica abandonas las tierras que laboras y entregas tu vida sin tasa para destruir la miseria en que por siglos han vivido las gentes de tu raza y de tu clase para que después un Sánchez o un Estrada inutilicen la dádiva grandiosa de su sangre en beneficio de las sanguijuelas burguesas que chupan la felicidad de tus hijos y te roben el trabajo y la tierra.

Después de esa imprecación, el Manifiesto ensalzaba el arte del pueblo, la tradición indígena, repudiaba el individualismo por burgués, el arte de caballete por aristocrático y se pronunciaba por la socialización del arte, por el arte monumental: Proclamamos que siendo nuestro momento social de transición entre el aislamiento de un orden envejecido y la implantación de un orden nuevo, los creadores de Belleza deben esforzarse porque su labor presente un aspecto claro de propaganda ideológica en bien del pueblo, haciendo del arte que actualmente es una manifestación de masturbación individualista, una finalidad de belleza para todos, de educación y de combate.

¿En pro de quién combatían los pintores? En pro de Plutarco Elías Calles. El Manifiesto aclaraba: Con anterioridad los miembros del Sindicato de Pintores y Escultores nos adherimos a la candidatura del general Plutarco Elías Calles, por considerarse que su personalidad definitivamente revolucionaria garantizaba en el Gobierno de la República, más que ninguna otra, el mejoramiento de las clases productoras de México, adhesión que reiteramos en estos momentos con el convencimiento que nos dan los últimos acontecimientos político-militares, y nos ponemos a la disposición de su causa que es la del pueblo, en la forma en que se nos requiera.[34]

Vasconcelos no compartía estas posiciones y prefirió renunciar el 28 de enero de 1924 antes de seguir a Obregón en su apoyo a Calles. Obregón lo convenció de que aguardara algunos cambios. Aguantó hasta fines de julio y por fin salió para lanzar su candidatura al gobierno de Oaxaca.

En marzo de 1924 había comenzado a publicarse el periódico *El Machete* como órgano del Sindicato de Obreros Técnicos Pintores y Escultores. En sus primeros números se apoyó con entusiasmo a Calles y comenzaron las protestas por las agresiones contra la pinturas de Siqueiros, Orozco y otros. Respondiendo a la invitación de Vasconcelos, Rivera había iniciado desde 1923 las pinturas en los patios da la Secretaría de Educación Pública. Los ataques contra los murales de la Escuela Nacional Preparatoria se extendieron hacia las de Rivera en la SEP. El Sindicato, cuyo secretario general era Siqueiros, emitía una protesta con la que Rivera no estuvo de acuerdo y renunció a esa agrupación. En esa protesta se señalaba como depredadores a los Caballeros de Colón, a las damas católicas, a los liberales fosilizados, los demócratas melifluos, los burócratas arraigados, y se agregaba que Vasconcelos y su colaborador Fernando J. Gastélum no habían sabido «cumplir con su deber protegiendo una labor estética que pertenece a la masa proletaria de México y que fue pagada con dinero del pueblo». El primer párrafo de esta protesta expresaba: Una vez más los reaccionarios que dentro del cuerpo mismo de la actual administración pública semirrevolucionaria combaten todo lo que significa mejoramiento de los trabajadores, han manifestado precozmente el despecho que sienten ante manifestaciones plásticas que exaltan las virtudes del pueblo que todo lo produce, que todo lo crea, y que exhibe contundentemente los vicios de la burguesía, que nada produce y todo se lo traga. Y el último párrafo señalaba que debido a la debilidad de Vasconcelos frente a los actos de agresión, los estudiantes fifís, hijos de explotadores, truncaban un esfuerzo colectivo que ayudaba a los trabajadores de México en su revolución.[35]

A partir de ese momento la radicalización de los pintores revolucionarios fue evidente. Nunca más volverían a coincidir con Vasconcelos, ni siquiera durante su campaña para la Presidencia de la República de 1929. Un año antes, en 1928, Rivera había pintado a Vasconcelos sentado de espaldas sobre un elefante de bisutería, dirigiendo su pluma a una bacinica. En *El desastre* Vasconcelos explicó ese retrato simbólico en términos que seguramente no estaban lejos de la verdad: Cuando empezó a ladrarme el callismo por lo que escribía desde mi destierro, el gran Diego Rivera me retrató en el patio posterior del edificio que había yo levantado, en posición infame, mojando la pluma en estiércol. La contradictoria confrontación que esa imagen simboliza siguió después siempre presente en el desarrollo del movimiento artístico de México.

Inquietudes que arrancaron con el siglo

No fueron los artistas mexicanos los únicos en establecer en las primeras décadas del siglo XX una relación con las inquietudes políticas que conmovían a distintos sectores de la sociedad. Sirva como recordatorio un breve e incompleto repaso. En 1909 los futuristas habían sostenido: Ya no existe belleza fuera de la lucha. Ninguna obra que no tenga un carácter agresivo puede ser una obra de arte. La poesía debe concebirse como un asalto violento a las fuerzas desconocidas, para ponerlas de rodillas delante del hombre. En 1917 los expresionistas habían declarado su fe en el progreso, dispuestos a «conquistar la libertad de acción y de vida frente a las viejas fuerzas, tan difíciles de erradicar». En 1918 los dadaístas advertían: Un mundo que vacila y que huye y he aquí, al otro lado, a los hombres nuevos, rudos, que galopan sobre los sollozos. He aquí un mundo mutilado y los curanderos libertarios preocupados por mejorarlo. En 1920 los constructivistas saludaban el progreso del saber humano, con su penetración potente en las leyes misteriosas del mundo emprendida al inicio de este siglo; el florecer de una nueva cultura y de una nueva civilización, mientras las masas populares alcanzan, de manera excepcional, y por primera vez en la historia, la posesión de las riquezas naturales, y el pueblo surge en una unión estrecha; y por último, pero no menos importante, la guerra y la revolución (como corrientes purificadoras de una era futura) nos han inducido a considerar las nuevas formas de una vida que ya laten y actúan. En 1923, en la

Unión Soviética, el LEF (Frente de Izquierda de las Artes), enca-
bezado por Vladímir Maiakovski, se rebelaba contra el burocratis-
mo y la oficialización y anunciaba en su manifiesto: Algunos se
esfuerzan heroicamente por roturar en la soledad un terreno muy
duro; otros ya serruchan con las limas de los versos las cadenas de
la antigualla. Repudiaba todo lo viejo para encaminarse a la conquista de una cultura nueva, a la vez que proclamaba: El LEF agi-
tará con nuestro arte a las masas, extrayendo de ellas su propia
fuerza organizadora. El LEF confirmará nuestras teorías con la
creación artística efectiva, elevando su calificación. El LEF com-
batirá por un arte que sea construcción de la vida. No pretende-
mos tener el monopolio del espíritu revolucionario en el arte. Nos
revelaremos en la emulación. Creemos en la justicia de nuestra
propaganda y demostraremos, con la fuerza de las obras cumplidas,
que estamos en el justo camino del porvenir. Esas ideas estimula-
ban al poeta y artista plástico ruso cuando llegó a México el 8 de
julio de 1925. Entonces Rivera pintaba los murales de la SEP.
México le dispensó a Maiakovski una acogida cordial. Diego lo
fue a esperar a la estación del ferrocarril. A causa de ello Maiakovski (1893-1930) diría después: Lo primero que conocí en México
fue la pintura. En su libro *El descubrimiento de América,* en el capítulo dedicado a Rivera, trazó con lenguaje amable y entusiasta el
retrato de su nuevo amigo, a quien consideró sumamente sociable,
de exuberante fantasía y gran sentido de humor. Rivera interesó a
Maiakovski, como pintor y activo aliado en la lucha por un arte
revolucionario. Maiakovski fue el primero en dar a conocer a los
soviéticos la obra de Rivera; su ensayo sobre el pintor fue profusamente ilustrado con reproducciones de sus frescos de la SEP, a
los que calificó como la primera pintura mural comunista del
mundo. En 1927 Rivera y Maiakovski volvieron a encontrarse,
esta vez en Moscú, adonde el mexicano llegó para las fiestas orga-
nizadas con motivo del décimo aniversario de la Revolución de

Octubre. El 7 de noviembre de 1927 Rivera estuvo, junto con otros invitados extranjeros, en la Plaza Roja. Fruto de esa experiencia fueron cuarenta y cinco bocetos a la acuarela y numerosos apuntes a lápiz donde fijó la masa de los rojos estandartes, los movimientos de la caballería, de la artillería montada, de los cañones cargados de soldados, de la infantería en marcha, los inmensos conjuntos de hombres y mujeres. Parte de este material sirvió para la vista de Moscú en el edificio del Rockefeller Center, el cual fue destruido.

En los meses que permaneció en la Unión Soviética Rivera estuvo muy activo; asistió a reuniones del Consejo Mundial de Amigos de la URSS, trabó amistad con el director de cine Serguéi Eisenstein, acudió a los espectáculos teatrales de Vsiévolod Meyerhold, visitó numerosas exposiciones artísticas, participó en discusiones sobre las vías de desarrollo de las artes plásticas, hizo bocetos para murales que debió pintar en la Casa del Ejército Rojo y en el Club de los Literatos, que nunca pudo realizar. Recordaba Rivera: Una noche Maiakovski nos llevó a su casa, el lugar estaba caliente como un horno y ardiente por el entusiasmo de los que ahí estaban, entre ellos Teodoro Dreiser, el autor de la *Tragedia americana*. A los dieciséis años Maiakovski decidió dedicarse a la pintura para hacer arte socialista. Ingresó en la Escuela de Pintura, Escultura y Arquitectura; en febrero de 1914 por sus violentas diatribas en contra del arte burgués lo expulsaron. En su autobiografía recordó: A los imitadores los mimaban; a los que manifestaban iniciativa los acosaban. Por instinto revolucionario me puse a favor de los acosados.

En el periodo post Vasconcelos arreciaron polémicas que en los ambientes culturales de México se habían encendido junto con el estallido de la Revolución. Una de ellas giró en torno a la Escuela Nacional de Bellas Artes, cuyo deterioro pedagógico y aun físico alarmaba a Rivera, quien metafóricamente señalaba que por los vidrios sucios y empolvados de sus ventanas no era posible que entrara la luz indispensable para el quehacer de los pintores y escultores en formación. Rivera no pretendía destruir a la ENBA, pero consideraba impostergable extirpar de ella los restos anacrónicamente académicos que aún persistían. El 7 de noviembre de 1928 un conjunto muy amplio de pintores, grabadores y escultores que se consideraban a sí mismos «artistas independientes», entre quienes se contaba Rivera, divulgó por medio de un cartel una protesta contra la estética académica, contra los reaccionarios y contrarrevolucionarios, contra quienes pretendían detener o estorbar el desarrollo ideológico y estético. La llamada Escuela Nacional de Bellas Artes —afirmaban— es, a pesar de los esfuerzos que desde hace siete años se han hecho para renovarla y hacerla útil, un foco de acción contrarrevolucionaria. Y proponían su modificación en Escuela Central de Artes y Ciencias de las Artes.

El 24 de octubre de 1928 firmó junto con Alfredo Ramos Martínez, Guillermo Ruiz, Siqueiros, Fernández Ledesma, Francisco Díaz de León, Fermín Revueltas, Francisco Dosamantes, Rosendo Soto, Ezequiel Negrete, Mardoño Magaña y otros, un documento en el que inquirían ¿qué es en México un artista revolucionario?, y contestaban: Aquel que, tomando parte activa en el empuje del pueblo hacia sus reivindicaciones, hace de su obra un esfuerzo por ser útil a ese movimiento. ¿Qué género de producción artística puede ser calificado como tomando parte en la lucha de las masas por sus reivindicaciones? Aquel que estéticamente contribuye a libertar el gusto público de la educación colonial tendiente a avasallar la ideología popular y más aún el que juntamente con esta función desempeña el de hablar directamente a las masas animándolas a la lucha con su ética y sirviendo a su organización con la representación dialéctica del orden social nuevo a que aspira el pueblo. Constituidos ya como El Grupo de Pintores ¡30-30!, emitieron uno tras otro cinco manifiestos insistiendo en la necesidad de reformas efectivas dentro de la ENBA. Como un. triunfo de los protestantes debe interpretarse la llegada de Rivera, en agosto de 1929, a la dirección de lo que a partir de entonces se denominó Escuela Central de Artes Plásticas. (El 21 de ese mismo mes se casó con Frida Kahlo.) El plan de estudios que entonces presentó iba precedido de una exposición de motivos, reflejo de una ya larga experiencia como productor de pintura: Siendo el aprendizaje del arte imposible de limitar en máximo o minino de tiempo, pues su duración depende del factor imponderable que se designa por talento o genio humano, este plan de estudios establece un programa mínimo de conocimientos necesarios para el ejercicio con eficiencia social del oficio de artista plástico, entendiendo básicamente que esos conocimientos mínimos son igualmente necesarios a cualquiera de las especializaciones posibles dentro del arte, pero que sólo forman la base de los conocimientos que el artista debe adquirir para obtener el máximo de posibilidades de desarrollo de sus dones [...] Como la Escuela constituirá un gran taller que tenderá continuamente al establecimiento del trabajo artístico colectivo, como ha sido siempre en los grandes días del arte, la escuela podrá conservar en su seno a sus alumnos para que ellos tomen la maestría cuando quieran y puedan, constituyéndose así en un verdadero cuerpo nacional de producción estética colectiva.[36]

Ni los ¡30-30! ni Rivera eran muy populares entre la población que frecuentaba el edificio de Academia 22. Esa población estaba constituida por pintores, escultores, grabadores y arquitectos. El 30 de marzo de 1930, al inaugurarse la exposición Anual de Pintores y Escultores, Rivera discutió con el arquitecto Carlos Lazo, profesor de Historia del Arte de la Escuela de Arquitectura. Caldeados los ánimos, Rivera expresó que los arquitectos, cuando pasaban por los corredores de la escuela, dejaban una estela de perfume; el alumno Lorenzo Fabela le respondió que los pintores, por el contrario, dejaban olor a marihuana, alcohol y cola. Por su parte, el arquitecto Lazo manifestó que el profesorado de la escuela comenzaba a fastidiarse de la política de embaucamiento de Rivera.[37] La asamblea de alumnos de Arquitectura, reunida el 1 de abril, decidió protestar ante el rector Ignacio García Téllez y logró autorización para invitar a Rivera a una polémica pública sobre el valor social y profesional del arquitecto. La Rectoría decidió citar a la Comisión Permanente del Consejo Universitario para que investigara responsabilidades y aconsejara las medidas disciplinarias que convendría aplicar. En declaraciones entregadas a la prensa el 2 de abril, la Rectoría puntualizaba: Diego de Rivera, actual director de la Escuela Central de Artes Plásticas, se ha identificado en el seno del Consejo con el ideal democrático revolucionario que sirve de norma a la Universidad, para impartir una educación superior y contribuir al progreso de México en la conservación y desarrollo de la cultura mexicana, participando en el estudio de los problemas que afectan a nuestro país, así como el de acercarse al pueblo por el cumplimiento eficaz de sus funciones educativas mediante la obra de Extensión Universitaria, y que el nuevo Plan de Estudios de la actual Escuela Central de Artes Plásticas fue orientada por el señor Rivera hacia aquellos postulados, dejando que su aplicación demuestre las correcciones necesarias.[38]

William Spratling, artista norteamericano radicado en México, terció en la polémica al ser interrogado por un reportero: Las ideas del pintor Rivera respecto al plan de estudios para pintores y escultores me parecen de lo más sólidas. Verdad es que los arquitectos, por desgracia, están en situación anómala porque han hecho una cosa netamente personal de un asunto tan trascendente como es el plan de estudios. Para nadie es un enigma que un pintor puede opinar y debe opinar, sobre todo saber a fondo las ideas generales de arquitectura.[39]

La sociedad de alumnos que presidía Manuel del Castillo

Negrete pidió a la universidad que urgentemente se cesara a Rivera por convenir al orden de la escuela y a la enseñanza artística. Pero hubo estudiantes e incipientes maestros que sí se solidarizaron con Rivera: Rufino Tamayo, Ignacio Márquez, Ángel Bracho, Manuel Álvarez Bravo, Antonio Pujol, Alberto Ávila, Alberto Garduño y otros. En medio de las tensiones, el 25 de abril el estudiante Ignacio Márquez, que apoyaba a Rivera, se lió a golpes con Lorenzo Fabela y después llamó a la policía, mientras que los opositores llamaban al rector García Téllez y se hacía presente el oficial mayor de la Secretaría de Gobernación. También llegó Diego Rivera y en una asamblea celebrada de inmediato los opositores pedían su renuncia aduciendo que el pintor predicaba continuamente el comunismo y el revolucionarismo en las clases y ante los grupos de alumnos, cosa con la que no estaban de acuerdo, pues por ningún motivo querían que se inmiscuyera a la política en los estudios universitarios. Rivera, por su parte, insistía en la revolución en el arte y en la política.

Del acoso angustiante da cuenta un párrafo de la declaración hecha por los alumnos de Arquitectura cuando trataban de expulsarlo del cargo de director. En una entrevista periodística los estudiantes lo tildaban de fantoche, farsante, falso revolucionario, enriquecido, burgués, etc. En el contraataque Rivera dio cuenta de sus ingresos y sus posesiones, y terminaba informando: Tengo guardados en un banco, sí señores, hasta cinco mil dólares, así, en dólares, moneda americana, porque en México no tengo compradores para mis cuadros, aparte de cinco amigos míos que se han atrevido; esos dólares los conservo como una pequeña reserva, precisamente; para no «depender del presupuesto» y garantizarme con esa suma, que representa menos de lo que algunos de nuestros próceres juegan en un cuarto de hora de póker, la libertad de pensamiento, acción y expresión como hombre libre, sin tener necesidad de depender del presupuesto de la Internacional de Moscú, ni temer ser expulsado, como lo fui, por el Partido stalinista, ex comunista, ni tampoco temer mi expulsión del presupuesto nacional, guardando siempre, pese a quienes pese, y en donde quiera que sea, mis convicciones revolucionarias.[40]

La Federación Estudiantil Universitaria se declara en contra de Rivera. La Comisión Permanente del Consejo Universitario, en sesión secreta del 29 de abril, nombró una comisión integrada por el doctor José Enrique Zapata, el abogado Luis Chico Goerne y los estudiantes Alejandro Gómez Arias y Horacio Núñez para que estudiaran el caso y dictaminaran. La Alianza de Uniones y Sindicatos de Artes Gráficas decidió, después de una asamblea celebrada el 28 de abril, dar su voto de adhesión al movimiento en pro del plan de estudios, pues consideraba que favorecía a la clase trabajadora al capacitar técnicamente a los obreros del ramo de construcción, pintura, decoración, etcétera, para enfrentarse con los problemas inherentes a su oficio y sacudirse la tutela de los concesionarios y explotadores.[41] El 14 de mayo se reunía el Consejo para conocer el dictamen de la Comisión; por su parte, Rivera advirtió: Voy al Consejo exclusivamente a hacer oír la voz de la joven pintura mexicana revolucionaria, que es revolucionaria en el terreno estético y en el terreno social, y porque esta arte plástica, con la escultura y el grabado de tendencias afines a ella, está identificada con las aspiraciones de los trabajadores revolucionarios de México. Haré uso del derecho de consejero para hacer oír mi voz. Para que ésta sea intérprete de la necesidad del pueblo productor de México en este caso, que consiste en que la Universidad adquiera una nueva orientación más de acuerdo con las necesidades urgentes ideológicas y sociales de ese mismo pueblo productor.[42]

La Comisión dictaminó que el Consejo nombraría una persona que se encargaría de la Escuela y que Rivera no perdería la condición de director, pero que no ejercería el cargo. Antonio Caso, director de la Facultad de Filosofía y Letras, presentó la renuncia pues consideraba que no era pertinente sentar un precedente en el que el director de una facultad pudiese ser fiscalizado en sus actos por otra persona. Rivera se adhirió a la posición de Caso y presentó su renuncia. Vicente Lombardo Toledano, quien acusó a Rivera de aprovecharse del efecto sentimental de las palabras de Caso, fue nombrado director interino. Raúl Cordero Amador hizo burla de que Rivera, apenas una colina, pretendía compararse con la cumbre de Caso. Pero con el giro de los acontecimientos, éste se retiró.

Aunque fueron sólo unos meses, Rivera concentró sus iniciativas en una renovación a fondo de la Escuela de Artes Plásticas de la Universidad. La doble embestida de derechas e izquierdas le quitó también ese escenario donde hubiera jugado un papel de trascendencia histórica para el arte en México. En la secuencia de ese drama estético-social, un aspecto habría de permanecer incólume; el antielitismo como principio de la profesión pictórica, fundamentado en la presencia de un arte revolucionario implicado en la lucha de clases. Como en sus días dentro del Grupo Octubre, cuando estuvo en la Unión Soviética entre 1927 y 1928, con el pincel y la palabra habría de seguir Rivera levantando banderas en la guerrilla cultural y mediría el valor de un artista también por su capacidad para crear imágenes que lo liguen a los obreros y los campesinos. Como «guerrillero de hojas volantes» calificó Rivera por aquellos días a José Guadalupe Posada.

El siguiente capítulo en la vida de Rivera fue su traslado a Estados Unidos. Ahí expuso sus pinturas en el California Palace of The Legion of Honor de San Francisco, California. Fue en California donde se reencontró con Eisenstein, que había entrado en contacto con Upton Sinclair, quien se disponía a reunir fondos para que el cineasta, rechazado por Hollywood, pudiera viajar a México, que por entonces no tenía relaciones con la Unión Soviética. Correspondió a Rivera intervenir para obviar dificultades y que Serguéi Eisenstein y sus camarógrafos Eduard Tissé y Grigori Alexandrov pudieran ingresar al país y filmar, sin concluirla, la película que se conoce con el nombre *Que viva México*.

El pintor que militó en política

En una personalidad vivaz, contradictoria y, a veces, indescifrable como la de Rivera, con una inteligencia en permanente conflicto, arte y política se entrelazaron con frecuencia o casi siempre de manera estrecha e indivisible. Ante el verdadero torrente de su producción pictórica, para la cual realizaba sistemáticamente estudios de la realidad y de la historia, no puede dejar de asombrar el hecho de que haya encontrado las horas necesarias para redactar sus ideas, para polemizar por escrito con otros artistas o con figuras de la vida política, para elaborar planes e informes y aun teorías. Las sucesivas posiciones políticas adoptadas por Rivera (consecuencia quizás de un individualismo anárquico no siempre superable) permiten ubicarlo (con todas las incongruencias derivadas de tal sucesión) como zapatista, leninista, nacionalista, antiimperialista, comunista, trotskista, almazanista, panamericanista, lombardista, stalinista y un luchador por la paz convencido, por fin, de que toda su vida sería un sinsentido si no se reintegraba como militante del Partido Comunista Mexicano, del que fue expulsado en julio de 1929 y al que ingresó a fines de 1922, cuando obtuvo el carnet número 992.

Después de su expulsión de las filas de la Cuarta Internacional en 1938, y ante la consternación de sus camaradas de ayer y de anteayer, Rivera se plegó a la campaña del acaudalado general Juan Andrew Almazán, candidato presidencial de las fuerzas de derecha, íntimamente ligado con los círculos monopolistas de Estados

Unidos, a quien apoyaban los partidos y los grupos políticos y financieros más reaccionarios del país, los cuales trataban de dividir y liquidar al movimiento democrático. Debió producirse, en 1941, la invasión nazi a la Unión Soviética para que Rivera despertara de un torbellino de aventurerismo que lo había llevado a renegar del socialismo y a ofrecer públicamente sus servicios al Comité Dies, creado en 1938 por el Congreso estadounidense para investigar las actividades antinorteamericanas en los Estados Unidos, comité que en abril de 1940 declaró que en México se preparaba un complot comunista, alarma que tenía claros fines intervencionistas, y que Rivera no supo aquilatar, suponiendo que los mayores enemigos de México eran el nazismo y el stalinismo, y que para combatirlos era indispensable una alianza con los Estados Unidos. Como consecuencia de esto se volvió informante (y aun delator) de la embajada estadounidense en México durante ese 1940. Cabe recordar que Martin Dies, diputado por el estado de Texas, llegó a acusar a los principales consejeros del presidente demócrata Franklin Delano Roosevelt, durante el New Deal (Nuevo Trato), de agentes del Partido Comunista. Si no existieran numerosos documentos probatorios, en los que hay que incluir informes al embajador de los Estados Unidos en México, pareciera imposible semejante toma de posición de alguien que a nombre de la Liga Antiimperialista de las Américas había desarrollado —junto con Rafael Ramos Pedrueza, Julio Antonio Mella, Hernán Laborde y otros— la campaña en pro de Nicolás Sacco y Bartolomé Vanzetti, para impedir el crimen «legal» que en ellos cometería la justicia norteamericana; de alguien que al exigir que el imperialismo sacara sus manos de Nicaragua sostenía que ya era tiempo de dejar el antiimperialismo de pura palabrería liberal para ocuparse del verdadero antiimperialismo que consiste en la organización de las masas explotadas de la ciudad y del campo para enfrentarlas contra todos los explotadores, pues la traición de la burguesía era un hecho histórico inevitable en la agonía de la sociedad capitalista; de alguien que, al pedir —junto a Tina Modotti y otros miembros de la Liga Internacional Antifascista— la ruptura de relaciones del gobierno de México con el de Mussolini, hacía ver que quienes querían combatir de modo efectivo las posibles formas del fascismo en México debían ingresar a las organizaciones proletarias de lucha, descartando como inútiles a los organismos que recibían directivas de la American Federation of Labor; de alguien que al ser asesinado en México Julio Antonio Mella por los esbirros de Gerardo Machado, el dictador de Cuba, insistió en denunciar la creciente absorción de los países latinoamericanos por el capital de Wall Street, que compraba gobiernos y preparaba el total sometimiento al sacrificar a los mejores luchadores.

Aunque fue cofundador de *El Machete,* periódico del Sindicato de Obreros Técnicos Pintores y Escultores, del que Siqueiros fue secretario general, Rivera primer vocal, Xavier Guerrero segundo vocal, y miembros responsables: Fermín Revueltas, José Clemente Orozco, Ramón Alba Guadarrama, Germán Cueto y Carlos Mérida; director de la revista *El Libertador,* órgano del Comité Continental Organizador de la Liga Antiimperialista de las Américas; cabeza del comité que intentó editar la revista mensual *Mella,* del Secretariado del Caribe del Socorro Rojo Internacional, y que además redactó muchísimos documentos políticos, nunca consiguió Rivera con la palabra la elocuencia política que alcanzó con la imagen. Esto lo percibió con certeza Trotsky cuando el 19 de junio de 1938, en carta dirigida a los redactores de la *Partisan Review* sobre «El arte y la revolución», sostenía: En el campo de la pintura, la Revolución de Octubre ha encontrado su más grande intérprete, no en la URSS, sino en el lejano México; no entre los «amigos» oficiales sino en la persona de un declarado «enemigo del pueblo», que la Cuarta Internacional está orgullosa de contar entre sus miembros. Educado en las culturas artísticas de todos los pueblos, de todas las épocas, Diego Rivera ha permanecido mexicano en las más profundas fibras de su genio. Pero lo que lo inspiró en sus magníficos frescos, lo que lo elevó por encima de la tradición artística, en cierto sentido sobre el arte contemporáneo, sobre sí mismo, es el poderoso soplo de la revolución proletaria. Sin Octubre, su poder de penetración creadora en la épica del trabajo, opresión e insurrección, nunca habría alcanzado tal extensión y profundidad. ¿Deseáis contemplar con vuestros propios ojos los móviles ocultos de la revolución social? Ved los frescos de Rivera. ¿Deseáis saber lo que es el arte revolucionario? Ved los frescos de Rivera. […] Tenéis ante vosotros no simplemente una «pintura», un objeto de contemplación estética pasiva, sino una parte viviente de la lucha de clases. ¡Y al mismo tiempo, una obra maestra! Sólo la juventud histórica de un país que no ha salido aún del estado de lucha por su independencia nacional ha permitido al pincel revolucionario de Rivera emplearse en los oficios públicos de México.

En mayo de 1953 la Sociedad Boliviana de Sociología le otorgó en La Paz el título de Miembro de Honor; entonces su presidente, el doctor José Antonio Arze, en un país latinoamericano con más del ochenta por ciento de su población indígena, señaló: Rivera es el expresador más elocuente del alma indígena de nuestro hemisferio, a través de su obra pictórica; es, además, uno de los actores de la Revolución Agraria de su país y uno de los soldados en las filas de los combatientes proletarios de nuestra época. En aquella oportunidad Diego les contó a los bolivianos que había sido su padre quien le enseñó las primeras letras al líder agrarista Emiliano Zapata. ¡Al fin había dado con la fórmula para establecer una especie de indirecta familiaridad con el admirado promotor de la reforma agraria, a quien nunca conoció personalmente y cuya lucha comenzó a exaltar en los círculos artísticos de París antes de regresar a México! ¿Cómo habría ido a dar don Diego padre a

Anenecuilco, en el estado de Morelos, y cómo tuvo la suerte de contar como discípulo justamente a Emiliano entre los diez hijos de un matrimonio pueblerino? Lo cierto es que en el periodo de la revolución armada y durante los primeros años de la revolución cultural los problemas agrarios tenían gran peso, en tanto que la presencia social del proletariado industrial era débil. Los rasgos pequeño burgueses de la sociedad mexicana daban a las soluciones programáticas y a las concepciones ideológicas del movimiento revolucionario un acentuado carácter democrático burgués.

El diagnóstico de mitómano hizo que muchos le endilgaran a Rivera más mentiras o falsedades de las que en verdad y abundantemente había incurrido. Mentir sobre el mentiroso no sólo ha sido aureola de la leyenda riveriana, sino arma de contrincantes en las pugnas políticas. Por ejemplo, se ha dicho que en toda la época cuando *El Machete* fue órgano del Sindicato (antes de pasar a serlo del Partido Comunista), Rivera no hizo más que un solo artículo, cuando en verdad, escribió más. Los artículos publicados por él en ese periódico fueron cuatro, a saber: en el número 1 (primera quincena de marzo) apareció «¡¡Asesinos!!»; en el número 2 (segunda quincena de marzo de 1924), «¡¡Fíjate, trabajador!!»; en el número 3 (primera quincena de abril de 1924), «La inercia del gobierno da pie a un nuevo golpe reaccionario: cuestión de vida o muerte»; en el número 77 (27 de agosto de 1927), un largo ensayo sobre «La situación actual de México». *El Machete* fue un medio masivo de información que contribuyó a despertar a sectores populares. En sus páginas se denunciaron la traición de la burguesía nacional, el surgimiento del fascismo en Europa, la voracidad del imperialismo norteamericano, el sufrimiento de mineros y campesinos, la necesidad de adquirir una conciencia revolucionaria por parte de la clase obrera, las ridículas posiciones de los intelectuales reaccionarios y burocratizados, y tantos otros asuntos de hiriente actualidad. Con especial enjundia hay que destacar que *El*

Machete libró desde sus primeros números una lucha sostenida y sin cuartel contra el fascismo italiano y sus simpatizantes locales.

Lenin consideraba como atributos irrenunciables del periodista revolucionario el escribir con estilo simple, para poner los problemas más difíciles al alcance de todos; el lenguaje debía adaptarse al momento y al público al cual estaba destinado el escrito; para convencer hay que exponer hechos y expresar conclusiones rigurosamente lógicas. Ofrecer información sucinta y variada, difundir temas de agitación y conducir, por la vía de las pruebas, a la reflexión acerca de los caminos que conducen al socialismo. Si se trataba de despertar conciencias, en 1924 era enorme el número de analfabetas en México, y muchos de entre ellos se acercaban con sincero entusiasmo a militar en las muy jóvenes filas del movimiento revolucionario. Desde este punto de vista *El Machete* tuvo la enorme virtud de conjuntar en sus páginas, con auténtica sencillez expresiva, la meditación teórica y la información de los acontecimientos revolucionarios nacionales e internacionales. Para Rivera fue una escuela cuya huella se deja sentir en muchas páginas de sus escritos políticos y aun en sus meditaciones sobre arte. Desde *El Machete* estableció ciertos contactos con el pueblo, y la palabra fue también instrumento para su radicalización.

La primera colaboración de Rivera se refirió a la muerte de Felipe Carrillo Puerto. Los negreros henequeneros —escribió— dieron un numeroso e ilustre contingente a la aristocracia porfiriana. Felipe los arruinó porque hizo de los antiguos esclavos de ellos los mexicanos mejor organizados de todo el país. Y como en México la revolución política ha hecho morir a quinientos mil hijos del pueblo, pero casi no ha tocado a los burgueses culpables de la matanza, Felipe tenía que caer tarde o temprano bajo la bala o el puñal que ellos pagaran, como seguirán cayendo en México todos los revolucionarios que fíen más en la fuerza de la razón que en la del perpetuo pie de guerra. [...] Evidentemente, fue un acto considerable el transformar miles de esclavos en una organización socialista.

Las ideas del artista como obrero, del anticolonialismo estético, de la funcionalidad del arte y la necesidad de integrar lo visible con otras expresiones surgen, estallan en el espíritu de Rivera simultáneamente. Se trató de una toma de conciencia revolucionaria en una situación revolucionaria, con el consiguiente desprecio al mercantilismo impositivo, a la quietud académica y a la manipulación. Una nueva estética que buscaba sustento y refuerzo en una plataforma ética. Se ha hablado del «campesinismo» y del «indianismo» a ultranza de Rivera; pero he aquí que en su segunda entrega a *El Machete* él abordaba los problemas del joven proletariado mexicano. Empieza en México —señalaba— el tiempo más importante para el trabajador, porque el trabajador comienza a tener la facultad de adivinar de qué lado están sus intereses y de qué lado debe ponerse él para defenderlos mejor. Los ricos y todos los que viven trabajando poco y ganando mucho, chupando la sangre del pueblo, empiezan a apercibirse de lo que pasa y a formar planes y poner ganchos para el trabajador. Los que viven del sudor del pueblo componen partidos nuevos a los que ponen nombres socialistas o algo parecido; por eso éste es el momento en que el trabajador debe tener más cuidado para no caer en la trampa que le ponen esos señores que lo que quieren es subir y se proclaman, con tal fin, amigos del pueblo cívico-progresista y al mismo tiempo invitan a los burgueses, empleados y profesionistas a defender sus intereses en contra de los del obrero y el campesino. Esos entes son iguales a los que en Italia se llaman fascistas, quieren y hacen lo mismo que aquéllos: apoderarse del poder y poner un pie en el pescuezo del trabajador.

A Rivera le preocupaba el desarme de los campesinos después de que éstos, con un instinto de clase muy seguro —como apuntaba en su tercera colaboración en *El Machete*—, acudieron a salvar al gobierno, pues al mismo tiempo que a él, salvaban las pocas conquistas y la poca tierra que el proletariado mexicano ha pagado con catorce años de sacrificios, y aunque ese gobierno del que fueron aliados no es todavía un gobierno obrero y campesino, mil veces peor hubiera sido que la reacción se hubiera apoderado del poder. Ahora, de vuelta de la pelea, dejando las armas en manos del gobierno, a quien ayudaron, los campesinos son esperados allá, en sus labrantíos y pueblos, y asesinados a mansalva por los terratenientes y sus esbirros, autorizados a permanecer armados, dizque para defenderse del bandidaje. Estos perros matadores de proletarios inermes fingen comedias de asaltos y saqueos. […] Ese pueblo, desengañado y escéptico ya sobre toda especie de políticos, constituye la única posibilidad de paz, desarrollo y justicia en México; él sólo y únicamente él puede ser el guardián y garantía de la paz dentro de un orden nuevo, más justo y más inteligente. Así lo ha probado el proletariado, venciendo a la reacción en los grandes combates.

No es justamente de «zapatista místico», ni corresponde a una actitud de «turista mental», el análisis que Rivera hizo de la situación prevaleciente en México en 1927: La política mexicana durante los últimos diez años ha consistido en mantener impreciso el modo de aplicación de los célebres artículos 27 y 123 de la Constitución de 1917, aflojando si las demandas de las masas proletarias se vuelven muy apremiosas, y estirando si los Estados Unidos exigen demasiado fuerte lo contrario. Después de revisar el proyecto de desarrollo de la economía nacional que por entonces se proponía con apoyo en la pequeña burguesía urbana y en la pequeña propiedad rural, Rivera preveía su ineficacia pues consideraba que el imperialismo obligaría a México «a guardar su posición de país productor de materias primas». Frente a las variadas y crecientes presiones del imperialismo, consideraba adecuada la reelección del general Obregón por su ascendiente entre el ejército y los trabajadores; pero se esforzaba en ponderar, no sin escepticismo, a las fuerzas internas y externas que estaban en juego.

La Liga Antiimperialista, junto con el Comité Pro Confederación Latinoamericana, realizaron el 21 de diciembre de 1928 un mitin para protestar contra la guerra entre Paraguay y Bolivia. Rivera pronunció un fogoso discurso antiimperialista. Después de evocar las luchas precursoras de la Revolución Mexicana, exhortó a los trabajadores a que lo esperaran todo de su propia lucha y no de los gobiernos burgueses por ser, subrayó, «gendarmes del imperialismo». Después de pedir a la asamblea que se definiera contra esa guerra, contra el reconocimiento del usurpador gobierno nicaragüense de Moncada por el de México, contra el viaje de Mr. Hoover por América Latina, contra la Confederación Obrera Panamericana proimperialista, y que se intensificara la ayuda a Sandino, Rivera pidió también solidaridad con los pintores del Grupo ¡30-30!, quienes habían sido amenazados por el rector de la Universidad Nacional.

Fue en los años de su militancia trotskista cuando Rivera defendió la libertad absoluta del artista. Antes y después estaría por el compromiso político sin coerciones burocráticas. La cuestión de la pintura en el nuevo orden social le preocupaba desde sus años en París, cuando junto con los exiliados rusos tejían suposiciones y utopías. En 1932 analizó con bastante ecuanimidad para la revis- *Arts Weekly* la situación de los artistas en la Unión Soviética. Se refirió a la incomprensión y al mal gusto burgués e individualista de los funcionarios soviéticos, pero consideraba que las masas rusas habían hecho bien en rechazar las formas incomprensibles del arte ultramoderno: Los artistas deberían haberles proporcionado un arte de elevada calidad estética que contuviera todas las adquisiciones técnicas del arte contemporáneo, pero que al mismo tiempo fuese simple, claro y transparente como el cristal, duro como el acero, cohesivo como el hormigón, trinidad de la gran arquitectura de la nueva etapa histórica del mundo [...] Los verdaderos artistas, en especial los pintores y escultores de la Rusia soviética contemporánea, viven en lamentables malas circunstancias; no obstante, el fracaso es más bien de ellos mismos que de los ineptos funcionarios que, al arribo de la NEP (Nuevo Orden Económico), reinstalaron a los pintores académicos rusos, los peores pintores académicos del mundo. Estos malos pintores se han escudado detrás de lemas que son buenos y se hallan justificados dentro del materialismo dialéctico marxista. Si los buenos artistas en lugar de sostener una lucha triste, heroica y desesperada para mantener vivas unas formas artísticas pertenecientes a otros tiempos —los trabajadores no pueden adquirir pinturas y esculturas en las mismas condiciones que los capitalistas— hubiesen aceptado el hecho de que era necesario adaptarse a una realidad viviente y producir un arte que los obreros y campesinos pudieran absorber y disfrutar, habrían arrancado a los falsos artistas la bandera del auténtico propósito. Los malos funcionarios no habrían sido capaces de oponerse a ellos, pues estarían apoyados por la fuerza del proletariado.[43]

Cuando el 25 de julio de 1938 firma con André Breton el manifiesto «¡Por un arte revolucionario independiente!», se pliega a la defensa de la determinación individual del artista. La Federación Internacional de Arte Revolucionario Independiente (FIARI) que pensaron constituir Trotsky, Breton y Rivera, tenía un lema preciso: libertad sí, purismo no. Para Rivera, cuando el artista defendía la libertad de expresión defendía el derecho a existir. La excelencia de algunos análisis estéticos se vio empañada muchas veces por teorías del más diverso calibre, como serían algunas de sus exposiciones sobre la necesidad biológica del arte o sobre el mestizaje. Ocultismo y pseudociencia se enredaron en su discurso cuando trató de penetrar en cuestiones estéticas no esclarecidas o cuando exaltó al mundo primitivo como el auténtico reino de la libertad, o cuando situó el refinamiento del arte popular en niveles de sofisticación. La endocrinología, el hedonismo y el vitalismo fueron amarrados por una disposición subversivo-progresista. Mas si algún testigo de cargo pudo tener la especulación burguesa del objeto artístico, éste pudo ser Diego Rivera.

Cuando en 1986 diversas instituciones, gubernamentales o no, discutían en México sobre el carácter de las celebraciones por el centenario del nacimiento de Diego Rivera, en el Partido Socialista Unificado de México (surgido en 1981 al fusionarse el Partido Comunista con otras organizaciones de izquierda para una acción política unitaria) surgió la voz del antiguo militante Valentín Campa (1904-1999), recordando que desde 1977 él había solicitado la expulsión *post mortem* de Rivera del PCM por «traidor a la clase obrera», cargo levantado en el pleno del Comité Central del PCM para su expulsión el 6 de julio de 1929 y que —según Campa— seguía vigente en 1954 cuando fue aceptado su reingreso al PCM. Cabe recodar la explicación dada al respecto por Arnoldo Martínez Verdugo: Era un resultado de la orientación aprobada por el sexto congreso de la Internacional Comunista, que terminó sus labores en Moscú el primero de septiembre de 1928, y cuyas conclusiones se trasladaron a América Latina en la primera conferencia de los partidos comunistas de esta región a principios de junio de 1929 en Buenos Aires, y a México en el pleno de julio de 1929. Para el PCM, la línea del Sexto Congreso del Komintern representó, en el aspecto político y organizativo, el viraje sectario más pronunciado de su historia. El Pleno de julio consideró a los demócratas revolucionarios, es decir, a los exponentes políticos de la pequeña burguesía como «los más peligrosos enemigos del PC en el movimiento obrero y campesino». Con ello se aisló de sus probables aliados y derivó hacia una campaña sistemática contra los militantes ligados de una u ϲ tra forma con ellos, acusándolos de representar una desviación derechista en las filas del Partido.[44]

En ese Pleno de julio y de manera sumaria, Rivera fue expulsado del PCM. Al evocar en sus memorias la sesión de enjuiciamiento, Valentín Campa relató: Rivera, con las actitudes grotescas que lo caracterizaban, limpiaba su pistola sobre la mesa mientras se realizaba la discusión y al final habló. Dijo que Diego Rivera votaba por su expulsión del Partido Comunista para que el acuerdo fuera por unanimidad; sólo objetaba el cargo de traidor al Partido y a la clase obrera pues él se consideraba un burgués cuando había ingresado al Partido; luego, a quien había traicionado era a la burguesía, su clase.[45]

A la solicitud extrema de Campa respondió Martínez Verdugo, entonces secretario general del comité central del PSUM: Diego Rivera fue miembro del PCM y nosotros no asumimos la continuidad completa de ese partido, que se disolvió y sus miembros se integraron al PSUM. Nosotros recogimos la tradición de ese partido, pero no somos expresión directa. [...] Aquella polémica en el seno del PC en el año 1977 no es cuestión que esté presente en el seno del PSUM en este momento. Si se requiere hacerle un homenaje a Diego Rivera, un hombre muy ligado a los movimientos socialistas y que, sobre todo, tiene una obra pictórica muy trascendente, no es posible olvidarlo.[46] Esta opinión fue reforzada por el poeta Eraclio Zepeda, entonces diputado federal por el PSUM: Hemos pensado que artistas como Diego Rivera, con todas sus controversias, son parte de la historia cultural del país. En Diego Rivera está ligado el hombre político al gran artista que reflejó la revolución democrática de las masas en su obra.[47]

Si en 1986, a casi treinta años de su muerte, todavía se polemizaba sobre la actuación política de Rivera, ello se debía a que su militancia de varias décadas, tanto entre los comunistas como entre los trotskistas, había sido poco ortodoxa y bastante tormentosa. En 1921, año en que Rivera regresa de Europa, el PCM (fundado débilmente en 1919) expresó en un manifiesto que la Revolución

Mexicana iniciada en 1910 había llevado al poder a la burguesía y a los terratenientes. Del Congreso Nacional Obrero de comunistas y anarcosindicalistas surgió entonces la Confederación Regional de Trabajadores (CGT), más radical que la oficialista Confederación Regional Obrera Mexicana (CROM). Rivera había llegado en el mes de julio y el 7 de noviembre asiste a un mitin conmemorativo de la Revolución rusa, animado por un conjunto orquestal facilitado por el secretario de Educación José Vasconcelos. El 25 de enero de 1922, por medio de una circular, Rivera y Vicente Lombardo Toledano, director entonces del Departamento de Bibliotecas de la Secretaría de Educación, invitaban para el 26 de enero a la reunión constitutiva del Grupo Solidario del Movimiento Obrero, la cual se celebraría en el taller de Rivera situado entonces en el ex convento de San Pedro y San Pablo. Se trataba de reunir a artistas e intelectuales en torno a intereses similares a los de la CROM. Se nombró secretario general a Lombardo Toledano, un cuerpo consultivo integrado por Alfonso Caso, Diego Rivera, Julio Torri, Pedro Henríquez Ureña. J. H. Retinger y Daniel Cosío Villegas, más los vocales: Enrique Delhumeau, José Clemente Orozco, Palma Guillén, Ignacio Asúnsolo, Ciro Méndez, Carlos Pellicer y Salomón de la Selva. Como venía aconteciendo desde fines del porfiriato, los intelectuales trataban de encontrar vías de convergencia con los sectores populares. Se intentó abrir sucursales en Morelia y Guadalajara. Cuando Lombardo fue nombrado el 1 de marzo de 1922 director de la Escuela Nacional Preparatoria, el Grupo Solidario declinó y con diferentes propuestas surgieron los Grupos de Acción y Arte que en noviembre de 1922 propiciaron la Exposición de Independietes, en la que participaron con relativo entusiasmo: Rivera, Orozco, Atl, Siqueiros, Charlot, Revueltas, Méndez, Tamayo, Fernando Leal, Fidias Elizondo, Guillermo Ruiz, Carlos Bracho, Asúnsolo, Miguel Covarrubias, Toño Salazar, Hugo Tilghman y Ricaro Romero.

Fueron las embestidas del gobierno de Obregón contra los movimientos populares lo que empujó a Rivera a afiliarse al PCM en diciembre de 1922. Casi simultáneamente en su domicilio particular (Mixcalco 12), punto de reunión de los más decididos activistas, se integró, con él en la presidencia, el Sindicato de Obreros Técnicos Pintores y Escultores, del que opinaría muchos años después: Si bien nunca fue sindicato, sí fue el almácigo de donde surgió un grupo de artistas interesantes y fuertes. [...] La plataforma que emanó del Sindicato fue buena precisamente por circunstancial. Por lo demás, se necesita muy buena voluntad para llamarla una plataforma; era en realidad un lema entusiasta y eso bastó. Hoy podría ser plataforma la que se construyera debido a los veinte años de militancia social, con muchos periodos difíciles y amargos que han hecho hombres experimentados, en ese terreno, de los entonces simpáticos y pintorescos pintores. El «Sindicato» en realidad no se desintegró, entre otras razones porque nunca estuvo integrado como tal; en cambio los miembros que pudieron integrarse al movimiento revolucionario social lo hicieron. [...] La ideología del «Sindicato» jamás impuso limitaciones, era un llamamiento al trabajo para gentes que pensaban y sentían en una dirección común la ¡Revolución!, la de los trabajadores, no la de nuestra «familia revolucionaria».[48]

En el II Congreso Nacional del PCM, celebrado en abril de 1923, Rivera fue elegido como uno de los cinco propietarios del Comité Nacional Ejecutivo y, a la vez, director del periódico *La Plebe*,[49] compromisos que cumplió muy parcialmente, pues repartía los días de la semana, incluido el domingo, en pintar los murales de la Secretaría de Educación Pública, en la Ciudad de México, y de la Escuela Nacional de Agricultura en la ex hacienda de Chapingo. Sus responsabilidades aumentaron cuando en la primera quincena de marzo de 1924 se funda el periódico *El Machete* como órgano del Sindicato de Pintores y Escultores. Pero en julio de

1924 renunció al Sindicato y el 26 de abril de 1925, decidido a concentrarse en sus tareas artísticas, envió una carta al PCM en la que expresaba su convicción de que para sus ideales comunistas: Es más útil mi labor como pintor que la que podría ejecutar como miembro militante del Partido; pido al Comité Nacional de él se me considere, en lo adelante, como simpatizante y no como miembro activo del Partido. Para salir del Partido en condiciones regulares cubriré mi adeudo de cuotas atrasadas en cuanto reciba de quien corresponda un dato exacto sobre el monto de ellas, advirtiendo que mis solas ganancias desde el mes de enero de este año son $9.50 diarios. En respuesta fechada el 7 de junio, el Comité Ejecutivo del PCM aceptó no sólo la renuncia sino también considerarlo en lo sucesivo simpatizante, pues consideraba: La Asamblea acordó se le manifestara a Ud. que su renuncia obedece a la intención de evadir las responsabilidades que le resulten por no atender a las instrucciones directivas que en distintas ocasiones le fueron hechas por el Comité de la Local, según comprobantes existentes en nuestro archivo, y que no entendemos cómo un hombre que se precia de revolucionario, y que está identificado firmemente con los principios comunistas, puede desertar de la Internacional por su amor a la pintura, ni cómo puede su trabajo como pintor excluir la obra más importante de la lucha revolucionaria. En consecuencia, le manifestamos que desde ahora cesa su autoridad y carece de facultades para ejecutar actos con el carácter de miembro militante de nuestro Partido, tales como hacer declaraciones a la prensa burguesa y libertaria, como comunista, etc., y nos reservamos el derecho de refutar y desconocer todos los actos que ejecute con este carácter; sin embargo, le seguiremos considerando como simpatizante entusiasta y le deseamos que su labor artística sea tan provechosa para la causa proletaria como usted lo desea. En cuanto a las cuotas que adeuda y desea cumplir para que sea regular su salida del Partido, me permito indicarle que balanceando sus cuotas del presente año solamente le resulta un adeudo de quince pesos, a razón de tres pesos mensuales que le corresponden, de acuerdo con su salario de $9.50 que está devengando, según nos manifiesta, y a los cinco meses corridos a la fecha.[50]

El que quizás habría entendido a Rivera sería Anatoli Lunacharsky, el comisario de Educación de la Unión Soviética, quien al abordar «La significación del artista desde el punto de vista comunista» consideraba que los marxistas tenían «el más alto interés por cierta libertad del arte, ya que sólo así el espejo artístico tendrá suficientes facetas para expresar la realidad».

Según Bertram D. Wolfe, entonces activo miembro del Partido Comunista Mexicano, fue instigado por él que el pintor presentó con poca convicción su renuncia. (Puede que así haya ocurrido, aunque Rivera recelaba de ciertas afirmaciones de su biógrafo.) A lo que no renunció Rivera fue al Comité Directivo de la Liga Antiimperialista de las Américas, constituida en el mes de abril de 1925, la cual asumió las conclusiones del IV Congreso Nacional del PCM celebrado en mayo de 1926, donde se acentuaba: El gobierno laborista no es un simple lacayo del imperialismo norteamericano; lucha por la construcción de un capital y de una clase capitalista nacional.[51] Esta posición fue refutada por la Internacional Comunista, la cual en carta al PCM caracterizaba al gobierno de Plutarco Elías Calles (1924-1928) como de pequeña burguesía reformista que se deslizaba hacia la derecha.[52]

Para 1926 Rivera se había reincorporado al PCM, y el 12 de febrero de 1927, como secretario general de la Sección Mexicana de la Liga Antiimperialista de las Américas, envió al presidente Calles un telegrama en el que informaba: Reunida anoche gran Asamblea, acordó por unanimidad expresarle su más franco apoyo y completa solidaridad por su actitud frente amenazas imperialistas.[53] Rivera coincidía con el presidente de México en la Liga Antiimperialista, de cuyo Consejo Mundial Calles era miembro y presidente honorario de la misma en México, y coincidía también en la Gran Logia Quetzalcóatl de los rosacruces mexicanos, de la que Rivera había sido «fundador de primera clase», según consta en un documento del 29 de agosto de 1926, firmado como recuerdo de un «agape místico-fraternal». Fue quizás en esa solemne ocasión cuando Diego obsequió a la Logia de la Rosa-Cruz un cuadro donde representó de manera simbólico-ocultista a la *Serpiente emplumada* (temple a la caseína sobre tela, de 1.01 × 1.21, que no firmó). Para convertir la serpiente emplumada en emblema rosacruz, Rivera construyó la cabeza a manera de una gran rosa abierta, en cuyo centro se encuentran las fauces del animal. A ambos lados de la parte superior colocó dos triángulos equiláteros, y al centro de los mismos una rosa. En las partes medias laterales dos llamas estilizadas, seguramente como símbolos del fuego místico. La masa triangular de la serpiente enroscada y las plumas representadas como largas lenguas superpuestas se pueden apreciar en dos trabajos gráficos hechos por Rivera justamente en 1926. Uno de ellos fue la portada para la revista bilingüe inglés-español *Mexican Folkways*, editada desde 1925 por la escritora y folclorista estadounidense Frances Toor, de la cual Rivera fue director artístico al retirarse de ese cargo Jean Charlot en enero de 1926. La primera carátula diseñada y dibujada por Rivera se utilizó a partir del número 7. Consta de un campesino y un obrero con hoz y martillo, respectivamente, representados como los atlantes de Tula, colocados a ambos lados de una enroscada serpiente emplumada que sostiene en sus fauces una espiga. Aquí la cola es idéntica a la de la serpiente rosacruz y las plumas conservan gran semejanza. El otro trabajo con la serpiente emplumada es la carátula, hecha también en 1926, para el libro *México en pensamiento y acción*, de Rosendo Salazar, líder de la Casa del Obrero Mundial, donde se agrupaban quienes en 1915 se habían plegado a Venustiano Carranza, resueltos a participar en la lucha armada contra Francisco

Villa y Emiliano Zapata, pues consideraban que para el proletariado moderno el constitucionalismo ofrecía las mejores esperanzas de redención.

Cuando en 1954 la comisión de control del Partido Comunista Mexicano revisaba su caso para ponderar si podía ser readmitido, Rivera debió responder a un cuestionamiento de siete preguntas. En la séptima se le solicitaba escuetamente: Diga si ha tenido ligas con la masonería. Él negó haber tenido liga alguna con la masonería, pero recordaba que el PCM le había encargado investigar la penetración del imperialismo yanqui en México a través de las llamadas sociedades secretas. Fue así como penetró a la Rosa-Cruz, de la que entonces eran socios, además del presidente Calles y su secretaria Esperanza Velázquez Bringas, el profesor Jesús Silva Herzog, Eduardo Villaseñor, los profesores Manuel Gamio y Eulalia Guzmán, el doctor Romano Muñoz y secretarios de gobierno como Ramón P. Denegri y Luis León. Y Rivera explicaba: La Rosa-Cruz no es una rama de la masonería, sino una asociación que se dice filosófica, mística, esencialmente, dice ella, materialista, que sólo admite diferentes estados de la energo-materia y se basa en los antiguos conocimientos ocultos de Egipto, de Amenotep IV y Nefertiti.[54]

Entre 1927 y 1928 muchos mexicanos viajaron a la Unión Soviética. Hubo dos delegaciones mexicanas: la invitada a las celebraciones del décimo aniversario de la Revolución de Octubre, y la que asistiría al Cuarto Congreso de la Internacional Sindical Roja (ISR), abierto en Moscú el 25 de febrero de 1928. De la primera, invitada por la Sociedad para las Relaciones Culturales de la URSS, formaba parte Diego Rivera; la segunda estaba encabezada por David Alfaro Siqueiros. Cuando Rivera y su grupo (Luis G. Monzón, ex senador comunista, y miembro del Comité Central del PCM; José Guadalupe Rodríguez, dirigente de la Liga Nacional Campesina; cinco representantes obreros, más Pablo Méndez,

Lauro Cisneros, Juan Montemayor, Cruz Contreras y Samuel Ramos) llegaron a la URSS, las luchas dentro del Partido Bolchevique alcanzaban el punto crítico que tendría repercusión mundial: Stalin había pedido al pleno del Comité Central, reunido en octubre, que excluyera de las filas del Partido a Zinoviev y a Trotsky, y lo había logrado. Pero los opositores de izquierda persistieron en su lucha y decidieron participar en la manifestación oficial del 7 de noviembre. Sus pancartas en contra de la burocracia, en pro de la aplicación del testamento de Lenin y por mantener la unidad de los bolcheviques no modificaron lo que ya era un hecho consumado: la derrota de la minoritaria oposición de izquierda. Rivera estaba en Moscú cuando por decisión del XV Congreso del Partido Bolchevique Trotsky fue deportado a Alma-Ata. En la Ciudad de México el Comité Central del PCM daba a conocer el 28 de diciembre de 1927 la resolución condenatoria, por la «actitud divisionista de la oposición, actitud que resulta objetivamente contrarrevolucionaria dada la utilización que el imperialismo y los reaccionarios nacionales hacen de ella». Este documento fue firmado por Siqueiros, Rafael Carrillo, Xavier Guerrero y otros.

Las simpatías de Rivera por la oposición de izquierda comenzaban a hacerse notar, aunque no tanto porque junto con los otros delegados firmó la declaración de las delegaciones latinoamericanas a los festejos. En esa declaración se reconocía que la Revolución Rusa había creado las bases para la renovación social del mundo y que por lo tanto era un deber de todos «dar apoyo decidido a la Unión Soviética y defenderla de los ataques de las potencias imperialistas». Rivera fue elegido miembro del presídium del Congreso de Amigos de Rusia y formó parte de su Comité de Prensa. Ante el Congreso de los Científicos sustentó la conferencia «La revolución y la ciencia». En la reunión de escritores revolucionarios habló sobre la literatura y el arte en México, América

Central y las Antillas. El escritor francés Henri Barbusse lo invitó a colaborar en la revista parisina *Monde*. Fue nombrado maestro de pintura monumental de la Escuela de Bellas Artes de Moscú.[55] Se le contrató para pintar frescos en la casa del Ejército Rojo, los obreros de la fábrica metalúrgica Dynamo le solicitaron que decorara su club. Con la marginación de los izquierdistas tales solicitudes quedaron anuladas.

El 14 de junio de 1928 Rivera había regresado a México junto con Siqueiros y la esposa de éste, Graciela Amador. En el número 119 de *El Machete* (junio 16 de 1928) aparecían las fotografías de los tres bajo el título «Delegados mexicanos que regresan de la Unión Soviética», y en la nota correspondiente se anunciaba que tanto Rivera «como los compañeros Siqueiros y Amador, representantes de las organizaciones mineras de Jalisco, darán una serie de conferencias públicas sobre el país donde gobiernan los obreros y campesinos». Rivera, dio un informe público con proyecciones el 23 de junio de 1928, en la Sede del PCM (Mesones 54). A la vez declaró a la prensa que había dejado bocetos en Moscú y pensaba que le bastarían dos años para realizar todas las decoraciones a las que se había comprometido. Un reportero le preguntó por Trotsky y Rivera respondió: Vive en el destierro. Está en un lugar del Turkestán que era el preferido del zar.[56] Isaac Deutscher, el biógrafo de Trotsky, relata que fue justamente en 1928 cuando el desterrado en Alma-Ata pudo conocer un volumen de reproducciones que le envió Andrés Nin.[57] Debe haber sido el libro *Das Werk Diego Riveras*, editado en Berlín por la Neuer Deutscher Verlag en ese año, el cual contenía cincuenta reproducciones de los murales en la Secretaría de Educación y en la Escuela Nacional de Agricultura. Aunque en carta que Trotsky le envió al 7 de junio de 1933 desde Buyuk Ada la referencia es otra: Conozco su pincel sólo mediante reproducciones, naturalmente. En 1928, cuando me encontraba en Alma-Ata, Asia Central, me topé por vez primera con algunas fotografías de sus obras en un suplemento ilustrado de una publicación americana cualquiera. Sus frescos me impresionaron por su mezcla de virilidad y calma, casi ternura, por su dinámica interna y el tranquilo equilibrio de las formas. Y con todo ello, esa frescura magnífica para abordar al hombre y al animal. Jamás imaginé que el autor de esas obras fuera un revolucionario que se halla bajo la bandera de Marx y Lenin. Apenas recientemente supe que el maestro Diego Rivera y el otro Diego Rivera, el amigo cercano de la oposición de izquierda, son una sola y la misma persona. Ello me agradó infinitamente porque la fuerza de las grandes ideas se verifica también en el hecho de que ellas atraen hacia sí todo lo que hay mejor en los diversos ámbitos de la creación humana. Mantengo viva la esperanza de visitar América, de ver los originales de sus obras y de conversar personalmente con usted.[58]

El 12 de octubre de 1928, como miembro del Comité ¡Manos fuera de Nicaragua!, junto con Jacobo Hurwitz, Marco A. Montero, Ursulo Galván, Rafael Ramos Pedrueza y Sócrates Sándino, reciben una bandera arrebatada por Augusto César Sandino y sus guerrilleros a la 47 Compañía del II Regimiento del cuerpo de marinos de Estados Unidos, que habían vuelto a ocupar Nicaragua, en el combate de El Zapote, el 23 de mayo de 1928. La había enviado Sandino por intermedio del venezolano Gustavo Machado. El 27 de octubre intervino Diego en un acto contra el fascismo y contra Mussolini. El 7 de noviembre participó en el mitin por el XI Aniversario de la Revolución Rusa, donde también hablaron Julio Antonio Mella, Siqueiros y Rafael Carrillo. El 27 de noviembre, como secretario general de la Liga Antiimperialista de las Américas, envió al diputado por Orizaba Hernán Laborde un telegrama para solidarizarse con la denuncia del viaje a México de Herbert Clark Hoover, presidente electo de Estados Unidos, «como maniobra imperialista encaminada debilitar lucha nuestros pueblos y restar apoyo heroico ejército general Sándino. Contra el imperialismo, por la Unión de los Pueblos de América».[59] El 2 de diciembre preside el acto de apoyo a Laborde, quien fuera insultado soezmente en la Cámara de Diputados por los legisladores proyanquis Gonzalo N. Santos y Melchor Ortega, quienes habían recibido consigna del ingeniero Marte R. Gómez, presidente de la Cámara. Rivera los calificó de «porras porfirianas» y señaló el papel prominente del proletariado en la lucha antiimperialista, al subrayar que en Nicaragua era un grupo de trabajadores capitaneados por un trabajador el que se enfrentaba al imperialismo yanqui. Participa en la organización y realización del mitin de protesta contra la guerra entre Paraguay y Bolivia, celebrado el 21 de diciembre. En su discurso subrayó que los trabajadores tenían que esperarlo todo de su lucha y no de los gobiernos burgueses, gendarmes del imperialismo. Entre otros ejemplos del movimiento reaccionario, se refirió a las amenazas lanzadas por el rector de la Universidad contra los pintores del grupo ¡30-30! con motivo de la defensa que habían hecho de profesores y trabajadores de la Escuela Libre de Pintura. Al término de su discurso hizo seis proposiciones que fueron aprobadas por aclamación: solidaridad con la huelga en Colombia; contra la guerra entre Bolivia y Paraguay; contra el reconocimiento del gobierno entreguista del general nicaragüense Moncada; contra el viaje de Mr. Hoover; por la intensificación de la ayuda a Sandino y contra la Confederación Obrera Panamericana, instrumento del imperialismo yanqui.[60] El 27 de octubre había intervenido en un acto contra el facismo y contra Mussolini, organizado por la Liga Internacional Antifascista; participaron entre otros Tina Modotti y Julio Antonio Mella. Tina presidió el mitin y señaló el peligro que el fascismo representaba para todos los pueblos a seis años de su ascenso al poder; para Rivera el modo efectivo de combatir al fascismo en México era ingresando a las organizaciones proletarias de lucha, descartando como inútiles para ese fin a las que recibían directivas de la American Federation of Labor.[61]

Entre tantas actividades públicas se dio tiempo para pintar en 1929 el retrato de Sofía Makar-Bátkina, esposa del embajador soviético Alexander Makar (1928-1930), quien había sucedido a Alexandra Kolontai. La retratada obsequió la pintura al Museo Pushkin de Moscú en 1970.

Diversas organizaciones obreras y campesinas, así como grupos de izquierda, se unieron a principios de 1929 para lanzar su propio candidato a la Presidencia de la República. Para ese fin se constituyó el Bloque Obrero y Campesino (BOyC), del que Rivera fue nombrado presidente el 24 de enero; los secretarios fueron Ursulo Galván, Hernán Laborde, Luis G. Monzón, Julio Calderas, Rafael Carrillo y otros. Días después dieron a conocer un manifiesto en el que denunciaban: La revolución burguesa ha sido un fracaso; ni ha destruido el latifundio, ni ha resuelto la situación del obrero, ni ha logrado la redención del indio. Sólo ha creado la casta de los latifundistas «revolucionarios» y consolidado el poder de los explotadores industriales. Millares de campesinos sufren la esclavitud; millares de obreros son reajustados. La jornada de ocho horas y las demás promesas contenidas en nuestra constitución burguesa no son cumplidas; se ataca, en cambio, a las organizaciones obreras y campesinas; la situación económica de las masas es cada día más angustiosa [...] Bancarrota económica y bancarrota política, he aquí lo que nos ha dado la burguesía imperante. No satisfechas aún las facciones burguesas, se preparan a una nueva lucha; ambiciosas de mando y de poder, no vacilan en lanzarse unas contra otras. Pero ya no tendrán carne de cañón ni de sufragio. Los obreros y los campesinos no deben seguir siendo instrumentos de sus verdugos; no deben dar más su sangre y su esfuerzo a la burguesía que los engaña y los explota.[62] Como corolario defendían la candidatura del general agrarista Pedro V.

Rodríguez Triana para la Presidencia de la República, en oposición a la de Pascual Ortiz por el Partido Nacional Revolucionario.

El 4 de marzo Rivera envía un telegrama a *El Machete* en el que considera «los levantamientos militares de Sonora y Veracruz como el principio de un movimiento francamente reaccionario», y a nombre del BOyC se dispone a combatirlo en todos los terrenos. Integraban el BOyC los partidos Comunista, Unitario Ferrocarrilero, Durangueño del Trabajo; las unidades obreras y campesinas de Veracruz y de Jalapa; las Confederaciones Obreras y Campesinas de Durango y Nayarit; la Federación Obrera de Michoacán, y otros agrupamientos populares. El BOyC se definía a sí mismo como una organización de izquierda de la clase trabajadora y su programa representaba «una tendencia revolucionaria y socialista que por primera vez aparece en la política militante del país». Los miembros del Bloque eran hostilizados y perseguidos: Hernán Laborde fue desaforado en la Cámara de Diputados; a Alfonso Soria se le exigió la renuncia como regidor del Ayuntamiento de Morelia, Michoacán; al diputado local jalisciense Roberto Reyes Pérez no se le respetó el fuero y lo encarcelaron en Guadalajara. El primero de mayo la manifestación del BOyC por las calles de la ciudad fue reprimida brutalmente. Hubo golpeados y detenidos y Rivera debió encabezar la comisión de organizaciones políticas que acudió a reclamar la libertad de los detenidos, entre éstos Rafael Carrillo, secretario del PCM, a quienes se acusaba de haber insultado al embajador Morrow de los Estados Unidos. El primero de mayo firmó con Laborde y Carrillo un manifiesto en el cual expresaban: La lucha de los trabajadores contra la burguesía y contra el imperialismo es una lucha política, oprime y explota hoy más que nunca a las masas trabajadoras. La sangre de los obreros y campesinos de México se cuaja en oro y ese oro llena las cajas de los explotadores nacionales y extranjeros. La burguesía nacional, servidora y aliada del imperialismo, tiene en sus manos un arma que esgrime y usa para mantener a los trabajadores en la esclavitud; esa arma es el poder. Por lo tanto, si los obreros y campesinos quieren libertarse para siempre de la explotación capitalista, deben enfrentarse a la burguesía y arrebatarle el poder. La lucha de los trabajadores por su emancipación es pues una lucha por el poder, es decir, una lucha política. El obrero o campesino que no lo comprende así es un lastre, un estorbo que dificulta y retarda la revolución social. Ahora bien: para enfrentarse a la burguesía y arrebatarle el poder, los obreros y campesinos necesitan una organización política fuerte y grande que agrupe en sus filas a todos los trabajadores revolucionarios. Hasta hoy, los obreros y campesinos de México han marchado a la cola de los burgueses y pequeño-burgueses directores de la Revolución Mexicana, sirviéndoles de instrumento, de carne de cañón para sus fines políticos, que son los fines de la burguesía y del imperialismo.[63]

El 15 de mayo de 1929 es fusilado en Durango José Guadalupe Rodríguez, secretario del Partido Durangueño del Trabajo, miembro de la Confederación de Sindicatos Obreros y Campesinos de Durango, secretario tesorero de la Liga Nacional Campesina. Rivera lo estimaba entrañablemente y dibujó una cabeza del victimado para que fuera publicada en *El Machete*, siendo ésta la única colaboración gráfica para el periódico que él había ayudado a fundar. Con Laborde, Carrillo, Monzón y Díaz, Rivera denuncia el crimen porque descabezaba al movimiento obrero y campesino, «desmoralizando y aterrorizando a los trabajadores con el fusilamiento del más activo y capaz de sus dirigentes». En *El Machete* la protesta aparecía bajo un titular acusatorio: El camarada José Guadalupe Rodríguez asesinado en Durango por orden del general Plutarco Elías Calles. Otra vez el gobierno «revolucionario» se mancha las manos con sangre proletaria.[64]

La administración de Correos secuestra los números 169, 170

y 171 de *El Machete* y los atentados culminan el 7 de junio con el asalto a las oficinas del Partido Comunista y del periódico. En el número 172, editado el 6 de julio en medio de múltiples dificultades, Rivera y sus compañeros del BOyC protestaron y señalaron a *El Machete* como: El único periódico que explica a los trabajadores la necesidad de rechazar definitivamente todo control o influencia de los políticos burgueses y pequeño burgueses; la necesidad de que la clase obrera y campesina se organice independientemente para una lucha propia con su programa y candidatos propios, contra la burguesía, contra el imperialismo y contra todos los explotadores del trabajo y sus aliados; el único que explica a los trabajadores la necesidad de destruir el régimen capitalista y establecer un gobierno revolucionario, un gobierno obrero y campesino que dé toda la tierra a los campesinos y las fábricas a los obreros. Denunciaban que mientras el gobierno obstaculizaba e intentaba suprimir la campaña del candidato de los trabajadores, los candidatos de la burguesía reaccionaria, Vasconcelos y Ortiz Rubio, gozaban de libertad y garantías.

En la noche del 10 de enero de 1929 esbirros del dictador cubano Gerardo Machado balacearon por la espalda a Julio Antonio Mella. El joven luchador moría en la Cruz Roja en la madrugada siguiente. Una gran multitud acompañó los restos desde el local del PCM hasta el Panteón de Dolores; la marcha se detuvo ante Palacio Nacional, en la Facultad de Jurisprudencia y en la calle de Abraham González, donde fuera abatido. En todos lados sonaron voces de protesta y de lucha. En el cementerio Rivera habló a nombre de la Liga Antiimperialista y denunció la creciente absorción de los países latinoamericanos por el capital de Wall Street y llamó a la lucha activa contra el imperialismo. Al cumplirse un mes del asesinato, el Socorro Rojo Internacional preparó una velada conmemorativa que presidió Tina Modotti. Junto a ella estaba Diego Rivera, quien señaló que en los treinta días transcurridos no había pasado uno solo sin que sobre el territorio mexicano cayera asesinado algún campesino o algún obrero. Como miembro del comité para investigar la verdad sobre el asesinato, desenmascaró al jefe policiaco Valente Quintana como cómplice del crimen político. La muerte de Mella, por cuya fogosidad, inteligencia y disciplina política Rivera sentía gran admiración, fue un duro golpe que estimuló una activa militancia en los meses que serían los últimos dentro de un PCM fiel a la Tercera Internacional.

Sobre la negativa repercusión internacional de su expulsión hay un ejemplo muy elocuente: la pintora María Blanchard, una de las más persistentes y estrechas amistades de Rivera durante sus largos años europeos, murió el 15 de abril de 1932. En la velada en su homenaje, realizada días después en el Ateneo de Madrid, el poeta Federico García Lorca leyó una *Elegía a María Blanchard,* en la que forzadamente hizo una referencia desagradable y desprestigiante sobre el mexicano, quien desde hacía tres lustros no pisaba tierras de España: Diego Rivera, el pintor mejicano, verdadera antítesis de María, artista sensual que ahora, mientras ella sube al cielo, él pinta de oro y besa el ombligo terrible de Plutarco Elías calles. Y agregó: El gigantón Diego Rivera, que creía que las personas y las cosas eran arañas que venían a comerlo, y arrojaba sus botas contra las bombillas y quebraba todos los días el espejo y el lavabo.[65]

Cuando Rivera llegó a Nueva York en noviembre de 1931 para preparar su exposición individual para el Museum of Modern Art, se dio tiempo para ofrecer una conferencia en el John Reed Club, organización de artistas e intelectuales cercanos al Partido Comunista de los Estados Unidos. Al respecto, en la columna «Entre la Hoz y el Martillo» de *El Machete* en su segunda época (apodado por su tamaño y su ubicación política como *El Machetito Ilegal)* se publicó la siguiente nota: El renegado Diego Rivera pronunció hace poco una conferencia en el John Reed Club de Nueva York, organización de intelectuales y artistas revolucionarios. Continuando su farsa de «izquierdista», el panzón Rivera afirmó la vieja verdad de que el arte no puede ser neutro; siempre está al servicio de una clase. Y ya se disponía a retirarse satisfecho, cuando el escritor Bill Dunne lo desnudó políticamente, presentándolo en su verdadero carácter de traidor al Partido Comunista de México, de propagandista del gobierno asesino y de pintor de cámara (o de recámara) de la señora Morrow. Después de una torpe «explicación» del renegado, el dibujante Hugo Gellert señaló la degeneración del arte de Rivera que, para simbolizar a California, pintó en los muros de la bolsa de San Francisco a la tenista Helen Wills, en vez de pintar a Tom Money o a Billings, los dos trabajadores condenados a prisión perpetua por organizar una huelga. Ya para darle la «puntilla», el compañero Harrison George intimó a Rivera a decir, conforme con la no neutralidad del arte, al servicio de quién están los frescos de la Bolsa de San Francisco y el retrato de la vieja de Morrow. Y contestó sin que el pintor osara desmentirle: ¡Al servicio del imperialismo yanqui! Por último le fueron públicamente devueltos a Rivera los cien dólares que había obsequiado al Club John Reed y los veinticinco que había entregado al Centro Obrero. ¡No querían ni un centavo de traidores![66]

En el chisporroteo de los personalismos surgieron las expresiones burlescas y despreciativas que José Clemente Orozco le dedicó a su colega en las épocas álgidas de la competencia profesional, cuando ambos coincidieron en tiempo y espacio para la conquista del naciente mercado artístico norteamericano al principio de los años treinta. Tendencias estéticas divergentes, además de celos y envidias inspiraron los reclamos y adjetivaciones que Orozco dedicó a Diegoff Riveritch Romanoff, llamándolo ¡Pobre fat man!, Potentado, Mastodonte, Líder Folklórico, Fulano de Tal, Rajón, La Puerca, La Pianola de la Pintura, El Sorolla Mexicano, El Sorolla Azteca, El Sorolla Tlaxcalteca. El propio Orozco desnudó el origen de sus rudos calificativos cuando en cartas a Jean Charlot y a Jorge Juan Crespo de la Serna, escritas entre 1928 y 1932, comenta que Rivera tenía en Estados Unidos «una publicidad increíble y ya está muy arraigada la idea de que es el creador de todo y los demás sólo son sus discípulos», que constituye «toda una amenaza para nosotros», o señalaba molestísimo que Rivera había logrado que el Museo de Arte Moderno de Nueva York «hiciera a un lado a todos los pintores mexicanos para exhibir solamente al *único genio*». Aunque despiadado y brutal, hay que reconocer el sentido de humor de Orozco para definir lo que para él era una Pianola de la Pintura: Las pianolas no se cansan. Basta con meterle otro rollo impresionista, cubista, primitivista, etc., etc., para que toquen sin cesar, ¡no se cansan!

Razón tenía Orozco, Rivera fue un incansable trabajador de la pintura. El arte —le confesó a María Ramos, corresponsal del periódico *O'Globo*, de Río de Janeiro, el 5 de julio de 1957— es para mi vida como la respiración y la alimentación, el amor y las demás funciones de mi organismo. Desearía que todos los humanos pudieran cumplir esas funciones a su entera libertad, gusto y satisfacción; pero ésta no es una preocupación en el arte, sino una ocupación mía en la política, esto quiere decir en la vida, de la cual no separo al arte sino que lo integro a ella. Rivera no era un perdonavidas ni un pasivo receptor de bofetadas, por eso merece señalarse muy especialmente que, en vez de guardar rencor hacia Orozco, en múltiples ocasiones expresó admiración por su talento. Baste como prueba la respuesta dada el 1 de octubre de 1956 al entonces gobernador de Jalisco, Agustín Yáñez, cuando éste lo invitó a pintar un pasaje de la vida política de Benito Juárez en el Palacio de Gobierno de Guadalajara: Acepto su invitación para ir a Guadalajara y ver los muros que generosamente me brinda, en honor de mi héroe favorito, a quien considero el constructor de nuestra nacionalidad. Pero no me perdonaría yo mismo la osadía de pintar un muro codeando obra con la de mi otro héroe favorito, José Clemente Orozco, si sus coterráneos no saben hacerle la justicia que merece llamando a Zapotlán el Grande, Zapotlán de Orozco.

En Estados Unidos Rivera no dio tregua a su trabajo pictórico. En el Museo de Arte Moderno de Nueva York (inaugurado el 8 de diciembre de 1929 bajo el auspicio de Abby Aldrich Rockefeller, Lille P. Bliss y Mary Quinn Sullivan) presentó en diciembre de 1931 una exposición con ciento cincuenta obras (óleos, encáusticas, acuarelas, dibujos, sanguinas), incluidos siete tableros al fresco *(La rebelión, La liberación del peón, Caña de azúcar, Soldadura eléctrica, Zapata, Fondos congelados* y *Taladro mecánico),* de los que inicialmente sólo se expusieron cuatro. Para trabajar estos tableros el museo le acondicionó un taller especial. En 1932 Rivera diseñó escenografía y trajes para el ballet *H.P. (Horse Power),* con música de Carlos Chávez, que se estrenó en la Academia de Música de Filadelfia, por la Compañía de Ópera de esa ciudad, bajo la dirección orquestal de Leopoldo Stokowski, puesta que, según Frida Kahlo: Resultó una porquería con P de…, no por la música ni las decoraciones sino por la coreografía, pues hubo un montón de güeras desabridas haciendo de indias de Tehuantepec y cuando necesitaban bailar la sandunga, parecían tener plomo en lugar de sangre. En fin, una pura y redonda cochinada.[67]

Los golpes desde las filas de la Tercera Internacional no cesaban. En *El Machete* del 30 de mayo de 1934 el PCM lo estigmatizaba como «la inmundicia mayor del trotskismo». El 29 de mayo del mismo año en la revista *New Masses* de Nueva York aparecía «El camino contrarrevolucionario de Rivera», artículo firmado por Siqueiros para triturar al contrincante político, aunque él mismo era mantenido estratégicamente al margen del PCM. Tras calificarlo de oportunista, demagogo, tortuoso, *snob*, montparnassiano, rotondiano, turista mental, Picasso en *Azteclandia*, chovinista, seguía una cadena de acusaciones: ¡En doce años (1922-1934) Rivera no ha logrado ser un verdadero internacionalista! Siguió siendo la víctima de las soporíferas mistificaciones de la burguesía [...] nos entregó a todos al gobierno [...] no fue capaz de entender que el arte revolucionario es un arte que debe ser políticamente funcional [...] Su idealización del indígena fue convertida después en una idealización del campesino indígena como el preponderante factor político de México [...] Hasta que un día el trampolín de su demagogia lo aventó hacia el otro extremo: se convirtió en un «proletarista» ciento por ciento ¡a la Trotsky! [...] Proclamando el trabajo colectivo, él destruyó toda posibilidad de trabajar colectivamente [...] La única cosa importante para Rivera fue continuar siendo un pintor muralista, y no le importó que para lograr este propósito tuviera que vender su alma al diablo [...] Sus medios y materiales son inútiles no sólo para el arte de propaganda, sino también para las condiciones de una construcción moderna [...] Nunca tuvo experiencia sindical. Nunca tomó parte en las luchas cotidianas de la clase obrera [...] Los turistas encontraron en Rivera su pintor por excelencia. Rivera encontró en ellos a los acrecentadores de su fortuna [...] Rivera ha sido valiente con los muertos y cobarde con los vivos cuando se trata de denunciar a los verdugos de hoy [...] Rivera regresó a México a trabajar para el gobierno y para vociferar en las demostraciones amarillistas gubernamentales a favor de la Cuarta Internacional.

Temeroso de que su respuesta no encontraría una tribuna apropiada, a fines de 1935 Rivera (convencido por Frida Kahlo) decidió publicar un folleto sin firma, redactado en tercera persona, subvencionado por él mismo en la Imprenta Mundial, titulado *Defensa y ataque contra los stalinistas,* el cual fue reproducido en la revista *Claridad* de Buenos Aires, Argentina, en febrero de 1936. Entre otros aspectos relevantes, puntualizaba: El partido oficial ha venido usando a Siqueiros en escala internacional como un instrumento para atacar a Rivera a causa de las simpatías de éste hacia los bolchevique-leninistas, cuyas posiciones acepta plenamente […] Su simpatía hacia los bolchevique-leninistas crea para él la obligación de contribuir económicamente en la medida de lo posible al trabajo de éstos, y este hecho, conocido por los stalinistas, aumenta el odio de éstos hacia Rivera y los hace trabajar cuanto pueden por hacer que aquél pierda su prestigio de pintor y la aceptación que internacionalmente tienen sus trabajos […] tienen que demostrar, o tratar de demostrar, que fuera del partido oficial stalinista no pueden existir artistas revolucionarios deseosos de hacer trabajo revolucionario […] Los stalinistas están interesados en destruir el prestigio de Rivera como pintor revolucionario para evitar que éste, siendo conocido internacionalmente como tal, emplee la posición que le da su reputación artística para el servicio de la Liga Comunista Internacionalista que trabaja en todo el mundo, incluyendo en sus filas a los verdaderos bolchevique-leninistas, preparando la indispensable nueva Internacional […] Los stalinistas usan a Siqueiros especialmente porque éste tiene que poner en su acción contra Rivera todo el ardor y empeño de que es capaz para hacer méritos ante el partido oficial y conseguir su reingreso a él […] la influencia que la demanda norteamericana pueda tener sobre la producción de jarros de Guadalajara, monos de Tlaquepaque, sarapes de Saltillo y jícaras de Uruapan, no tiene nada que ver absolutamente con la pintura de Rivera, cuya reputación y mercado internacionales lo ponen enteramente a cubierto de tener que hacer cualquier concesión al público que constituye el turismo norteamericano. Rivera ha producido siempre la pintura que corresponde al medio material en que él vive, lo mismo antes de venir a México que después que llegó aquí; si los extranjeros que se interesan por el arte se interesan por la pintura de él, es precisamente porque encuentran que ésta expresa el carácter y las condiciones reales y la belleza de México, país donde se producen; y esa actitud, de acuerdo con la realidad, es la base de toda pintura que pretenda tener un contenido revolucionario dentro de una ideología materialista dialéctica [...] El atacar a Rivera por hacer pintura que, como todo objeto de arte, bajo el régimen capitalista, pueden volverse objetos de especulación por parte de sus compradores, objetos que Rivera, según Siqueiros, vende caros, es tan necio y antimarxista como acusar de contrarrevolucionario a un artesano, joyero o zapatero cuyos productos compran los ricos [...] Rivera tampoco tiene miedo a la crítica ni a la autocrítica, deber elemental de todo revolucionario, y está dispuesto a aprovechar ambas para mejorar su línea y su acción en la pintura que tiende a ser útil a los obreros y a los campesinos del mundo, y está dispuesto a colaborar en tal trabajo con Siqueiros, aunque sea como hasta ahora, Siqueiros hablando y Rivera pintando.

En el mes de agosto de 1935 la Asociación de la Educación Progresiva de Estados Unidos celebró en el Palacio de Bellas Artes, bajo el patrocinio de la Secretaría de Educación Pública de México, un Congreso Pedagógico. Para la sesión del miércoles 27 Rivera fue invitado a sustentar una conferencia sobre «Las artes y su papel revolucionario en la cultura». Al día siguiente, por sugerencia de Manuel R. Palacios, presidente de la Comisión Técnica Consultiva de la SEP, Siqueiros participó con la conferencia «El arte», cuyo contenido era casi idéntico al artículo publicado en *New Masses*. Rivera, que estaba presente en la sala no se quedó callado y exigió se le diera la oportunidad de responder y defenderse. Lo que pudo haber resultado una confrontación entre opositores derivó en una polémica revisionista que conmovió no sólo a intelectuales y artistas sino a la opinión pública en general. La primera sesión tuvo lugar al día siguiente del reto, ante una concurrencia que llenó el teatro de Bellas Artes. El periodista Emmanuel Eisenberg, testigo de los hechos, comentó en la revista *New*

Masses del 10 de diciembre de 1935: México es probablemente el único país en el mundo donde un encuentro polémico entre dos artistas, anunciado cuando mucho con un pequeño desplegado en los periódicos, es capaz de atraer a un millar de personas. La discusión continuó en La Casa del Pueblo, sede sindical de los panaderos, bajo la dirección de un comité de debates nombrado por los contendientes. Durante los días, 6, 7 y 10 de septiembre Rivera y Siqueiros discutieron ante la presencia de numerosos artistas e intelectuales, entre los que se encontraban Leopoldo Méndez, Juan de la Cabada, Fernando Gamboa, Pablo O'Higgins, Antonio Pujol, Luis Arenal, Ignacio Aguirre, Roberto Berdecio, Santos Balmori y Ángel Bracho, todos ellos miembros de la Liga de Escritores y Artistas Revolucionarios. A Rivera lo acompañaban obreros textiles y ferrocarrileros que representaban a sus respectivos sindicatos. A propuesta de Siqueiros se acordó hacer un análisis detallado con el fin de que Rivera y él suscribieran aquellas cuestiones en las que se pusieran de acuerdo. Nueve fueron los puntos en los que coincidieron y de los cuales dejaron constancia en unos escritos que llamaron *Documentos*. El cuarto documento, por ejemplo, decía: La pintura muralista mexicana, debido a la poca y defectuosa preparación ideológica de los pintores, en algunos casos sirvió más a los intereses demagógicos del gobierno de México que a los intereses de clase de los obreros y los campesinos de México. Y en el noveno documento asentaba: A pesar de nuestra ideología revolucionaria de entonces (1922-1925) fue nuestro sindicato [el Sindicato de Obreros Técnicos Pintores y Escultores] la primera organización en toda la historia del arte contemporáneo que comprendió como indispensable la acción colectiva sujeta a una disciplina y basada sobre la más estricta autocrítica, para producir una expresión de arte que por su contenido, forma y táctica fuera un aliado verdadero de las masas revolucionarias en el proceso de su lucha.

Para la firma de los documentos fungieron como testigos, por parte de Rivera, Jenaro Gómez y Proal, y por parte de Siqueiros, Juan de la Cabada y Fernando Gamboa. Actuó como secretario de actas Roberto Guardia Berdecio. La falta de un local apropiado truncó la controversia. Enfermedades reales o imaginarias de los polemistas la pospusieron indefinidamente. De nada valió que la Liga de Escritores y Artistas Revolucionarios publicara carteles instando a su continuación. Pero la sinceridad o la simulación fueron en este caso factores secundarios, pues los documentos pueden apreciarse concretamente como la primera autocrítica colectiva que llevaron al cabo los fundadores del movimiento plástico mexicano. Conjuntamente reconocieron la necesidad de impulsar un nuevo movimiento de mayor utilidad para la masa obrera y campesina que el embrión inicial minado por el individualismo, por los intereses demagógicos, por la desorganización y por el equivocado criterio de que la pintura mural era el arte revolucionario por antonomasia. El séptimo documento abogaba por una obra «plástica revolucionaria eminentemente móvil, capaz de penetrar por su forma, contenido y precio ínfimo hasta las capas más pauperizadas de las masas obreras y campesinas». Entre quienes siguieron paso a paso el desarrollo de los debates se contaron Méndez, O'Higgins, Ángel Bracho e Ignacio Aguirre, quienes desde 1937 integrarían el Taller de Gráfica Popular.

En los apuntes escritos de manera sistemática por el general Lázaro Cárdenas (editados en 1972 por la Dirección de Publicaciones de la Universidad Nacional Autónoma), el entonces presidente de México recordaba a fines de 1936: Encontrándome en Torreón, Coah., autoricé se dé asilo en nuestro país al señor León D. Trotsky, expulsado por el gobierno de Rusia, radicado provisionalmente en Noruega. México debe mantener el derecho de asilo a toda persona de cualquier país, y sea cual fuere la doctrina política que sustente. Diego Rivera me entrevistó en La Laguna solicitando el asilo a Trotsky. En esa trascendental determinación tuvo alguna participación el general Francisco J. Múgica. El 19 de diciembre de 1936 León Trotsky y su esposa Natalia Sedova se embarcaron en Oslo en el buque petrolero *Ruth,* el cual arribó al puerto de Tampico el 9 de enero de 1937. Entre quienes recibieron en el muelle al revolucionario ruso se contó Frida Kahlo en representación de Rivera, quien se encontraba enfermo. Para trasladarlo a la Ciudad de México el presidente Cárdenas envió un tren especial que llegó a la estación de Lechería el 11 de enero; ahí los esperaba Rivera, que había abandonado el hospital por algunas horas. De inmediato lo condujo a la casa de los Kahlo en Coyoacán, la cual había sido desocupada para mayor seguridad y comodidad del ilustre refugiado, resguardado desde el primer instante por sus correligionarios.

Estalinistas como Vicente Lombardo Toledano hicieron de inmediato declaraciones públicas desaprobando el asilo concedido a Trotsky. Se sucedieron entonces acciones contra los simpatizantes de la Cuarta Internacional. Por ejemplo, a Rivera como pintor de paredes le correspondía ser miembro del Sindicato Único de Trabajadores de la Construcción del Distrito Federal, de cuyo Comité Ejecutivo era miembro; pese a ello, el 1 de septiembre de 1937 fue expulsado. Dos días después, desde las páginas del periódico *El Universal,* Rivera reclamó: Algunos «amigos» bien conocidos de Moscú han decidido desatar una campaña encarnizada contra el derecho de asilo acordado por nuestro gobierno a Trotsky. Ya que éste se abstiene rigurosamente de intervenir en la vida política de nuestro país, se ensaya de alcanzarlo a través de sus amigos.

Pero la lucha de Rivera se daba fuera y dentro de la Cuarta Internacional. El 7 de enero de 1938 presentaba su renuncia a la Organización en los términos siguientes: Por decisión de la última conferencia realizada por la Cuarta Internacional en París, fui colocado bajo el control directo del Comité Panamericano. A la fecha no se me ha hecho ninguna indicación respecto a las funciones cotidianas o el tipo de trabajo que esperan que yo desarrolle. Por este motivo he estado en total inactividad. No considero revolucionariamente honesto el pertenecer a una organización y particularmente a su Comité sin desarrollar algún trabajo útil para la misma […] Por el bien de la Cuarta Internacional es mi deber evitar los inconvenientes que mi presencia en dicha organización puede eventualmente provocar. El único modo de evitarlos es retirarme de la organización. Por lo tanto presento mi formal renuncia a la Cuarta Internacional.[68]

En busca de una reconsideración por parte de Rivera, el 12 de junio de 1938 Trotsky propone al Secretariado Internacional que lo inviten al congreso que tendría lugar en París: Ustedes deben invitarlo… personalmente… y recalcar que la Cuarta Internacional se enorgullece de tenerlo en sus filas a él, el más grande de los artistas contemporáneos y un revolucionario indomable. Nosotros debemos ser cuando menos tan atentos con Diego Rivera como lo fue Marx con Freiligrath y Lenin con Gorki. Como artista, él es muy superior a Freiligrath y Gorki y es… un auténtico revolucionario, en tanto que Freiligrath sólo fue un simpatizante pequeño burgués y Gorki un compañero de ruta un tanto equívoco.[69]

Trotsky no hizo referencia a un detalle no exento de importancia. Entre los murales riverianos que debe haber contemplado tras su llegada a México seguramente se contó el del Palacio de Bellas Artes, ejecutado en 1934, donde Stalin aparece marchando en primera fila con las masas revolucionarias, mientras que el propio Trotsky fue colocado en el grupo de los ideólogos. ¿Cuál habrá sido su interpretación de estas imágenes? Esta interrogante nunca tuvo respuesta.

Ante la reciente molestia de Diego, Trotsky decidió recurrir a Frida Kahlo (quien se encontraba en Nueva York a punto de partir hacia París) como depositaria de una explicación más privada de su punto de vista, en carta del 12 de enero de 1939: Deseo comunicarte algunas dificultades con Diego, que son muy dolorosas para mí, para Natalia y para el resto de la familia. Se me hace muy difícil dar con el verdadero origen del disgusto de Diego. En ocasiones traté de provocar una discusión franca sobre el tema, pero él fue de lo más general en sus respuestas. Lo único que pude sacarle fue su indignación por mi renuncia a reconocer en él las aptitudes de un buen funcionario revolucionario. Insistí en que nunca debería aceptar un puesto burocrático en la organización, ya que un «secretario» que no escribe, que nunca responde las cartas, que nunca llega puntualmente a las reuniones, y que hace siempre lo opuesto a la decisión colectiva, no es un buen secretario. Y te pregunto, ¿por qué habría de ser Diego «secretario»? Que es un auténtico revolucionario, eso nadie lo duda; pero es un revolucionario mutilado por un gran artista, y es por cierto esta «mutilación» la que lo deja absolutamente incapacitado para el trabajo de rutina en el Partido. Estoy seguro de que en el momento de una ola revolucionaria él sería invaluable, gracias a su pasión, su arrojo e imaginación. En tiempos de paz es valioso en un comité revolucionario que él puede inspirar con su iniciativa y su ardor. Pero para un trabajo rutinario de organización, nuestro amigo Diego es totalmente inadecuado. Parecía que estuviera ávido de mostrarme que era el mejor burócrata del mundo y que se había convertido en un gran pintor sólo por casualidad. Inició una actividad puramente personal en la Casa del Pueblo y en la CGT, y la ocultó de mí y de todos los demás camaradas. Esto me alarmó muchísimo, porque estaba seguro de que esa aventura personal habría de terminar con resultados desagradables para la Cuarta Internacional y para Diego en lo personal. Creo que fue precisamente el hecho de que Diego «conspirara» un poco en contra mía lo que lo irritó, al mismo tiempo, contra mí y los otros camaradas.

Es la única explicación sólida que encuentro. A mis ojos, con los experimentos en la Casa del Pueblo y la CGT no viró hacia la izquierda, sino a la derecha, y de manera muy cínica. Supongo que a eso se debió la última explosión de Diego en mi contra. [...] Los fundamentos objetivos de su arranque contra mí son absolutamente falsos, un puro producto de la imaginación de Diego. [...] Le dijo a Van que si bien los hechos menores no eran correctos, el hecho mayor lo sigue siendo, es decir, que yo deseo deshacerme de Diego. Como «prueba», Diego dice que me rehusé a escuchar una lectura de su artículo sobre arte. Hace apenas unos días Diego renunció a la Cuarta Internacional. Espero que su renuncia no sea aceptada. Por mi parte haré todo lo posible por zanjar al menos el aspecto político. Sin embargo creo que tu ayuda en esta crisis es esencial. La ruptura de Diego con nosotros significaría no sólo un duro golpe para la Cuarta Internacional, sino también —temo decirlo— la muerte moral del propio Diego. Aparte de la Cuarta Internacional y de sus simpatizantes, dudo que pudiera hallar un medio de comprensión y estimación, no sólo como artista, sino como revolucionario y como persona.[70]

La respuesta la dio Rivera en carta del 19 de marzo de 1939 al Buró Panamericano de la Cuarta Internacional. En ella, además de quejarse porque su renuncia aún no había sido aceptada, hacía importantes revelaciones: El camarada Trotsky ha usado mi nombre para firmar algunas de sus declaraciones publicadas por la prensa «burguesa» (Universal y Hoy). También lo ha hecho sobre Haya de la Torre. Tras protestar porque Trotsky comentaba con sus correligionarios que Rivera había inventado mentiras contra él, agregaba: En la opinión del camarada Trotsky soy un mentiroso y un traidor antimarxista. Desde luego, no admito tales acusaciones. Porque el camarada Trotsky ha colaborado conmigo y me ha dado a firmar sus declaraciones, para que yo a mi vez acepte la total responsabilidad de las mismas; si soy un traidor y un mentiroso, ¿por qué ha escogido el camarada Trotsky a un mentiroso y un traidor para transmitirles al proletariado y al mundo entero sus propias palabras, tanto frente a nuestra organización como ante la prensa burguesa, usando la firma de un traidor y un mentiroso? [...] No creo en la infalibilidad de ningún ser humano, y rechazo rotundamente sus declaraciones sobre mí. Mi trabajo en la organización es insignificante o nulo. El trabajo de Trotsky es de un valor enorme. Por lo tanto los disturbios que provocaría una discusión sobre este tema pudieran ser fácilmente aprovechados, y esto debe ser evitado. Entonces la única solución es mi retiro de la organización, lo cual ya he hecho.[71]

Al producirse el pacto germano-soviético de 1939 y la anexión por la URSS de Polonia oriental, los estados bálticos y otros territorios, Rivera sufre tal descontrol que llega a ofrecerse, en enero de 1940, como informante de la embajada estadounidense en cuestiones tales como objetivos del Partido Comunista, filiación de los refugiados españoles, colaboración en México entre estalinistas y nazis. Sus «revelaciones» no fueron tomadas en serio, aunque el FBI (Buró de Investigaciones Federales) lo tenía vigilado. En algunos de los encuentros llegó a proporcionar una lista de cincuenta nombres de agentes estalinistas infiltrados en el gobierno mexicano. En diciembre de 1939 había anunciado públicamente su decisión de testificar ante el Comité Dies (comité de la Cámara de Representantes de Estados Unidos para actividades antiestadounidenses), cosa que hizo y que fue considerada por diversos sectores como una acción intervencionista de Estados Unidos en asuntos internos de México.[72]

En junio de 1940 concluyeron las actividades de Rivera como informante. El 24 de mayo de ese año Siqueiros, al frente de un grupo, asaltó la casa de Trotsky en las calles de Viena, en Coyoacán; entre los vehículos utilizados figuró una camioneta propiedad de Rivera. El 29 de mayo Diego llamó al consulado estadounidense solicitando con urgencia visa para ingresar a Estados Unidos, pues temía ser víctima de un atentado. Por lo mismo prefirió volar prontamente a Tamaulipas, de ahí pasar a Brownsville y tomar otro vuelo el 4 de junio, en compañía de la actriz Paulette Goddard, hasta San Francisco, California, para cumplir un contrato con la Golden Gate Internacional Exposition. El 30 de mayo de 1940 en el periódico mexicano *La Prensa* apareció una «Protesta por el cateo de su casa. Comunicado a la prensa de México», antecedido por un comentario de la publicación: La actitud del discutido artista se ha vuelto un tanto misteriosa, pues mientras se decía que estaba en la ciudad de San Francisco, Calif., pintando una exposición, se recibió en uno de los Juzgados de Distrito en Materia Penal una demanda de amparo contra actos de la Policía del D.F. y otras autoridades, porque dice que tratan de aprehenderlo, y ayer por la noche, en forma misteriosa, se recibió en sobre cerrado la declaración que enseguida reproducimos... La cual estaba fechada el 29 de mayo de 1940 y dirigida al presidente de la República. Seguramente es uno de los documentos más reveladores redactados por Rivera:

I. Sin mostrar mandato del juez, y sin encontrarme allí presente, es decir, contra el derecho de inviolabilidad de domicilio y las garantías individuales, un grupo de veinte hombres, diciéndose agentes de la Policía, catearon mi casa de San Ángel Inn. Mi chofer, Raúl Ortega, y el sirviente Manuel Sánchez fueron aprehendidos, golpeándolos rudamente al hacerse la aprehensión, violándose así el derecho de gentes, al maltratar a obreros trabajando en mi casa, que nada tienen que ver con mis asuntos personales u otros.

II. El general Manuel Núñez, jefe de la Policía, dio orden de aprehender a todo hombre que saliera de la casa de mi ex esposa Frida Kahlo. [Por iniciativa de Rivera se habían divorciado el 6 de noviembre de 1939.] Así fue aprehendido el español Ricardo

Arias, conocido de ella. Desaparecido Arias, y buscado por todas partes por su propia esposa y la señora Kahlo y la hermana de ésta, señora Cristina de Pinedo, fue encontrado finalmente en calidad de prisionero de la policía que guarda la casa de Trotsky, en Coyoacán. Allí mismo fueron detenidas las señoras que lo buscaban. Esas señoras fueron interrogadas creo que por el general Núñez o el coronel Sánchez Salazar, inquiriendo por mi paradero. Posteriormente, Arias y las señoras fueron dejadas en libertad, previo cateo de la casa de la señora Kahlo, esquina Londres y Allende en Coyoacán en busca mía.

III. ¿Qué razón se aduce para tratar de aprehenderme y maltratar a obreros que trabajan en mi casa y nada tienen que ver en mis asuntos? Si había una razón legal para mi aprehensión, para eso están los citatorios de la Procuraduría de la República, de los juzgados competentes y la Policía Judicial.

IV. Sólo dos razones pueden aducirse para toda esta acción, una es el urgimiento en contra mía hecho por el diario *El Popular,* que reprodujo el artículo que escribí sobre la situación electoral mexicana, publicado en el *New York Times,* y segundo, el caso Trotsky y la invesigación respecto a él, tomado como pretexto para actuar en contra mía.

V. El artículo del *New York Times* no es sino un análisis sociológico y político, condensación de varios artículos míos que he venido publicando en la prensa de México durante los últimos dos años. Nada hay absolutamente en ese artículo que no pueda ser pensado, dicho y escrito por un ciudadano mexicano en uso de su derecho de libre emisión del pensamiento, ciudadano que lucha a favor de los intereses nacionales e internacionales del pueblo de México y de todos los del continente americano, contra la amenaza totalitaria, como lo hago yo. Proclamo con toda mi plena responsabilidad y a la faz del mundo, que en bien del pueblo de México estoy por una unión panamericana, realista y fuerte, económica y política, entre todas las naciones del continente americano, gozando todas ellas de derechos de perfecta igualdad y dignidad, dentro de esa unión, siendo esta unión cuestión necesaria y de vida o muerte para todas las naciones de este continente que necesitan preparar urgente y rápidamente las defensas moral y física del mismo contra la penetración de las fuerzas totalitarias, stalinistas y nazistas, que se muestran arrolladoras en Europa y prestas a invadir al mundo entero […] estoy por la amistad y colaboración lo más cercanas posibles, ya que la historia ha ligado nuestros destinos, entre el pueblo de los Estados Unidos y el nuestro. […]

En cuanto al caso Trotsky, acabo de ver en los periódicos de la tarde que se da como razón para el cateo de mi casa el hecho de que una camioneta que me pertenece se ha visto implicada en una investigación que se está haciendo y que se guarda en secreto. Cuando, valiosísimamente poyado por el general Francisco Múgica, pedí al presidente Cárdenas la entrada a México, en virtud del derecho de asilo, del luchador revolucionario León Trotsky, perseguido y amenazado de muerte, el señor presidente Cárdenas la concedió sin dudar un momento, salvando así la vida del perseguido. Creo que el presidente Cárdenas desde su poder y yo desde mi insignificancia definimos ambos con perfecta claridad, por nuestras acciones, nuestro concepto del deber humano y nuestra calidad de hombres; así pues, el señor presidente de la República y todos sus empleados deben saber que nada puedo tener que ver ni de lejos ni de cerca con el vergonzoso asalto a Trotsky. Hoy me separan de Trotsky todo un abismo de opiniones políticas, como separaba de él al presidente de la República cuando éste salvó la vida del desterrado; pero esto nada cambia, ni la actitud y personalidad de hombre del general de división Lázaro Cárdenas ni la de Diego Rivera. Cualquier cosa en contrario no puede ser sino una vil calumnia stalinazi. […] [Conviene recordar que eran los días del pacto germano-soviético.]

La presencia de Rivera dentro de la Cuarta Internacional hay que rastrearla también en la revista *Clave. Tribuna marxista,* a cuyo cuerpo fundador perteneció junto con Adolfo Zamora y José Ferrel. Pero tomando en cuenta la revelación de que Trotsky usaba su nombre para firmar ciertos artículos, habrá que hacer un prolijo análisis comparativo para deducir cuáles fueron en verdad de su autoría dentro de la lista que comprende: «El desarrollo de América Latina. Proyecto para una tesis sobre Latinoamérica», presentado a la preconferencia del Bureau Oriental Latinoamericano de la Cuarta Internacional (núm. 1, octubre de 1938); «La lucha de clases y el problema indígena. Proyecto de tesis sobre el problema indígena de México y América Latina con relación a la cuestión agraria», presentado a la preconferencia del Bureau Oriental Latinoamericano de la Cuarta Internacional (núm. 2, noviembre de 1938); «Programa de lucha o de adaptación. A propósito de una carta de Haya de la Torre», donde se polemiza con el político peruano, fundador en 1927 de la Agrupación Popular Revolucionaria (APRA), considerado como un «partido revolucionario continental» (núm. 3, diciembre de 1938); «Los países del Caribe» (fechado el 13 de noviembre de 1938 y publicado en el núm. 4, enero de 1939). Un escrito en el que Rivera indudablemente participó, publicado en el núm. 1 de *Clave,* fue el manifiesto «¡Por un arte revolucionario independiente!», firmado por él y André Breton, pero con importante participación de Trotsky, cuya presencia en México alimentó en el líder surrealista el deseo de encontrarse con él. Para tentar el terreno le escribió a su amigo Luis Cardoza y Aragón una carta inquisitiva que fue respondida de manera poética y tentadora: Siento en las entrañas la vida pasada de México, como a veces siento mis entrañas sobre la piedra de sacrificios. Lo maravilloso es tejido con la misma materia que los días, los segundos y los siglos de México. Su misteriosa substancia forma lodos con el trajín de nuestros zapatos… Y es que México nos sobrepasa terriblemente, dolorosamente, infinitamente… La imantación que crea en el aire la imagen que de México nos forjamos… Estamos en la tierra de la belleza convulsiva, en la patria de los delirios comestibles… La supremacía de nuestra naturaleza, de nuestro tiempo, de nuestra realidad indígena, es tan avasalladora y orgullosamente inclemente que nos ofrece hasta una nueva muerte distinta de las otras muertes. México tiene su muerte como tiene su vida diferente de las otras vidas… México es, poéticamente, como un inmenso parque teológico, con sus dioses sueltos, con sus fuerzas sueltas… los ídolos y todos los generadores de amor y poesía saltan a su cielo… He necesitado de las matemáticas severas del idioma para bosquejar a México apresuradamente. Le he pesado sobre las alas de las mariposas…[73]

Breton llegó a México en febrero de 1938. Para saludar su presencia la revista *Letras de México,* que editaba Octavio G. Barreda, le dedicó gran parte del número del 1 de mayo de 1938, reproduciendo textos bretonianos traducidos para la ocasión por Xavier Villaurrutia, Agustín Lazo, César Moro, Emilio Adolfo Westphalen y José Ferrel. Diego Rivera aportó un muy buen dibujo a línea de la cabeza de Breton. Y fue Rivera quien se enfrentó a los opositores en el tonante artículo «Los clérigos estalinistas gepeuizantes y el caso del gran poeta André Breton», dirigido al «cortejo de limosneros elegantes, oportunistas, que se llaman a sí mismos 'Sociedades de Amigos de la URSS', 'Liga de Escritores y Artistas Revolucionarios', 'Asociaciones pro-Cultura', etcétera. Toda la guardarropía ridícula que emplea el estalinismo». En concreto, su protesta era la siguiente: No es extraño que toda esa red de espías de la contrarrevolución internacional haya servido a maravilla para molestar, sabotear y tratar de esterilizar en México la siembra de belleza nueva del grano que nos traía André Breton. Este gran poeta está a mil leguas de ser un político. No es sino un gran artista, pero también es un hombre valiente y honesto, un verdadero y puro revolucionario en el arte. Sus búsquedas y sus descubrimientos conectan directamente a los productores de belleza con el materialismo dialéctico de Engels y Marx. También con los descubrimientos de Freud que dan la llave del conocimiento de la materia humana en todo un mundo nuevo en ella [...] La persecución contra Freud coincidiendo con la persecución contra Breton, son un suceso histórico de una importancia tal que sólo será percibida en una perspectiva profunda del tiempo...[74]

Durante su estancia, Breton y su mujer Jacqueline convivieron con Diego y Frida en las casas gemelas de San Ángel Inn, y también se hospedaron con Lupe Marín. Fue Rivera quien se empeñó en que Breton escribiera el texto para el folleto de la primera exhibición individual de Frida en la Julien Levy Gallery de Nueva York, inaugurada el 1 de noviembre de 1938. Se publicó en francés en el catálogo, sin traducción al inglés, y esto no fue del agrado de Frida.

En otro artículo Rivera denunció la deficiente atención brindada a Breton por la Universidad Nacional: La Universidad Nacional de México —que contiene sedimentos católico-conservadores en todo su aparato dirigente—, saboteó, por medio de una acción jesuítica, con apariencia de «descuido» ocasionado por el «estado de inquietud» de la «Casa de Estudios», el curso de conferencias que André Breton, figura central del actual movimiento literario y artístico en el París progresivo y libre, vino a ofrecer a *México de parte de Francia* [...] Nadie como Breton ha sabido romper lanzas por la verdad política sin miedo a los esbirros de la GPU, hasta exigir la verdad materialista y dialéctica respecto a los «juicios» de hechicería puestos en escena en Moscú. Ningún hombre de letras, ningún poeta mejor que Breton hizo llamamientos bellos y brillantes a todos los hombres que conserven aún algo de dignidad humana a favor de la verdad, así como a favor del proletariado español sublime y heroico en su lucha contra las bandas de asesinos fascistas al servicio de la burguesía mundial. [...] Breton, amante de México, comprendiendo el contenido de belleza, de dolor, de fuerza oprimida, de humor negro de este país, como ningún otro artista mejor lo hiciera, vino a ofrecernos lo mejor que tiene: la luz de su inteligencia de escritor [...] el aparato jesuítico secreto emboscado en la Universidad de México se ha interpuesto entre André Breton y el pueblo y los artistas de México. Los pobres señores profesores, licenciados, literatos y artistas burocráticos de México han obedecido sumisamente los cultos mandatos de Sus Santidades el Papa de Roma y el Papa de Moscú, y han hecho el «vacío» alrededor del gran poeta que ofrecía a México lo mejor de su genio.

El manifiesto «¡Por un arte revolucionario independiente!» fue suscrito el 25 de julio de 1938 por Rivera y André Breton a dos meses de la llegada del líder del surrealismo a México. Ambos creían necesario fundar la Federación Internacional de Artistas Revolucionarios para romper de manera definitiva con «el espíritu policiaco reaccionario» de Stalin y sus vasallos, dado que el arte era una de las fuerzas capaces de contribuir «al descrédito y a la ruina de los regímenes que embotan». En él se advertía que el arte no debía admitir directivas extrañas ni «fines programáticos extremadamente estrechos»; no debía permitir que se regentearan los temas del arte «en función de pretendidas razones de Estado», y agregaba: La libre selección de estos temas y la no restricción absoluta en lo que atañe al campo de su exploración constituyen para el artista un bien que tiene derecho a reivindicar como inalienable. En materia de creación artística, importa esencialmente que la imaginación escape a toda coacción, que bajo ningún pretexto permita que se le imponga la fila india. A quienes no exigieran, para hoy o para mañana, consentir en que el arte se someta a una disciplina que consideramos radicalmente incompatible con sus medios, oponemos una rotunda negativa y nuestra voluntad deliberada de atenernos a la fórmula: *toda licencia en arte*. Sobre esta última frase, André Breton relató en un artículo de 1938, citado por Luis Mario Schneider en *México y el Surrealismo, 1925-1950*: Aclaro que la independencia total que ahí se reivindicaba desde el punto de vista artístico se le debe más a Trotsky que a Rivera y a mí. Es en efecto el camarada Trotsky quien, frente al proyecto donde yo había formulado: «Toda licencia en arte, excepto contra la revolución proletaria», nos puso en guardia contra los nuevos abusos que podrían hacerse a nombre de esta última parte de la frase, y la tachó sin detenerse.

Otra de las cuestiones abordadas en el manifiesto mereció comentarios de Trotsky. El arte revolucionario independiente —se asentaba— debe reunirse para luchar contra las persecuciones reaccionarias para proclamar muy alto su derecho a la existencia. Esta reunión es el objetivo de la Federación Internacional de Arte Revolucionario Independiente (FIARI) que juzgamos necesario crear. Una vez publicado el manifiesto, esto mereció un comentario de Trotsky en carta a Breton: Yo acojo de todo corazón la idea suya y de Rivera de fundar una Federación Internacional de artistas verdaderamente revolucionarios y verdaderamente independientes... ¿y por qué no añadir de verdaderos artistas?... Mientas más ignorante y obtuso es un dictador, más destinado se siente a dirigir el desarrollo de la ciencia, la filosofía y el arte. El instinto de rebaño y el servilismo de la intelectualidad constituyen un síntoma más, y no insignificante, de la decadencia de la sociedad contemporánea.[75] De todas maneras, el desarrollo de los acontecimientos individuales y colectivos no permitió la constitución de la FIARI.

Si bien el manifiesto disparaba sus flechas en varias direcciones, no puede descartarse su implícita polémica con la Liga de Escritores y Artistas Revolucionarios de México, abiertos simpatizantes de la Unión Soviética, quienes del 17 al 23 de enero de 1937 habían celebrado un congreso, entre cuyas resoluciones se declaraban en pro de un arte al servicio de la lucha proletaria. El manifiesto sostenía algo muy diferente: Entre las medidas necesarias y temporales de autodefensa revolucionaria y la pretensión de ejercer el mando sobre la creación intelectual, hay un abismo. El sistema socialista debía asegurarle a la creación intelectual «desde el comienzo un régimen anarquista de libertad individual. Ninguna autoridad, ninguna coacción, ni la menor huella de mando».

Entre los escritos de Rivera publicados en *Clave* están las cartas a los generales Lázaro Cárdenas y Francisco J. Múgica, fechadas ambas el 9 de noviembre de 1938, publicadas en el núm. 3 del 1 de diciembre, en protesta por la agresión a los murales de Juan O'Gorman en el Puerto Central Aéreo de la Ciudad de México, debido a que había representado de manera alegórica, condenatoria y sarcástica las cabezas Hitler y Mussolini. Tal acto —afirmaba Diego— tomaría el carácter de una manifestación típica de autoritarismo totalitario, es decir, completamente en oposición con la línea general del gobierno de usted, que ha afrontado problemas como el de los ferrocarriles, de La Laguna, de la industria petrolera, iniciando así la lucha por la independencia económica nacional [...] Estas grandes acciones no se aparejan con un acto de carácter fascistizante contra el arte, la dignidad humana y la dignidad nacional, como el que se pretende cometer contra las pinturas revolucionarias de O'Gorman.

En el mismo núm. 3 de *Clave* se publicó un amplio ensayo elaborado por Rivera y O'Gorman, «De la naturaleza instrínseca y las funciones del arte», donde exponían su tesis del arte como mercancía y como nutrición: En sí mismo el arte es una nutrición necesaria para el sistema nervioso y al propio tiempo por razón misma de su necesidad, es una mercancía. Por eso se compran los poemas, las estatuas, las pinturas y se paga por oír música. El hecho de que el arte sea una nutrición se comprueba por la razón de su necesidad psico-fisiológica y el precio que se paga por él demuestra la necesidad que tiene el hombre de arte. La llamada emoción estética es un fenómeno nervioso cuya función es conmover el sistema endocrino-simpático, provocando la secreción glandular que provee al organismo con los fluidos vitales necesarios para éste, secretados por las glándulas. Es posible que el impulso nervioso, es decir, la corriente de energía que circunda en este sistema (endocrino-simpático), sea la que produzca la sensación de placer, la cual captada y percibida por el cerebro consciente y una vez comprendida racionalmente se le llame emoción estética. Es posible que el cerebro refuerce esta sensación con argumentos racionalistas, en el terreno del conocimiento, y que así se tengan los conceptos de armonía, ritmo, composición, etc. [...] En la emoción estética hay matices diversos y según la fisonomía de estos matices es mayor o menor la acción sobre determinadas glándulas. [...] El arte es nutrición necesaria al hombre, es decir, tanto para los explotados como para los explotadores, pues toda condición de nutrición es fisiológica y común a todas las clases de la sociedad, de tal suerte que puede haber arte sin contenido político de clase, éste es el caso del arte producido en la sociedad comunista primitiva, así como en cualquier época de una sociedad sin clases. [...] Es necesario tener presente que este fenómeno nervioso está necesariamente condicionado (como todos los actos humanos cerebrales y de conciencia) por las relaciones económicas y sociales de los hombre y sólo es verdadera creación cuando el impulso de producirlo parte de lo más profundo del subconsciente, entonces es cuando revela toda la realidad de esas relaciones económico-sociales con verdad y pureza. [...] Siempre que se coarta la libertad de expresión, ya sea por el sindicato, por el partido comunista de todas las Rusias, o por cualquier otro partido o por el Estado, por las iglesias o por quien sea, para imponer un arte oficial u otro llamado «revolucionario», florecen las academias oficiales o las llamadas por cualquier nombre y se acaba toda manifestación estética de buena calidad [...] sólo es correcta la fórmula que es a la vez negación de toda fórmula, libertad completa en la expresión del pensamiento y establecimiento de la anarquía para el arte y toda actividad intelectual. [...] El arte de buena calidad estética, al igual que el trigo, se capitaliza en manos de la burguesía, la que lo emplea tanto para satisfacer su propia necesidad de nutrición como para apoyar su poder...

Este enfoque de carácter biológico no mereció la aprobación ni de Trotsky ni de los otros miembros de la dirección, y el ensayo fue editado como una carta, lo cual disgustó tanto a Rivera que el 7 de enero de 1939 presentó su renuncia a la revista. Diez días después Farrel y Zamora le respondían: Los redactores de *Clave* ignoramos y, por tanto, no podemos analizar las circunstancias que han provocado la renuncia de usted; pero basándonos en nuestra completa solidaridad teórica y política, estamos seguros de que tales circunstancias han de ser de carácter secundario y transitorio. La renuncia, sin embargo, por sí misma puede provocar una impresión perjudicial para la causa común y por ello no debemos aceptarla. En consecuencia, le proponemos, si esto es absolutamente necesario, que tome usted una licencia de uno o dos meses, en la inteligencia que continuará su colaboración activa con nosotros, que tanto apreciamos, al igual que todos los lectores serios de la revista.

El 23 de febrero Rivera insiste: Habiéndose agudizado las causas que me obligaron a renunciar a formar parte de la redacción de *Clave* (a la que tuvo la gentileza de responder acordándome una licencia de dos meses) me veo obligado a presentar de nuevo la renuncia con carácter de irrevocabilidad.[76] Con fecha 31 de marzo Carlos Cortés envía a *Clave* una carta en la que puntualizaba: Cuando se escribió la carta rechazando la renuncia de Diego Rivera, era la opinión de los redactores de *Clave,* como sé yo, que las dificultades eran personales y que cualquier diferencia era de segundo plano. Sin embargo, al ocurrir acontecimientos posteriores, ellos nos enseñan que lo que pareció como diferencias personales y transitorias, eran en realidad las primeras fases de una divergencia básica en la teoría y la política. Las divergencias eran éstas: Con el más reciente paso de Diego Rivera en la ayuda a la formación de, y tomar el puesto más responsable en el Partido Revolucionario Obrero y Campesino, con un programa y un nombre muy lejos del marxismo, que están siendo las características de muchos intelectuales de izquierda. [...] Diego Rivera realiza una mezcla de anarquismo, liberalismo y social-democracia. [...] Para el Congreso de la Confederación General de Trabajadores, a mediados de diciembre, el camarada Rivera preparó un informe sobre «Las tendencias internacionales del fascismo y del comunismo-stalinista». En ese documento hizo serias concesiones a la ideología anarquista. El camarada Rivera declaró: «En España, Stalin necesita realizar dos tareas; primero, impedir y estrangular la revolución española que los anarquistas y los verdaderos marxistas habían emprendido sin él». El papel de Stalin está definido, por supuesto, correctamente, pero en lo que se refiere al papel de los anarquistas es contrario a la verdad. Nadie puede negar que hubo muchos anarquistas, podemos atrevernos a decir que el ciento por ciento de los anarquistas de base, igual que los obreros stalinistas y socialistas quisieron una revolución social. Pero confundir a estos obreros con los jefes anarquistas, los traidores que aceptaron puestos en los gabinetes burgueses, los cuales ametrallaron a los obreros y campesinos revolucionarios en mayo de 1937 y poner en el mismo plano a los anarquistas en general con los verdaderos marxistas puede únicamente apoyar a los traidores líderes anarquistas e impedir la evolución de las masas anarquistas hacia el marxismo revolucionario a través de su propia experiencia. ¿Era la declaración de Rivera accidental? De ninguna manera. Dicha inclinación hacia el anarquismo representaba la orientación de Rivera en esta época. Sobre el origen de las causas de la degeneración de la Unión Soviética abandonó el campo de la ciencia marxista para aceptar la explicación idealista anarquista. [...] La aventura anarquista de Rivera fue muy desafortunada. Se acercó a la CGT, como organización anarquista, preparó un informe importante para su Congreso, abogó por un pacto de solidaridad entre la CGT y la Casa del Pueblo —a la que pertenece Diego Rivera—, no sobre una base sindical admisible y aun necesaria a veces, sino dando a tal pacto un ficticio carácter teórico y programático que sirvió únicamente para encubrir la oposición irreconciliable entre el «anarquismo» y el marxismo, precisamente en los momentos en que los líderes de la CGT se preparaban a echar su anarquismo en la cesta de papeles inútiles y su acercamiento a la reacción y a los agentes del imperialismo en México [...] En realidad, Rivera proporcionó una máscara de izquierda a la traición de Ramírez. Al leer el informe preparado por Rivera para el Congreso de la CGT hay otro hecho resaltante. Aún siendo un informe bastante largo está dedicado casi en su totalidad a atacar al stalinismo —¿hay necesidad de decir que nosotros estamos a favor de un ataque rudo al stalinismo?—, pero no dijo absolutamente nada sobre la claudicación del anarquismo y sólo unas cuantas palabras sobre el peligro del fascismo…

En el siguiente número de *Clave* Carlos Cortés sostenía: Rivera se vuelve ahora hacia el oportunismo. [...] Abrogándose en una forma exenta de principios el apoyo para un candidato burgués, y la formación de un Partido reformista opuesto a la Sección Mexicana de la Cuarta Internacional a la cual perteneció Rivera [...] En el caso concreto de México el camarada Rivera propone que los revolucionarios apoyen a Múgica, precandidato a la presidencia de la república. ¿En contra de quién? ¿En contra de Ávila Camacho y Sánchez Tapia? ¿Pero sobre qué base? Sobre la base de que

Múgica es más progresista. Sin embargo los tres pertenecen al mismo partido; los tres se declaran ardientes cardenistas y los tres juraron sostener el mismo programa del Partido. [...] La cuestión de si la Cuarta Internacional erró o no erró al tomar la posición de Diego Rivera es una cuestión de poca importancia en comparación con la cuestión de por qué el camarada Rivera rompió con la Cuarta Internacional para ayudar al establecimiento del Partido Obrero y Campesino. La Cuarta Internacional y su Sección Mexicana pueden cometer errores, pero abandonar la organización y formar un Partido reformista es un error mucho más serio que todos los que la Cuarta Internacional pueda cometer. [...] En mis dos cartas he tratado de demostrar que la renuncia del camarada Rivera no fue debido a choques de temperamento, sino a diferencias políticas fundamentales. El rompimiento es penoso para nosotros. Esperamos que sea temporal, pero como la declaración del Buró Panamericano dice «Cuando se trata de principios no podemos hacer concesiones», aun hacia una figura tan importante como Diego Rivera. No podemos adivinar si la inevitable catástrofe enseñará al camarada Rivera el camino de regreso a la Cuarta Internacional o si será absorbido definitivamente por la corriente de intelectuales que están rompiendo con el marxismo a favor de una mezcla de anarquismo, liberalismo, individualismo, etc. No hay necesidad de decir que esperamos que se realice la primera alternativa.

El 7 de agosto de 1939 la Sección Mexicana de la Cuarta Internacional dio a conocer la siguiente declaración: En días pasados, Diego Rivera ha hecho publicar en la prensa diaria unas declaraciones que lo colocan prácticamente al lado de la candidatura del general Almazán. Como Rivera, tanto nacional como internacionalmente, ha sido considerado hasta hace pocos meses como trotskista, la Sección Mexicana de la Cuarta Internacional declara que: Rivera no tiene, desde hace meses, ninguna relación con la Cuar-

ta Internacional, ni nacional ni internacionalmente. El menciona-
do ex camarada dejó de ser miembro de la organización como
consecuencia directa de una serie de desviaciones oportunistas que
lo llevaron a romper con la Cuarta Internacional, para convertirse en líder del Partido Revolucionario Obrero y Campesino,
organizado con la finalidad de participar en las elecciones apoyan-
do a Múgica. Diego Rivera abandonó las filas del socialismo y se
pasó al campo de la pequeña burguesía radical y la burguesía de
izquierda. En vista de ese paso de Rivera, la organización mexicana lo declara fuera de la Cuarta Internacional y esa declaración fue
refrendada por el Buró Panamericano Oriental de la Cuarta Internacional. Hoy, Rivera realiza otra pirueta política que lo lleva a
ofrecer su apoyo a la candidatura del general Almazán. Con ello da
un paso más a la derecha y se interna en el camino de la degeneración política. […] La calidad de militante de la Cuarta Internacional es incompatible con el apoyo al general Almazán, uno de los
principales peligros de dictadura militar abierta. Al brindar su
apoyo condicional al general Almazán, Rivera se pone en plano
de traición al marxismo revolucionario y a las masas explotadas de
México.[77]

El 8 de diciembre de 1940, en San Francisco, se casa Diego otra
vez con Frida Kahlo y regresa a México en enero de 1941. De su
buen estado de ánimo da cuenta una respuesta a un columnista del
periódico *La Prensa:* Le ruego que aclare, primero, que no estoy
en USA, sino en uso de mis cinco sentidos y en Mexicalpan de las
tunas desde hace seis semanas. […] Segundo, que si no había
regresado a mi cantón no era por temor a los asesinos, pues si lo
tuviera, hace mucho que me hubiera muerto de miedo, no sólo a
causa de los abundantes matones locales sino aunque sean de la
GPU, como los que me hicieron el honor de visitar mi casa camu-
flageados en nacional-tecolotes, una noche fresquita de mayo…
del año pasado, y para quienes logré pintar un poderoso «stradiva-

rius» porque conozco el son que tocan y para restirarles las cuerdas bien. Usted comprenderá que esto no es presumir, pues usted debe saber que todo hijo de México, para poder vivir, tiene que hacerse «al hule», es decir, acostumbrarse a «velar muertos con cabezas de cerillo». Tercero, si hasta seis semanas estaba en USA, fue porque en ese tiempo y en los siete meses anteriores usaba pinceles y colores para pintar el fresco más grande que me ha tocado hacer en toda mi vida, además de algunos retratos que al último ejecuté. [...] no estoy en USA, sino en Villa Obregón, D.F., esquina de las calles de Palma y Altavista (la colonia más saludable de México), a la disposición de usted, amable amigo, de quienquiera o de cualquier asesino, si me hacen el honor de ocuparse de mi persona, pueden cuando quieran echarse tres viajes a mi casa.[78]

En su contradictoria relación con el medio estadounidense, en las diversas estancias en aquel país, se había reafirmado su admiración por Daumier: Honoré Daumier fue un luchador directo, expresando en sus pinturas el movimiento revolucionario del siglo XIX, el movimiento que produjo el Manifiesto Comunista. Daumier fue un revolucionario tanto en su expresión como en su contenido ideológico. Para poder decir lo que quería, desarrolló una nueva técnica. Cuando no se encontraba pintando algo como una anécdota de carácter revolucionario, sino que solamente estaba dibujando a una mujer que cargaba ropa o a un hombre sentado a una mesa comiendo, sin embargo, estaba creando un arte definitivamente revolucionario. Daumier desarrolló una técnica drástica identificada con el sentimiento revolucionario, de manera que su forma, su método, su técnica siempre expresaron ese sentimiento. Por ejemplo, si tomamos su famosa lavandera, encontramos que no la pintó con el ojo de un literato ni con el de un fotógrafo. Daumier veía a su lavandera con ojos de conciencia de clase. Estaba consciente de su conexión con la vida y el trabajo. En la vibración de sus líneas, en la cantidad y cualidad del color que proyectó en la tela, podemos ver una creación directamente contraria y opuesta a las creaciones del arte conservador burgués. La posición de cada objeto, los efectos de luz en todo el cuadro, todas esas cosas expresan la personalidad en total conexión con lo que la rodea y con la vida. La lavandera no es solamente una lavandera que se aleja de la orilla del río, agobiada con su carga de ropa y jalando a un niño tras de ella; ella es, al mismo tiempo, la expresión del cansancio del trabajo y de la tragedia en la maternidad proletaria. De esta manera vemos, pensando en ella, las pesadas cargas de su posición como mujer y las pesadas cargas de su posición como trabajadora; en el fondo podemos ver las casas de París, tanto aristocráticas como burguesas. En una fracción de segundo, una persona, a menos de que sea ciega, puede ver en la figura de esta lavandera no nada más una figura, sino también toda una conexión con la vida y el trabajo en los tiempos en los cuales ella vive. En otras pinturas de Daumier están descritas escenas reales de lucha de clases, pero ya sea que esté mostrando la lucha de clases o no, en ambos tipos de pintura podemos verlo como un artista revolucionario. Lo es no porque haya sido de extracción proletaria, pues no lo fue. No salió de una fábrica, no salió de una familia obrera; su origen fue burgués, trabajó para los periódicos burgueses, vendiéndoles sus pinturas. Sin embargo fue capaz de crear un arte que fue un arma eficaz en la lucha revolucionaria.[79]

Este escrito de 1932 demuestra, en una etapa de reacomodos ideológicos, sus persistentes intereses por un arte de contenido revolucionario, estuviera Rivera dentro o fuera de los partidos marxistas.

El 14 de mayo de 1946, junto con David Alfaro Siqueiros, firmó una solicitud de reingreso al Partido Comunista Mexicano; argumentaban que la avalancha de las derechas mexicanas sumisas al imperialismo hacía necesaria la inmediata unidad de las izquierdas y reconocían que sólo el PCM podía centralizar las actividades progresistas. Ése sería el primero de varios intentos en tal sentido. Natalia Sedova, la viuda de Trotsky, declaró al respecto: De todos nuestros antiguos camaradas Rivera es el único que posteriormente se convirtió en forma ruidosa al estalinismo.[80] En 1949 retira aquella solicitud y el 16 de junio le pide a Vicente Lombardo Toledano, presidente del Partido Popular, ser inscrito en esta organización, donde pasa a integrar su Comité Ejecutivo; pero el 17 de octubre siguiente renuncia alegando que el PP ha fallado en el cumplimiento pleno de su programa y en la preparación del Congreso Continental por la Paz, el cual, presidido por el general Heriberto Jara, tuvo éxito debido, según Rivera: Al empuje pacífico de las masas continentales y la colaboración entusiasta de las más ilustres personalidades de las ciencias, las letras y las artes del continente entero, del Polo Norte al Polo Sur, no gracias sino a pesar de la intervención de VLT.

A partir de 1949 la militancia social de Rivera se concentró en el Movimiento Mexicano por la Paz que presidió el mismo general Jara, asistido en la parte operativa por Elena Vázquez Gómez y Teresa Proenza, y responsable de las publicaciones el escritor chileno Luis Enrique Délano. Su nombre figuró en ese año en los documentos de solidaridad con la Conferencia Cultural y Científica Pro Paz Mundial, celebrada en marzo de Nueva York, y con el Primer Congreso Mundial de los Partidos de la Paz reunidos en París en abril; estuvo activo en la preparación del Congreso Continental Americano por la Paz que tuvo lugar en la Ciudad de México en septiembre de 1949, y en diciembre de 1952 fue delegado, junto con su hija Ruth, al Congreso de los Pueblos por la Paz de Viena.

Cuando la cubana Teresa Proenza (1911-1989) y Rivera se conocieron en 1948, ella llevaba una década de militancia en las filas comunistas, primero en el Partido Socialista Unificado de Cataluña, al que ingresó durante la Guerra Civil en España, y después a la Unión Revolucionaria Comunista de Cuba. En 1947 regresó a México, donde ya había residido dando clases de literatura en escuelas secundarias y colaborando en los periódicos *El Nacional* y *El Popular*. Durante el Primer Congreso de la UNESCO, reunido en México en noviembre de 1947, se desempeñó como traductora calificada del inglés y el francés. Tras vencer sectarismos contra la etapa trotskista de Rivera, su amistad con él y con Frida Kahlo cobró un carácter de entrañable familiaridad. En una conversación que sostuve con ella en 1986 me dijo: Cómo dejar de reconocer al artista que se siente herido en su sensibilidad al ser expulsado de su partido. Hoy comprendo que tras su exclusión de 1929 se sintió agazapado y buscó una salida. La encontró en la adhesión a Trotsky. Durante el Congreso Continental Americano por la Paz [al que acudieron entre muchos otros Pablo Neruda y Paul Eluard] descubrí en Diego a un ser humano extraordinario, de enorme e increíble sensibilidad, de ternura inigualable. Por aquel tiempo no había sido readmitido a las filas del PCM, pero aportaba sumas considerables con total desprendimiento. Su devoción por el Partido Comunista no conocía límites. Amaba la justicia y pensaba sinceramente que en la construcción del comunismo la encontrarían los pueblos del mundo. Desde el 1 de junio de 1954 hasta la muerte de Rivera, el 24 de noviembre de 1957, Teresa Proenza se desempeñó como su secretaria.

Seguramente los constantes bandazos políticos y emocionales llevaron a Rivera en junio de 1948, a los 61 años de edad, a someterse a ciertas pruebas en el Sanatorio Floresta que dirigía su amigo, el psiquiatra Alfonso Millán. Correspondió a la doctora Emma Dolujanoff, miembro de ese sanatorio para enfermos nerviosos y mentales, someterlo a las pruebas de Jung-Bleuler y de Kohs, así como al psicodiagnóstico de Rorschach. Para no abundar en los resultados médicos de tales pruebas, por la elocuencia lingüística que encierra la primera parte de la prueba Jung-Bleuler, se reproduce el listado de términos propuestos y las sucesivas respuestas a bocajarro.

1. Cabeza – chirimoya
2. Cielo – raso
3. Agua – pulque
4. Muerte – calavera
5. Rezar – pendejada
6. Caída – chichón
7. Familia – lata
8. Docena – chabacanos
9. Perro – pelón
10. Sueño – cansancio
11. Desprecio – risa
12. Confusión – borrachera
13. Crimen – placer
14. Voluntad – recio
15. Suerte – voluntad
16. Humo – ojos
17. Moda – disimulo
18. Amistad – traición
19. Frío – sudor
20. Simpatía – atracción
21. Cuenta – apuros
22. Dinero – moneda
23. Pueblo – calzones
24. Desengaño – certeza
25. Sospecha – gusto
26. Religión – idiotez
27. Luz – trabajo
28. Costa – baño
29. Libertad – contento
30. Camisa – pegajosa
31. Rosa – amiga
32. Bandera – Plaza Roja
33. Novia – vacío
34. Sangre – buen sabor
35. Viaje – velocidad
36. Pájaro – perico
37. Matrimonio – horror
38. Oración – estupidez
39. Esperanza – miedo/asco
40. Caja – vacío
41. Venganza – sabroso
42. Secreto – placer
43. Fineza – mujer
44. Ridículo – gobernantes
45. Mordisco – dientes
46. Intimidad – bellas piernas
47. Vejez – dientes postizos
48. Hijos – molestias
49. Mes – menstruación
50. Hombre – mal olor
51. Médico – chispa
52. Abuso – embudo
53. Coche – desvencijado/perro
54. Vida – aventura
55. Libros – humedad
56. Arte – ridículo
57. Vientre – panza
58. Vino – alegría/buen sabor

59. Descubrimiento – gozo

60. Desnudo – modelo

61. Camino – cinta

62. Amor – agror/mentira

63. Ideal – ridículo

64. Anillo – interés

65. Fluido – espiritismo

66. Ciencia – paciencia

67. Soledad – comodidad

68. Incomprensión – divertimento

69. Llave – amante

70. Número – lotería

71. Noche – propicia

72. Mentira – todo

73. Sorpresa – agrado

74. Fingimiento – indigestión

75. Pecado – sabroso

76. Remedo – ley

77. Fe – estupidez

78. Castigo – cobardía

79. Cuerpo – gases

80. Dolor – molestia

81. Justicia – cero

82. Pasión – descontrol

83. Pérdida – aligeramiento

84. Terror – religión

85. Esconder – ganar

86. Fuego – esconder

87. Deseo – placer

88. Belleza – opinión

89. Mujer – todo

90. Jesucristo – barbas

91. Emoción – riñón

92. Envidia – debilidad

93. Pecho – tos

94. Vicio – catecismo

95. Felicidad – mentira

96. Disimulo – luz

97. Niño – encanto

98. Hermanos – cercanos

99. Perdón – cabrón

100. Suicidio – carbón

En sus conclusiones, la doctora Dolujanoff señalaba la existencia de un tipo de inteligencia combinativa y fantasiosa; grandes capacidades para el pensamiento abstracto y filosófico; impulsividad y una afectividad explosiva; irritable, sensitivo, muy inteligente y extravagante, introvertido y egocéntrico.

En 1954 Rivera tocó una vez más la puerta del PCM; le abrieron una ventana para discutir su reingreso. Diego debía responder a un cuestionario de siete preguntas formulado por la Comisión de Control. El 7 de mayo de ese año respondió. Entre otras consideraciones expresaba: Sé perfectamente que mis errores pasados son un tremendo lastre en contra de mi reingreso […] mi reingreso al PC estaría muy en contra de los intereses del enemigo capitalista e imperialista y en consecuencia a favor de los intereses de la revolución proletaria y el trabajo por la paz. Las consideraciones anteriores son para subrayar que, por encima de mi aspiración y mi deseo ardiente de reingresar al único partido que puede ser el mío, pongo los intereses políticos de este mismo partido y, naturalmente, apruébese o no mi reingreso, en nada variará mi amistad hacia el PCM, expresada claramente en mis cinco años de colaboración continua. Cuatro meses después de contestado el cuestionario, la Comisión de Control emite el 8 de septiembre su dictamen: se aprueba el reingreso de Diego Rivera; pero éste es enjuiciado muy severa y lapidariamente. Se reconoce que en él se ha operado un «importante cambio» positivo, principalmente a partir del ataque nazi a la URSS en 1941, aunque «no ha hecho todavía el esfuerzo suficiente para superar muchas debilidades y corregir plenamente viejos defectos», pues persiste en él «un agudo sentido individualista y una tendencia muy marcada a sustituir la realidad por la fantasía». Una comisión especial ratificó su reingreso el 25 de septiembre de 1954, decisión que no pudo festejar con Frida Kahlo, muerta el 13 de julio de ese año, quien había compartido con gran intensidad los desvelos de Rivera en tal sentido, al punto de consignar en su *Diario,* de varias maneras, su fe en el materialismo dialéctico.

En 1955 se le diagnostica un epitelioma canceroso en los genitales; antes de someterse a una intervención quirúrgica, expresa el 19 de julio por escrito dirigido a Elena Vázquez Gómez, Teresa Proenza, Ruth y Guadalupe Rivera Marín un deseo que, al final, no fue respetado: Deben trasladarse mis restos directamente del lugar de mi deceso, sea hospital, mi domicilio u otro lugar cualquiera, al horno crematorio y de ahí a mi casa de Coyoacán y mezcladas mis cenizas a las de Frida —realizándose esto sin ninguna intervención oficial que será estrictamente evitada en todo caso y por todo medio— que quedarán a perpetuidad en esa casa, que según nuestro plan será convertida en lugar museo-memorial de Frida Kahlo.

Para someterse a tratamiento viajó a Moscú en agosto de 1955 (habría de regresar el 4 de abril de 1956); desde allí le escribe eufórico a su «querida Teresita»: Muchos pliegos necesitaría para contarle lo maravilloso y emocionado que me he sentido al ver la transformación del Moscú de hace veinticinco años al de hoy. Planeación estupenda, avenidas anchísimas con magníficas casas de vivienda y enormes edificios públicos. La Universidad gigantesca en forma y contenido. Un *Metro* que ya quisieran para un puro día de fiesta París o Nueva York; qué orden y qué cortesía en sus servicios. El pueblo, de una finura increíble, circula rápido como el torrente sanguíneo del mundo nuevo. ¡Se han objetivado nuestros mejores deseos, la nueva sociedad es una realidad!

Al margen de sanatorios y tratamientos, dio una conferencia en la Academia de Bellas Artes, hizo una exposición de ampliaciones fotográficas de su obra mural en la Embajada Mexicana en Moscú y pintó algunos cuadros con personajes típicos del invierno ruso y también de un desfile por la paz en la Plaza Roja. A su regreso, en la galería que llevaba su nombre, de la que era dueña Emma Hurtado, su esposa y representante, presentó una crónica pictórica con oleotémperas, dibujos y acuarelas con temas de la URSS, Polonia, Checoslovaquia y Alemania Democrática (países éstos que había recorrido en el viaje de vuelta), trabajos plásticos caracterizados por su objetividad, ternura y sutileza; en ellos los paisajes, tipos humanos, los climas, el aspecto físico de la multitud y de los individuos, la arquitectura de las ciudades, su disposición urbana, los oficios, todo fue relatado con elocuente simpatía.

Como empresaria, Emma Hurtado (con quien inició una relación estable en 1946 y contrajo nupcias en 1955) fue servicial, disciplinada, minuciosa, conocedora del valor monetario, artístico, histórico y humano de la mercancía que manejaba. Su acopio de obra riveriana fue muy importante, sin que la empañaran dudosas ambiciones. Entonces Rivera no había entrado todavía, como Modigliani, Juan Gris, Renoir o Cézanne, a ser materia de codicia de los especuladores que juegan con pinturas y bocetos como si fueran valores bursátiles. Con el título de *Colores en el mar, el cielo y la tierra* también se expusieron en la galería de Emma Hurtado las veinticinco puestas de sol pintadas por Rivera en la casa de Dolores Olmedo en Acapulco, dentro de una paleta semejante a la de Gauguin, paleta de colores fauvistas donde el color es violentado, irritado, contrastado. La tendencia fauvista surgió de manera evidente en los últimos diez o doce años de la vida de Rivera y le sirvió para representar el movimiento de las formas dentro de una luz encandilante. En las puestas llama la atención el hecho de que el artista pintó mirando al sol de frente, a la vez que logró un movimiento implícito; en esa serie la naturaleza se mueve. Veinte de esas obras fueron adquiridas por Dolores Olmedo, tres por el doctor Ignacio Chávez, una más por el coleccionista Licio Lagos y otra fue a dar a una colección de Nueva York. Fue la última exposición en vida de Rivera.

Al regresar Rivera le hice una amplia entrevista sobre su reencuentro con el arte de la Unión Soviética («Catorce preguntas a Rivera a su regreso de la URSS», publicada en *México en la Cultura* del periódico *Novedades* el 22 de abril de 1956). En lo esencial expresó: En 1927 había encontrado una violenta lucha interna que se verificaba en un plano superior entre artistas, todos ellos progresistas, considerados *compañeros de viaje* de la Revolución. Buenos pintores, formados en París, en Munich, Viena y Berlín, pretendían ofrecer, con la mejor disposición del mundo, su producción al proletariado, el cual naturalmente nada tenía que hacer con ella. Esto dio por resultado que ese conjunto de artistas se retrajese en una forma dolorosa, trágica y bastante cómica; parecía una comunidad religiosa exiliada dentro del mundo nuevo. Su fe se exaltaba y condenaban furiosamente al que pintara aunque fuese una chimenea de fábrica o una figura de trabajador. Consideraban que así *vendían su arte*. El antecedente partía de 1902, año en que Vassily Kandinsky, hombres de absoluta seriedad, profesor de economía en la Universidad de Moscú, pintor de nota, comenzó a hacer cuadros totalmente abstractos. Recuérdese que por entonces Picasso estaba en el neoimpresionismo y los pintores de París no sospechaban siquiera el surgimiento del cubismo y sus derivados, y menos aún el constructivismo de Kazimir Malevich y Tatlin, quienes juzgaron siempre al cubismo como un arte anecdótico. Sin embargo, hubo ya entonces algunos pintores de gran talento, como Deineka, que pintaron al ejército popular compuesto por hombres y mujeres harapientos, pero libres y heroicos. Otros artistas hubo que entendieron su papel; tal fue el caso de Dimitri Moor, autor de veinte mil carteles revolucionarios, y el caso de Maiakovski, el poeta y pintor de genio, retratista estupendo, que dibujaba y pintaba sin descanso temas de propaganda. Era absolutamente necesario hablar al pueblo, sobre todo a millones de campesinos que aún no sabían leer ni escribir. Se necesitaba educar por medio de la imagen, la cual debía ofrecer fielmente un contenido político. Como los *artistas de talento* se negaron a tomar parte, pues no entendían la grandeza de esta tarea, correspondió llevarla a cabo a otros más humildes, algunos de ellos mediocres académicos formados en un falso naturalismo y en un falso realismo; la Revolución necesitaba imágenes y los empleó. Así comenzó a desarrollarse una pintura de baja calidad estética, que desde un punto de vista ético fue de extraordinario valor para la construcción del actual mundo soviético. La mediocridad no fue culpa del pueblo ni de sus dirigentes políticos, sino de los artistas de talento que no entendieron la maravillosa ocasión histórica que tenían de ascender hasta el nivel de los grandes maestros del arte gótico, del egipcio, del mexicano prehispánico o del chino; épocas en las que las obras fueron hechas por el pueblo para el pueblo entero. Surgen luego pintores que encaran su tarea heroicamente, como Gonchalovsky y Machkow, que levantaron el estandarte del nuevo realismo, produciendo obras de muy alta calidad plástica y gran empuje de contenido. El realista Machkow no tuvo necesidad de pintar batallas; pintó la tierra y sus productos, paisajes y naturalezas muertas. Había sido un fauve con prestigio y éxito en Los Independientes de París. Acabo de ver una exposición de sus obras, desde lo realizado en Francia e Italia, hasta los cuadros que pintó pocos días antes de morir en un hospital durante la última guerra. No es posible pedir mayor calidad plástica y belleza de materia a un pintor. Por cierto que su pintura parece mexicana: es el mundo de los árboles, las montañas y los campos, los frutos y los animales muertos que hacen posible la vida del hombre. Por la fuerza de su oficio hace pensar en Vermeer de Delft o Rembrandt. Pero en cada uva que pintó, en cada trazo de carne está presente su profundo pensamiento materialista dialéctico. Por otra parte cabe señalar que desde 1927 hasta la fecha se ha producido una pintura de acuerdo con las necesidades implícitas y explícitas del pueblo soviético. Los actuales artistas soviéticos son hombres como los demás, aunque de una cultura política y general superior. Hay entre ellos quienes tienen talentos en mayor o menor grado y por eso hay pinturas soviéticas con más o menos belleza o fuerza. Supongo que en el próximo Congreso de Pintores de la URSS se precisarán con claridad las deformaciones y exageraciones debidas al culto a la personalidad, fenómeno político del que la pintura lógicamente no escapó. […] Se ataca sin piedad, con una crítica implacable, cualquier desviación, como la producida por el culto a la personalidad. A ese periodo corresponden esas pinturas que, según la revista *Time,* hicieron decir a Picasso: Cuadros fastidiosos, monótonos y llenos de generales con medallas. Creo que al hacer esta observación Picasso olvidó los numerosos generales con medallas maravillosamente pintados por nuestro común maestro, don Francisco de Goya y Lucientes. Digamos de paso que en vano se buscará monotonía en los cuadros de Sergei Gerasimov, multifacético por excelencia, cuya plástica es de un nivel extraordinario, con problemas de luz y de color resueltos con una soltura extraordinaria. Entre las quinientas obras expuestas con motivo de su jubileo como pintor, busqué con cuidado una sola acuarela, un solo croquis, una sola ilustración que no fuera de primera calidad; no los encontré.

[...] El Artista nuevo no saldrá de las escuelas de arte, ni en la URSS ni en ningún otro lado; saldrá de la convivencia directa, sin intermediario alguno, con el pueblo, y de la convivencia de pintores, escultores y arquitectos entre sí. Así lo enuncié en la URSS, en Checoslovaquia, en Polonia, en Alemania Democrática; en todas partes artistas y dirigentes estuvieron de acuerdo conmigo. Mientras el artista no aprenda del pueblo a hablar el lenguaje del pueblo, el pueblo no lo escuchará ni lo estrechará contra su corazón. La objetividad de mis observaciones se reconoció en Moscú, en Brno, Bratislava, Praga y Berlín. [...] En realidad lo que es ejemplar en nosotros, y así es reconocido en todas partes, es que el muralismo por vez primera en la historia del arte acabó con el culto a la personalidad. En todo el arte anterior, el pueblo rodeaba al héroe, era como el coro en la tragedia griega. El héroe fue el gran brujo, el gran cazador, el dios, el emperador, el santo, el cacique, el mártir, el rey, el militar, el jerarca eclesiástico, el rico, el sabio y, alguna que otra vez, el artista y el poeta. Por primera vez en la historia del arte el héroe de la pintura monumental fue la masa y el gran hombre tiene dentro de ella un papel personal, pero dialécticamente ligado a la masa. Cuando se han presentado muchos héroes juntos, esos héroes forman la masa misma; ninguno de ellos sobresale. En este terreno sí nuestra pintura mexicana es ejemplar.

En las últimas reuniones internacionales a las que concurrió Rivera se suscitaron ciertas circunstancias relacionadas con sus intereses artísticos. En el Congreso de los Pueblos por la Paz de Viena se encontró con su viejo amigo Ilya Ehrenburg, quien había visitado en Estocolmo, Suecia, la exposición de arte mexicano de todos los tiempos que, por encargo del gobierno, había organizado Fernando Gamboa. En su libro de memorias *Gente, años, vida* Ehrenburg evoca: Vi las pinturas de Rivera. Las telas de caballete tenían fuerza pictórica. Había también reproducciones de pintura mural. No llegaron a impresionarme, probablemente porque no las comprendí. […] Rivera intentó resolver una de las tareas más difíciles de nuestra época: crear la pintura mural. A lo largo de su vida se mantuvo fiel al pueblo; numerosas veces riñó e hizo las paces con los comunistas mexicanos; pero desde 1917 hasta su muerte tuvo a Lenin por maestro suyo. Acudió a Viena al Congreso de los partidarios de la paz; era 1952. Le dije que en la exposición mexicana me habían gustado los cuadros de Tamayo. Diego se molestó y me tachó de formalista; en vez de un encuentro de amigos al cabo de treinta años de estar separados, tuvimos una fastidiosa discusión sobre la pintura de caballete y la pintura mural. Luego vino a Moscú a curarse [se refiere al tratamiento por cáncer durante 1955-1956], y me visitó. Nos pasamos la noche recordando el pasado, hablando como hablan las personas cuando las maletas están ya preparadas y hay que sentarse unos momentos antes de emprender el viaje. Todo cuanto había en él de infantil, de franco y cordial, todo cuanto en otro tiempo me había conmovido se hizo presente en esta última velada. […] Era una de esas personas que no entran en una habitación, sino que la llenan de golpe. Nuestra época ha constreñido a muchos, pero él no cedió jamás, y, ante él, fue la época la que tuvo que constreñirse.[80]

Su negación de Tamayo la corrigió Rivera pocos días antes de su fallecimiento. Cuando sintió que su vida se acortaba rápidamente, al único pintor al que citó para despedirse fue Rufino Tamayo. Pero antes de eso Rivera ya había hecho público su radical cambio de opinión en torno a la pintura de Tamayo. Resulta que en octubre de 1956 llegó a México Jean Cassou, entonces conservador en jefe del Museo de Arte Moderno de París, trayendo una exposición que, por encargo del gobierno francés, había preparado especialmente, la cual se presentó en el Palacio de Bellas Artes. Rivera llegó a visitarla ansioso por constatar cómo se había compuesto esa muestra de Arte Francés Contemporáneo. Le solicité su opinión y con arrestos taurófilos exclamó: ¡Después del Guerra, «naiden»! Y el Guerra decía: después de «naiden», Fuentes. Para mí el Guerra es Pablo Picasso, y después de «naiden», quién sabe. Si Tamayo fuese francés, diría Tamayo. He reafirmado últimamente mi opinión sobre el alto valor del arte de Tamayo; el público de México podrá cotejar la obra de este pintor con la de sus colegas de París, observando sin prejuicio de qué lado se inclina la balanza, y beber una copa a la salud del mexicano.

Otra reunión internacional a la que asistió Rivera fue el Congreso Continental de la Cultura, celebrado en Santiago de Chile en mayo de 1953. Un año antes, en 1952, cuando el presidente Víctor Paz Estenssoro llegó al poder respaldado por el Movimiento Nacionalista Revolucionario y nacionaliza el estaño e impulsa la reforma agraria, Rivera envió un mensaje «al pueblo trabajador de Bolivia»: Tengo la satisfacción de felicitar al pueblo trabajador de Bolivia y a sus aliados, los intelectuales progresistas y demás elementos democráticos ahora en el poder, que en su movilización ha dado un trascendental y decisivo impulso hacia la reconquista de las minas de estaño que pertenecen de derecho al pueblo de Bolivia y habían sido usurpadas por el capitalismo imperialista internacional. [...] Solamente la presión continua y la vigilancia de la masa trabajadora boliviana logrará como una conquista definitiva la recuperación de la riqueza nacional por medio de la expropiación de los expropiadores, sólo su fuerza coherente y creciente logrará el mantenimiento de tal conquista, así como la realización de la urgente reforma agraria, victorias que sólo pueden ser posibles bajo la dirección de la clase obrera revolucionaria organizada. Seguramente tal mensaje fue el origen de la invitación que Paz Estenssoro le cursó a Rivera a través del embajador boliviano en Santiago de Chile, aduciendo el interés del Presidente por que el mexicano conociera las pinturas murales de Miguel Alandia Pantoja en el cubo de la escalera monumental del Palacio de Gobierno. Venciendo reticencias originadas en su salud precaria, en la entonces extrema gravedad de su esposa Frida Kahlo, y en cierta desconfianza que sentía hacia el mandatario invitante por recientes cambios en su posición antiimperialista, Rivera llegó a La Paz, donde se encontró con la desconcertante y hasta ofensiva sorpresa de que el anfitrión, Paz Estenssoro, se negó a recibirlo. Incluso cuando Rivera llegó al Palacio de Gobierno para observar las pinturas de Alandia Pantoja, el Presidente mandó clausurar todos los accesos a su despacho, donde se encontraba en esos momentos. La primera intención de Rivera fue abandonar desde luego Bolivia, pero Alandia Pantoja y otros artistas le pidieron que antes de salir se reuniera con grupos de intelectuales y obreros para apreciar la situación, por cierto muy crítica en aquellos momentos en que el gobierno de la revolución, ya claudicante, se negaba a recibir la ayuda técnica y financiera que le ofrecía en los mejores términos el gobierno de Checoslovaquia.

De los encuentros tenidos por Rivera hay que recordar la conferencia sobre el congreso al que acababa de asistir, ofrecida el 20 de mayo de 1953 en la Universidad Mayor de San Andrés, al término de la cual fue nombrado Miembro Honorario de la Sociedad Boliviana de Sociología, cuyo presidente, el doctor José

Antonio Arce, al presentarlo afirmó: Rivera es el expresador más elocuente del alma indígena de nuestro hemisferio a través de su obra pictórica; es, además, uno de los actores de la revolución agraria de su país y uno de los soldados en las filas de los combatientes proletarios de nuestra época, y es por tales razones que la Sociedad Boliviana de Sociología, que me honro en presidir, ha decidido otorgarle el título de Miembro de Honor, el primero que nuestra institución confiere a un extranjero, en mérito de su eminente personalidad. En el momento de la entrega del diploma agregó que al «egregio americano» se le admiraba por «el significado hondamente sociológico de vuestro arte, tan próximo a esta Bolivia con numerosos indios y mestizos que luchan por su emancipación económica y cultural».

Fue gracias a Alandia Pantoja (combatiente y militante político además de pintor) que se reunieron con Rivera en el Hotel Sucre de La Paz representantes de la dividida izquierda boliviana, quienes no pudieron ni pretendieron disimular la hostilidad que existía entre ellos. Después de recibir múltiples explicaciones y discutir durante varias horas, Rivera les dijo algo que a muchos de los presentes debe haber sorprendido: Compañeros, Trotsky está muerto, Stalin acaba de morir, y lo que está vivo y hay que impedir que muera es este movimiento revolucionario del que ustedes, unidos, deben ser defensores y vanguardia, porque Paz Estenssoro aprovechará su debilidad para traicionar las esperanzas de los mineros y de los campesinos.

Rivera deseaba visitar un centro minero, y fue tal su insistencia que, al fin, lo metieron en un autocarril que corrió con vía libre desde La Paz, de donde partió temprano, hasta Catavi, donde llegó de noche. Lo sacaron del autocarril, lo metieron a un coche de lujo y lo llevaron a una residencia increíblemente suntuosa, en la que habitaba, con lujos dignos de la Quinta Avenida, un ingeniero norteamericano a quien la revolución no había quitado de su cargo de jefe general de la más grande y trágicamente explotada mina de estaño del mundo. Bebidas refinadas, manjares exquisitos, sirvientes de chaqué y guantes blancos, un anfitrión zalamero, una dueña de casa algo mundana y una hija adolescente con desplantes de «Lolita» no hicieron olvidar a Rivera su propósito de entrevistarse con los mineros de Catavi. Pretextos absurdos comenzaron a rodar durante los aperitivos y llegaron a los postres: que había una reunión sindical que no se podía interrumpir porque los ánimos estaban exaltados; que los dirigentes mineros habían ido a La Paz a conversar con su líder; que al término de la asamblea la mayoría se había retirado a sus hogares y ya estaba durmiendo... Sumamente molesto, Rivera llamó aparte al subjefe de Catavi, un señorito boliviano obviamente más dispuesto a entenderse con el ingeniero estadounidense que ayudar a sus connacionales, los mineros desnutridos y superexplotados. Antes de media hora, en un pequeño despacho de la elegante mansión, Rivera se vio rodeado de un grupo de «dirigentes» prefabricados por el jefe y su segundo. La voz la llevaba un maestro de escuela que hizo torpes esfuerzos por convencer a Rivera de la imposibilidad de asegurar la nacionalización de las minas con medidas más profundas, consecuentes y radicalmente antiimperialistas. Con plena conciencia del sitio y de la situación, Rivera trató de que esos trabajadores, a pesar de su oportunismo, percibieran la diferencia entre una revolución que avanza y una revolución traicionada. Trató de despertar su sentido de clase y les dijo que eran ellos, los trabajadores y los maestros de Catavi, quienes debían explicarle las causas que habían llevado a Paz Estenssoro a invitarlo primero y negarse a recibirlo después. Tras de aquella dramática conversación y de una protocolaria despedida, Rivera fue colocado en el lujoso coche primero, luego en el autocarril, y obligado a atravesar el helado desierto de Catavi en la madrugada. Ni el encuentro posterior con los ciclópeos vestigios de Tiahuanaco y el espléndido lago Titicaca, ni el descubrimiento del arte antiguo y colonial boliviano de caracteres tan singulares, ni el observar a ese pueblo indio despertando a la lucha por sus derechos atenuaron la desesperanza de Rivera. Él supo en mayo de 1953, en el transcurso del único viaje que en toda su vida hizo a Sudamérica, que la revolución boliviana había sido traicionada. Lo que no pudo intuir fue que en junio de 1965 la Junta Militar encabezada por René Barrientos Ortuño y Alfredo Ovando Candia mandaría destruir los murales de Miguel Alandia Pantoja, no sólo los que Rivera había conocido y que decoraban con sentido heroico y hondamente popular el Palacio de Gobierno de La Paz, sino también los que en el Ministerio de Relaciones Exteriores y en algunos sindicatos exaltaban los factores revolucionarios y la voluntad de autodeterminación nacional que caracterizaron el movimiento iniciado en Bolivia el 9 de abril de 1952.

En las conferencias dictadas por Rivera a su regreso, no perdía oportunidad para referirse con el más vivo entusiasmo a la obra pictórica de Miguel Alandia Pantoja, de la que fue propagandista convencido y entusiasta. Le había impresionado profundamente comprobar cómo un artista del altiplano, que jamás había estado en México, era capaz de realizar una síntesis de las conquistas compositivas y estilísticas propias del movimiento mexicano en las artes plásticas. Dijo entonces: Este artista ha sabido tomar de Orozco, de Siqueiros y de mí lo mejor; su obra es un claro ejemplo de que nuestro movimiento ha trascendido hasta convertirse en el instrumento de expresión de los creadores que producen junto a su pueblo.

En 1957 Pantoja llegó a México y Rivera escribió una carta de presentación dirigida al entonces jefe del Departamento de Artes Plásticas del Instituto Nacional de Bellas Artes, Víctor M. Reyes, que decía: Quiero presentarle por medio de ésta al pintor boliviano Alandia Pantoja. Cuando viajé a su país, un mural muy importante de él en la Casa de Gobierno me entusiasmó por su calidad plástica y su contenido progresista. Y me emocionó fuertemente porque era una afirmación de que existe ya un movimiento de arte colectivista monumental en nuestro continente, conectado con el nuestro, fuente de él, pero llegando a expresiones nacionales y personales autónomas dentro de la unidad continental, tal como la pintura de Alandia Pantoja, que arranca desde la raíz de la maravillosa tradición prehispánica de su país, viva hasta hoy al través del arte colonial, en donde el genio indígena se sobrepuso al alarife español, y el arte popular vivo hasta hoy.

Las pinturas de Pantoja encerraban un grito de desesperación. Sus formas, como las de Orozco, buscaban su elocuencia en lo monstruoso, monstruosidad creada por la imaginación de los mineros y los campesinos de su país, para quienes el «diablo» es el protector, el que ronda, el que ahuyenta la desgracia, el que trae la alegría con cantos y danzas, el que anuncia, el que relaciona. El antiquísimo pueblo boliviano, vieja víctima de la miseria, no podía concebir una imagen benéfica como patrona de sus desgracias, de ahí que cada minero y cada campesino tenga su «diablo». Y ese diablo popular, transfigurado en símbolo de rebeldía consciente, revolucionaria, es el que aparecía como elemento constante en los muros pintados por Alandia Pantoja, que fueron hechos para rendir homenaje a las luchas obreras por la nacionalización de las minas, por la reforma agraria y por la independencia económica.

El último cargo de carácter social detentado por Diego Rivera fue el de presidente del Instituto de Intercambio Cultural México-Ruso.

Diego Rivera
Testimonio gráfico

A los cuatro años de edad en Guanajuato.

Autorretrato de Rivera
a los diez años de edad,
lápiz, 1947.

Dibujo a lápiz
en la Escuela Nacional
de Bellas Artes, 1900.

Diego Rivera en la Escuela Nacional de Bellas Artes, 1906, con sus compañeros Aniceto Castellanos, Francisco de la Torre, Gonzalo Argüelles Bringas y
Alberto Garduño.

Rivera fotografiado por Angelina Beloff, 1909.

Autorretrato, óleo, 1907.

Cazahuatl (paisaje cerca de Taxco), óleo/tela, 1937.

El guerrillero (Paisaje zapatista), óleo/tela, 1915.

La Creación. Anfiteatro Bolívar, Escuela Nacional Preparatoria, encáustica, 1922.

Diego y Frida el día de su boda, 21 de agosto de 1929.

En Palacio Nacional con Alberto J. Pani, Narcizo Bassols, Dr. Atl y el presidente
Emilio Portes Gil, Palacio Nacional, abril de 1929.

Con Josephine Baker en la inauguración de su exposición retrospectiva,
Palacio de Bellas Artes, 1949.

El arsenal o *Reparto de armas* (detalle del *Corrido de la Revolución*),
Secretaría de Educación Pública. Fresco, 1928.

Con César Moro, Frida Kahlo, Jacqueline y André Bretón, Guadalupe Marín
y Lola Álvarez Bravo, 1938.

Con León Trotsky, Natalia Sedova y Frida Kahlo, 1937.

Detalle de *México de hoy y del mañana*. Palacio Nacional, muro sur de la escalera, fresco, 1935. Aparecen retratadas Frida y Cristina Kahlo, y los hijos de ésta: Isolda y Antonio Pinedo.

La fragua, tinta/papel, 1930.

Fondos congelados, fresco, 1931.

Diego Rivera con una modelo en su estudio de San Ángel Inn, 1952.

Diego observa a Frida pintando, 1940. Foto de Bernard Silberstein.

Retrato de Pita Amor,
temple/tela,
agosto 22, 1949.

Con María Félix en el Variety Club, mayo de 1949.

Retrato de Romana Hilda Espinosa, «mi dueña y amor», 1954, temple/tela.

La muchacha de la paz, detalle del mural *El pueblo en demanda de salud*,
Hospital de la Raza. Fresco, 1953-1954.

Detalle de la *Medicina prehispánica* en el *Pueblo en demanda de salud*. Fresco, 1953-1954.

Con David Alfaro Siqueiros y Emma Hurtado en Moscú, 1955.

Diego Rivera en 1954. Fotografía de Ricardo Salazar.

Diego junto al féretro de Frida en el Palacio de Bellas Artes.
A su derecha, el general Lázaro Cárdenas y Andrés Iduarte.

El féretro de Rivera al llegar el 26 de noviembre de 1957 al Cementerio Civil
de Dolores en la Ciudad de México.

Sustento teórico del muralismo riveriano

Aquí se recomponen con sus propias palabras las ideas que sobre el muralismo mexicano en general sostuvo Diego Rivera a lo largo de casi cuatro décadas:

El auge de la pintura mexicana está innegablemente ligado a la pintura mural, no porque la pintura mural no se hubiera ejercido durante todo el siglo XIX en México y que en todas las partes de Europa no se llenaron cientos de kilómetros cuadrados de paredes de edificios públicos y privados; pero, por primera vez en México, los pintores estética y políticamente revolucionarios tuvieron acceso a los muros de edificios públicos, y por primera vez en la historia de la pintura del mundo entero se llevó a esos muros la epopeya del pueblo, no alrededor de héroes mitológicos o políticos, sino por las masas en acción. A eso, precisamente, se debió la sensación producida por la pintura mexicana en el mundo entero, hecho al que acompañó la definición de un estilo plástico nuevo con conexiones dialécticas anteriores y contemporáneas (como todo el arte humano); la pintura mexicana mural descubrió desde 1921-1922 e inventó el modo de ligar el pasado histórico americano con el presente del mundo, no sólo por los asuntos de sus pinturas, sino también por la calidad plástica de ella. Por eso tal pintura, haciéndose profundamente mexicana se hizo al mismo tiempo universal. No existe obra de arte sin contenido ideológico, niéguelo o no quien la haga, la mire o la oiga. El contenido ideológico es la sangre misma de toda obra de arte. Un contenido ideológico, por bueno que sea, no salva a un mamarracho.

La pintura mural mexicana proviene precisamente del contacto directo de los pintores con el pueblo, más bien dicho, de que los pintores —todos los que la han hecho— eran parte personal de ese pueblo y actores directos en su acción revolucionaria; aunque algunos no hubieran tomado parte con las armas en la mano, vivieron el tiempo de la revolución, y la reacción directa de esa vida suya constituyó la médula de su pintura. El camino de la pintura mural mexicana no lo trazó la Revolución de 1910; el origen de su ruta se remonta a más de veinte siglos atrás; la modalidad de 1921 a acá fue determinada por la lucha popular, por la Revolución agraria-democrático-burguesa iniciada en 1910. El muralismo mexicano no ha dado en sus formas ninguna aportación nueva a la plástica universal. Lo que caracteriza su aporte es que su héroe es la masa obrera, campesina y sus aliados en la lucha de clases. Pero por primera vez en la historia del arte de la pintura monumental, es decir, el muralismo mexicano, cesó de emplear como héroes centrales de ella a los dioses, los reyes, jefes de Estado, generales heroicos, los santos, los ángeles, los arcángeles, los emperadores y los grandes capitanes; por primera vez en la historia del arte la pintura mural mexicana hizo héroe del arte monumental a la masa, es decir, al hombre del campo, de las fábricas y las ciudades, al pueblo. Antes la masa del pueblo aparecía como el coro en las tragedias griegas, siempre como fondo de alguna hazaña individual. Cuando entre el pueblo aparece el héroe es como parte de él y su resultado claro y directo. También por primera vez en la historia, la pintura mural ensayó plastificar en una sola composición homogénea y dialéctica la trayectoria en el tiempo de todo un pueblo, desde el pasado semimítico hasta el futuro científicamente previsible y real; únicamente es lo que le ha dado un valor de primera categoría.

El contacto directo del artista con el pueblo producirá necesariamente un intercambio activo entre ambos. Para el resultado positivo de este intercambio se requieren dos circunstancias necesarias en toda su integridad: la más absoluta libertad de apreciación y crítica por parte del pueblo, y la más absoluta decisión del artista para llegar a construir un lenguaje que sea el lenguaje del pueblo. Para ello el artista tiene el pleno derecho, y éste debe ser respetado sin reservas ni restricciones, de la más absoluta liberad de forma en su expresión. Si un mensaje a las masas es correcto, beneficiará a éstas en mayor escala que el mal que con la pintura pudiera causar la demagogia; la furia contra esta pintura, manifestada muchas veces por la burguesía y el gobierno, prueban que esta posición es razonable.

Nosotros no pudimos escapar al peso de la tradición histórica en la pintura mural de México; esa tradición, en el México prehispánico, había sido de carácter dominante religioso y lo fue aún más durante el periodo colonial. No perdió este carácter, salvo en las admirables pinturas populares hechas en los muros de tabernas y figones; así es que, durante el primer periodo de nuestra pintura mural, nuestro trabajo sufrió evidentemente una fuerte impronta del carácter religioso de la tradición muralista mexicana; ninguno de nosotros escapó a este fenómeno en los albores de nuestro movimiento y no fue sino hasta 1922-1923 cuando hicimos un esfuerzo de clarificación de nuestro concepto político para el contenido y la forma de nuestra pintura. No sólo la orientación del contenido sino también la forma cambió en nuestro trabajo, de manera que se puede asegurar concretamente que somos un producto a la par del carácter de la cultura nacional de México y su Revolución agraria-democrático-burguesa, de la Revolución proletaria triunfante en 1917 en Rusia y que levantó el magnífico principio del futuro humano.

Como era natural, el muralismo mexicano hubo de construirse

una técnica y este proceso ha sido tan largo como los años que ha llevado de vigencia el movimiento. Ha habido diferenciación y discusión entre los artistas, ensayos de técnicas tradicionales y adaptación de las mismas, ensayos de materiales relativamente nuevos provenientes de la industria. Estos ensayos han dado resultados a veces positivos, a veces negativos, pero es indudable que han contribuido a mantener vivo el movimiento en su aspecto técnico y experimental y han aportado experiencias útiles del arte universal. Por otra parte, el movimiento ha luchado siempre por llegar a una forma realista adecuada a sus propósitos y ésta ha sido la parte más difícil de nuestro trabajo, ya que éste ha debido realizarse en un país que, además de su retraso en el desarrollo industrial —circunstancia agravada por la vecindad con el imperialismo más agresivo y fuerte de la Tierra—, ha hecho más difícil nuestra labor, amenazada siempre por la contaminación del falso arte de la burguesía decadente y de toda clase de agentes de los intereses que se sirven de él. El desarrollo de las artes plásticas mexicanas, y de cualquier otro lugar, es resultado del estado social y lo refleja como un espejo; mientras más se agrave la entrega de la economía y la política de México al capitalismo imperialista extranjero, más perderán de sus raíces nacionales y en consecuencia de valor universal de sus artes plásticas, fundiéndose finalmente dentro de la producción anodina, insignificante, semicolonial y cursi típica de los países sumergidos en la imitación.

Desde 1911 había orientado mi trabajo hacia la idea de poder pintar alguna vez grandes frescos. Desde 1912 me empeñaba en la técnica de la encáustica (el procedimiento antiguo de la pintura mural) siempre con miras a mi trabajo futuro. También había pintado algunos cuadros grandes con esta técnica de cera y con el carácter de la pintura monumental. En 1918 empecé a hacer toda clase de intentos para conocer el método de la pintura al fresco. En noviembre de 1920 viajé a Italia para estudiar la obra de los viejos maestros de la pintura al fresco, especialmente la de Giotto y sus antecesores que habían realizado un trabajo colectivo con fines sociales. Después de haber recorrido la península durante cuatro meses hasta Sicilia regresé a París con 325 dibujos. Era el material sobre el cual quería basar mis experimentos mexicanos.

La pintura al fresco es, por sus elementos, no sólo una parte del edificio, y por sus características no sólo está unida a una multitud de espectadores y de ese modo se incorpora a la vida pública, sino que también por sus principales atributos de carácter estético es el mejor modo de expresión pictórica de la colectividad. Como su lugar es la pared grande, tiene que ser en sí mima una construcción de volumen y color, dispuesta a apoyar y realizar la arquitectura y la función social del edificio en el que se encuentra. Es decir, que está a la altura de su función de enseñar a las masas a organizarse, a través de su constitución, su estructura, su estilo y su tema de tal modo que en el edificio debe vivir el «mundo». La realización de los frescos deberá de ser la resultante de las fuerzas que se ponen en movimiento por un lado, el tema de la pintura, y por el otro, por la arquitectura del edificio.

Tuve necesidad de trabajar noche y día para poder llegar al punto en el cual yo pudiera con toda honradez llamarme un trabajador. Solamente entonces alcancé el derecho de hacer que mi obra sirviera los intereses de mi clase con toda la felicidad y el ardor que se puede lograr cuando uno defiende no nada más lo de uno mismo, sino que lo de uno multiplicado por un número igual al número de camaradas de uno, de los trabajadores como una masa. Mi única justificación la encuentro pintando. He cuestionado profundamente mi alma para ver si tenía las cualidades necesarias para ensayar ese tipo de expresión artística como prueba de mis convicciones, y encontré que en lugar de poseer una cierta cantidad de residuos de mis hábitos y puntos de vista anteriores, había yo logrado la fuerza necesaria para ser un trabajador entre otros trabajadores.[81]

Algunos ejemplos del muralismo riveriano

LA CREACIÓN. Anfiteatro Bolívar de la Antigua Escuela Nacional Preparatoria, Justo Sierra 16, Ciudad de México. Encáustica, 109.64 m², 1922, inaugurado el 9 de marzo de 1923.

El acuerdo de Diego Rivera con la Secretaría de Educación Pública fue para pintar una decoración más amplia, la cual iba a tener como asunto la historia de la filosofía; asunto que se desarrollaría en el siguiente orden: en el nicho de órgano, el Pitagorismo; en el muro que lo rodea en el fondo del escenario, el Humanismo, y a partir de ahí, en los diferentes muros y en orden cronológico, las demás modalidades filosóficas hasta culminar en el vestíbulo con el Materialismo Dialéctico representativo de la realidad contemporánea. Sólo se pintó el fondo del Anfiteatro, pues el secretario de Educación, José Vasconcelos, dispuso que se pintaran luego los muros del edificio de la Secretaría acabado de construir. Rivera estuvo de acuerdo, pues le interesaba mucho más como función social y posibilidades estéticas la nueva propuesta. El plan inicial para el Anfiteatro quedó olvidado.

Para la ejecución el proceso fue el siguiente: una vez establecida la composición y dibujadas sus partes sobre el aplanado seco de cemento en los muros, se hizo una incisión a cincel afirmando los contornos. En seguida se preparó el muro con una capa de copal puesta a fuego, calentando la superficie con el soplete y frotando sobre ella en caliente los tejos de copal. Se pintó sobre esta preparación usando los pigmentos molidos con una emulsión de volúmenes iguales de cera disuelta al baño de María en esencia de espliego a calidad pastosa y mezclada a igual volumen y densidad semejante de resina de Elemi, igualmente disuelta en esencia de espliego y copal, disuelto en petróleo esencial a 50% una y otra resinas. Los colores se pusieron sobre una paleta de lámina de hierro que se mantenía caliente por medio del soplete encendido continuamente durante el trabajo. Se laboraba sobre el muro con pincel e inmediatamente se cauterizaba con la flama del soplete. Usando este procedimiento se llegaba al acabado con el empleo del fuego sin retoques en frío. Para realizar retoques, cuando éstos eran indispensables, se usaban estiques metálicos calientes, pero fueron muy poco empleados en todo el desarrollo del trabajo. Afirmaba Rivera que en *La Creación* se restauró por primera vez, desde la época grecorromana, la verdadera pintura a la encáustica.

El jefe de ayudantes fue Xavier Guerrero y, en diferentes periodos del trabajo, colaboraron Amado de la Cueva, Carlos Mérida, Fermín Revueltas, Fernando Leal, Jean Charlot, Ramón Alva de la Canal y Emilio García Cahero. Los cinco últimos se separaron a medida que Vicente Lombardo Toledano, entonces joven director de la Preparatoria, les fue asignando paredes para una producción individual.

En su composición, ejecución y aun en su sentido, esta obra revela influencias ítalo-bizantinas, aunque Rivera buscó darle a cada figura cierto carácter mexicano. Sobre el muro central, en la mitad de arriba y en el lugar de la clave del arco que limita el muro en su parte superior, aparece un semicírculo de azul profundo contorneado por el arco iris; en su centro la *Luz Una,* de la que parten tres rayos: uno directamente hacia abajo, vertical, dos hacia los lados, rayos que fuera del arco iris se objetivan en tres manos que señalan hacia la tierra con el anular y el índice, manteniendo plegados los otros dedos —gesto que significa padre-madre—; entre los rayos quedan constelaciones, la una a la derecha, en disposición de pentagrama, la otra a la izquierda, en disposición de exagrama; sobre la línea de la tierra de la pintura del lado derecho, un desnudo sentado en el suelo de espaldas al espectador, *El Hombre,* vuelto su rostro hacia un grupo de figuras femeninas, con quienes está en coloquio. En disposición ascendente: abajo, a la izquierda, y en actitud de explicar, *El Conocimiento,* con túnica ocre, manto azul con aplicaciones de oro, carnes de tinte verdoso; enfrente, con manto añil, cofia cobalto, diadema de oro, rostro sutil moreno moderado, poniendo su palabra necesaria en la explicación: *La Fábula;* arriba, figura de obrera india, enagua carmesí, rebozo rojo tierra, con las manos en reposo sobre los muslos: *La Tradición;* a su izquierda, ojos verde acuoso, cutis blanco rojizo, cabellos de oro apenas sombreado, manto ocre oscuro, túnica verde gris sombría, las manos escondidas, está *La Poesía Erótica;* en la cúspide del grupo, cubriéndose el rostro con máscara de color: *La Tragedia.*

En orden inmediatamente superior y dispuestas en amplia curva que sigue la catenaria, cuyos apoyos invisibles están en la intersección de los muros laterales y el techo del salón, cuatro figuras de pie, yendo del lado al centro en este orden: *La Prudencia,* túnica y manto verde azul claro, dialoga con *La Justicia,* vestidura blanca, cutis sombrío, tipo indio puro; ojos claros, mirando a lo lejos, las manos una encima de otra, sobre el borde del escudo y tendiendo ancho puñal de combate está *La Fortaleza,* su escudo es rojo carmín, bordado de bermellón, en el centro un sol de oro; cierra el grupo *La Continencia,* túnica gris verdoso, rostro velado, cabeza y manos bajo el manto violáceo suave. Más alto todavía, tocando casi con la cabeza el arco, sentada sobre nubes y cerca del símbolo central, una figura de tipo ario, la cabeza y la mirada inclinadas hacia las figuras de abajo, la mano en gesto posesivo y persuasivo, túnica amarilla, manto verde amarillos, es *La Ciencia,* que liga al centro las jerarquías del panel derecho.

A la izquierda, y buscando la simetría y el equilibrio con elementos equivalentes en peso y contrarios por color, sobre la línea de tierra, *La Mujer,* desnudo sedente, con modelado recio de senos, brazos y piernas, pelo negro que cae risado, rostro de perfil mirando hacia el centro luminoso superior; a su derecha y paralela al borde del panel, los brazos levantados, la túnica blanca con pliegues que sugieren una envolvente, lenta intención que acompaña el movimiento del cabello en oro: *La danza,* frente chica, grandes ojos oscuros, boca carnosa, pómulos fuertes, piel blanca, criolla de Michoacán; junto al borde izquierdo, cabellos negros rizados como extremos de ramas de vid, carne ocre amarillo, tipo faunesco, vestida con una piel, sopla *La Música* en doble flauta y, sentada a su lado, *La Canción,* criolla jalisciense, alta de talle, trigueña, ojos claros de mirada perdida, con rebozo rojo ladrillo, enagua violáceo oscuro, sobre el regazo sus manos, entre las que están tres manzanas nespérides; encima, de pie, coronando el grupo y cargada hacia la izquierda con enaguas azules, ceñidor carmesí, camisa blanca bordada de rojo, rebozo café rojizo, collar de guajes bermellón y aretes del mismo color, peinada de dos trenzas, manos menudas, sonríe *La Comedia,* del más afinado tipo criollo del centro de la mesa central. En la jerarquía inmediata superior y en disposición análoga a la del lado opuesto, las tres virtudes teologales, del borde al centro: *La Caridad,* vestida sólo de sus cabellos rojizos, ceñida de silicio, la carnación verdosa, la palma de la mano derecha abierta y la izquierda sobre sus senos en gesto de amamantamiento; junto a ella *La Esperanza,* túnica verde esmeralda, manto en pliegues tubulares amarillo verde, juntas sobre el pecho las manos, y tiene el rostro levantado, de perfil mira directamente a *La Unidad,* central, su cabello rubio en trenzas, tipo castellano, azulado; *La Fe,* india purísima de las serranías que cierran el Valle de México del lado sur; sus manos enclavijadas sobre el pecho en actitud de orar, sus ojos cerrados, tiene la cabeza derecha y verti-

cal, a lo largo de su cuerpo cae el rebozo. En equivalente colocación a *La Ciencia,* de este lado une el agrupamiento al foco central
de la composición: *La Sapiencia,* túnica azul cobalto, manto amarillo claro, figura recia de india suriana, mira hacia abajo y muestra, hechos de sus manos, el gesto que significa *Macrocosmos* y
Microcosmos e *Infinito.*

Dentro de la bovedilla que se escava en medio del muro, des-
tinada a contener el órgano, bajo la mano que manda vertical-
mente, se levanta de la tierra *El Árbol* del que emerge, viéndose
hasta abajo su pecho, los brazos abiertos en cruz, en movimiento
que corresponde a las principales directrices de la composición,
una figura de tamaño mayor que todas las otras, siguiendo con su
actitud la intención de la bóveda y realizando escorzos en relación
con la agrupación general de los diferentes puntos de vista: es *El
Pantógrata.* Adaptándose a la arquitectura de la manera más íntima
y orgánica posible, se aprovechó la bovedilla y muros del nicho
para pintar en ellos la *Célula* original, conteniendo vegetales y animales en torno al *árbol de la vida,* entre cuyo follaje están *el toro, el
querub, el león* y *el águila* —signos del Verbo, principio de todo—
y de cuya cúspide emerge el hombre, entidad anterior al masculi-
no y al femenino.

La abundancia de ornamentación en la arquitectura que encua-
dra las superficies pintables, y el promedio de la disminución perspectiva, dadas las distancias entre el muro del fondo de la escena y
las primeras y últimas filas de asientos para los espectadores —puntos de vista obligados y fijos— impuso la talla de los personajes y
la simplicidad de su estilo.[82]

Pintor erudito, Rivera trabajó *La Creación* dentro de una estricta plástica simbolista, expresando sus ideas por medio de signos.
Sus alegorías son de ascendencia arcaica. Si para las diversas metá-
foras utilizó como modelos a conocidas y reconocibles mujeres
(Lupe Marín, Carmen Mondragón, Lupe Rivas Cacho, Amalia

Castillo Ledón, entre otras) no fue debido a que cada una de ellas sintetizara en su temperamento tales o cuales facultades. Esas mujeres no están retratadas, tan sólo prestaron sus rostros para una poesía pictórica pseudomítica, en la cual estaba considerada también una exaltación de los tipos físicos de la mexicana autóctona, la mestiza o la criolla de pura ascendencia europea.

En *La Creación* pretendió Rivera interpretar la teoría de Vasconcelos sobre una nueva raza en América, capaz de alcanzar una existencia superior gracias al conocimiento y la actividad estética. Por esa *Creación,* plagada de alusiones esotéricas, parecía que Rivera había descartado «identificarse con las aspiraciones de las masas», tal como lo había proclamado desde su regreso de Europa, pero no tardaría en rectificarlo en los siguientes murales.

FASES DE LA VIDA MEXICANA o *LA VIDA SOCIAL DE MÉXICO.* Secretaría de Educación Pública, calle de Argentina 22, Ciudad de México. Fresco tradicional, 1585.14 m². Del total Rivera pintó 116 tableros distribuidos en los corredores de los tres niveles que circundan los dos patios, más el cilindro de una escalera lateral en su totalidad.

Señalaba Rivera: Me vi forzado a servirme de cualquier muro, todos ellos por lo general viejos y estropeados por el salitre, en edificios con estilos arquitectónicos deplorables. Otras veces eran paredes de edificios recién construidos de gusto y estilo atroz, y lo que es peor, aprovechando materiales sacados de demoliciones de estructuras viejas ya contaminadas por la lepra del salitre, como fue el caso de la Secretaría de Educación Pública. En la SEP Rivera ensayó al principio un procedimiento usado por Xavier Guerrero, quien aseguraba era tradición mexicana. El repellado se hacía con un tercio de cemento y dos tercios de cal mezclados con arena e igual para el aplanado fino. Para pintar se extendía sobre este aplanado, rápidamente y muy sobre fresco, una capa de lechada de cal muy remolida y bien apagada, a la que se mezclaba baba de nopal. Para pintar se empleaba también la baba de nopal. El fresco así pintado era después bruñido a cuchara y al bruñidor. Debido a ciertos inconvenientes que presentaba este procedimiento, como la falta de brillantez en los colores, Rivera volvió al fresco tradicional, del que fue eliminando la arena para sustituirla con polvo y grano de mármol, usando cemento blanco para el primer repellado y sólo cal y polvo de mármol para las capas finales.

El trabajo le fue comisionado a Rivera por Vasconcelos en junio de 1922. Entonces decidió recorrer las diferentes regiones del país para poder reproducir las expresiones más auténticas. Quería que sus pinturas reflejaran la vida social de México. Comenzó los trabajos en marzo de 1923. Siendo el ancho de los corredores insuficiente para ofrecer puntos de vista para una pintura de escala medianamente monumental, tuvo que componer teniendo en cuenta el conjunto, partiendo de las diagonales de los patios. Los temas que integraban una cosmografía del México moderno quedaron distribuidos en tres espacios: Patio del trabajo, Patio de las fiestas y el cilindro de la escalera en el lado sur. En la planta baja del Patio del trabajo se ubicaron las actividades industriales y agrícolas; en el primer piso las actividades científicas y las artísticas: música, poesía, épica popular y teatro. En la planta baja del Patio de las fiestas los grandes festejos populares de las masas; en el primer piso aquellas fiestas en las que predomina la actividad intelectual. En todo el segundo piso el Corrido de la Revolución, integrado por 26 tableros y terminado en 1928. Comienza con *El reparto de armas* y culmina con *Toda la riqueza del mundo proviene de la tierra*. Para desarrollar algunos de los treinta y tres tramos de muro del Patio de las fiestas, Rivera invitó a Jean Charlot, Amado de la Cueva y Xavier Guerrero, quienes en ocho meses sólo pintaron cinco tramos y dos sobrepuertas, pues, como afirmó Rivera, «a pesar de toda su buena voluntad, talento y esfuerzo, no lograron mantenerse dentro de la homogeneidad». Esto no fue sólo culpa de ellos sino también porque Vasconcelos los requería constantemente para que en el entresuelo pintaran la heráldica más o menos fantasiosa de las entidades federativas del país. De los cinco paneles Rivera decidió conservar cuatro: *Lavanderas* y *Cargadores*, de Jean Charlot, y *El torito* y *Los Santiagos*, de Amado de la Cueva.

Las condiciones eran duras, tal como lo señaló Diego: Somos trabajadores, pero no mercenarios, trabajamos de diez a dieciséis horas al día, con el privilegio de poder trabajar los domingos ¡si así lo queremos!, por un sueldo que equivale más o menos a cuatro pesos el metro cuadrado. Cuando faltamos, excepto cuando salimos a hacer dibujos, no recibimos nuestra paga. Si yo recibo un poco más que los otros es porque pinto más que ellos, además le pago a un ayudante que mezcla mi yeso y prepara las paredes. He seguido simplemente fiel a todas las fases de la vida mexicana: sus guerras, sus religiones, su trabajo, sus fiestas y sus sufrimientos.

Los murales de la SEP fueron pintados durante los periodos presidenciales de los generales Álvaro Obregón (1 diciembre 1920-30 noviembre 1924) y Plutarco Elías Calles (1 diciembre 1924-30 noviembre 1928). Cuando Rivera inició esa obra la accidentada existencia de la SEP se había estabilizado, aunque las estrategias respecto de las artes habrían de variar de un equipo gubernamental al otro. En los cuatro años y cinco meses que dedicó a esa labor, tres fueron los secretarios de Educación con los que hubo de tratar el pintor entre 1923 y 1928; ellos fueron: José Vasconcelos (12 octubre 1921-28 julio 1924), Bernardo Gastélum (29 julio-30 noviembre 1924) y José Manuel Puig Cassauranc (1 diciembre 1924-22 agosto 1928). El lustro 1923-1928 fue de una importancia fundamental en el desarrollo de la sociedad mexicana, golpeada por los años de la guerra civil revolucionaria.

En el SEP Rivera cambió temas, significados y estilos, pues le preocupaba abordar motivos que fueran del pueblo, a quien él quería dirigir su obra: la lucha por el mejoramiento social, las conquistas logradas y las fiestas populares del pueblo. Al representar la vida concreta, las mujeres comenzaron a aparecer en diferentes menesteres, según los núcleos sociales, las épocas, las zonas geográficas y los acontecimientos precisos. Pero el inveterado alegorizador que fue Rivera no dejó nunca de utilizar, dentro del realismo, como símbolo, la figura femenina, ya fuera desnuda u ornamentada. Las alegorías y los símbolos fueron considerados por Rivera como abstracciones, pero no siempre lo fueron en un sentido estricto, pues si bien a veces parecieran alejarse de la motivación temática de la estructura donde están insertos, para producir sobre todo placer estético, no dejan por ello de cumplir una función informativa, de significar algo casi siempre fácil de descifrar. Buen ejemplo es la sección de *El trópico* en la escalera lateral. Su decoración constituye una unidad en sí misma. El tema es el agua: el mar, la evaporación, las nubes, la lluvia, la tempestad, la nieve, el deshielo. El agua corre refrescando las tierras calientes hasta volver al mar. Todo ello simbolizado en figuras femeninas. Dentro de una composición descriptiva de la naturaleza real de las cosas, junto a una mujer tendida en la hamaca, se ven tres mujeres desnudas con los pies sumergidos en el agua de un río cristalino. Una acuclillada se lava la cabeza, la otra de pie restriega sus brazos y la tercera sentada en la orilla voltea para mirar con fijeza al campesino revolucionario zapatista con fusil y cananas, plantado vigilante en lo alto del cerro. Muchas son las sensaciones y asociaciones que se desprenden de ese grupo: placidez, sexualidad, fecundidad, vitalidad. La referencia a las Tres Gracias se completa con la Venus en la hamaca. En el trópico mexicano hay selvas, jardines y huertos que merecen ser protegidos por la diosa, representada por Rivera con los dones del erotismo; su presencia confirma la fecundidad de ríos y lagunas, de animales y seres humanos. Si en *El trópico* las

Tres Gracias fueron representadas en formas neoclásicas derivadas de Ingres, sin olvidar a Tiziano, en *El mar* las Nereidas (al igual que el océano, el barco, su vapor y otros personajes) fueron construidas en un estilo acentuadamente decorativo de filiación modernista, postimpresionista, con formas densas y líneas más duras y más frías, de contornos cortantes y amanerada elegancia. En las Nereidas predomina un clasicismo moderno sereno y ordenado, mientras que en las adoradoras de Xochipilli, príncipe de las flores, de la misma escalera de la SEP, Rivera vuelca nuevamente un sentimiento carnal por medio de formas suaves y redondeadas, aunque simplificadas y precisas.

Rivera decía perseguir una estética genuinamente mexicana, sin pintoresquismos ni arqueologismos; pero en los tempranos años veinte su coeficiente plástico estaba todavía tan fincado en el arte etrusco, el medieval, el renacentista y el clásico, que sus mujeres adoptaban en paisajes o circunstancias mexicanas poses de Vestas, Dolorosas, Janos, Magdalenas, Ninfas, Verónicas, Bacantes. Aún no podía Rivera, como lo haría posteriormente, traducir a imágenes las complejas interrelaciones que en las culturas aborígenes existían entre deidades, naturaleza y oficios. En la SEP el grupo piramidal formado por Xochipilli y sus dos adoradoras carece de la dinámica que de hecho dictaban los atributos del patrón del amor, la música, los bailes y los juegos. En lugar de esas vírgenes contemplativas de un paraíso greco-cristiano, que no del pueblo del Sol, la escena se hubiera vivificado con Xochiquetzal, la pareja de Xochipilli, patrona de las labores domésticas y de las cortesanas que cohabitaban con los guerreros solteros, auténtica Venus mexicana en su personificación de la belleza y el amor. En cierta medida su presencia está dicha con la hierática flautista de la derecha, enmarcada por grandiosos árboles sexualizados de manera antropomorfa. Además Rivera pudo haber considerado que las deidades florales fueron adoradas principalmente por los xochimilcas, comunidad que en el siglo XX aceptó fielmente el liderazgo de Emiliano Zapata, el jefe irreductible del ejército campesino revolucionario del Sur, tantas veces exaltado por Rivera, tanto en palabras como en imágenes posteriores.

En su arte giottista de síntesis, simplificación, estilización y especulación, mas no verista, Rivera sobrepasó en mucho el esquema decorativo imaginado para él por Vasconcelos, consistente en figuras de mujeres con trajes típicos de cada estado de la República para los corredores y un friso ascendente para la escalera lateral, descriptivo de los variados paisajes mexicanos con su flora y su fauna, desde el nivel del mar hasta la altiplanicie y los volcanes.

En el Patio del trabajo *La maestra rural* fue pensada —según refirió Rivera— como prueba de la reconstrucción tras la guerra revolucionaria. Es la primera composición del artista donde la mujer aparece desempeñando una tarea reclamada por la revolución en general y por las mujeres en particular: la alfabetización. Pero hay varias circunstancias precedentes que ayudan a una más amplia y más precisa comprensión de esa imagen. En el número 1 del tomo 2 (octubre de 1921) de *El Maestro,* revista de cultura nacional fundada por Vasconcelos y dirigida por Enrique Monterde y Agustín Loera y Chavéz, se documenta el comienzo de la relación entre Gabriela Mistral y el Secretario, iniciada con una carta que ella le escribió desde Santiago de Chile el 7 de agosto de 1921 para felicitarlo por esa publicación, considerada por la Mistral como «útil, sencilla y sana de la primera a la última página». Poco después, en octubre de 1921, se funda la Escuela Industrial Femenil, instalada junto con el Centro Industrial Nocturno Popular Núm. 1 para Señoritas, y se le impone el nombre de Gabriela Mistral. En marzo de 1922, invitada por la SEP, llega ella; la escuela con su nombre le organiza una fiesta y en el conceptuoso discurso de agradecimiento la poeta chilena dijo: Esta escuela mexicana corresponde, en el plan que empieza a desarrollar, de una manera casi total, a mis ideales de enseñanza para la mujer de nuestra raza. La educación de nuestra América empezó por ser intelectualista, en vez de empezar por ser industrial y agrícola. Esta inversión de factores, que tal vez sea en buena parte un pecado de vanidad, lo ha pagado dolorosamente América en su crisis económica permanente. Tenemos una mezquina vida industrial; hemos abandonado nuestro mercado al extranjero, y el hombre o el país que empezaron sólo vendiendo acabaron dominando. Gran ceguera ha sido, para nuestra América, dedicar lo mejor de sus recursos y entregar las mayores capacidades de su juventud a la educación libresca. Si simplificamos los males de la América, hallaremos estas dos lacras: una democracia ignorante, a la que se concedió el voto antes de darle cultura, y una democracia que ha desdeñado el trabajo manual y ha ido enajenando, por esta causa, las riquezas del suelo. Y señalaba la sagaz educadora: La riqueza de una nación moderna se labra casi a la par por hombres y mujeres. Existen formidables industrias femeninas y hay una horticultura entregada exclusivamente a las mujeres en otros países. Y tras expresar su complacencia porque la escuela que llevaba su nombre no fuera de mera enseñanza teórica, concluyó: Se la ha hecho práctica para que sea más democrática y esté adentrada en la vida, la vida bullente, la ardiente vida que corre poderosa como un río a gran distancia del intelectualismo seco, esterilizador y feo.[83] La presencia en México de Gabriela Mistral sirvió para reforzar nuevas ideas sobre la educación en general y sobre las mujeres en particular en un mundo cultural dominado por los hombres. Ella fue consultora del Plan de Misiones Federales de Educación aprobado por Vasconcelos en ocubre de 1923.

Por aquellos años el índice de analfabetismo en el campo sobrepasaba el setenta por ciento. Empeñado en abatirlo, Vasconcelos estimuló la acción de alfabetizadores rurales, incluidas las mujeres. En entrevista concedida a su paso por Nueva York, en julio de 1922, explicó: Enviamos profesores viajeros por todo México para inaugurar pequeñas escuelas. Uno de éstos va al pueblo y busca a alguien que quiera propagar nociones elementales y que desea abandonar sus ocupaciones y enseñar. Frecuentemente se trata de una mujer.[84] A estas mujeres alfabetizadoras está dedicada la pintura de Rivera, ejecutada a más de un año de las declaraciones del secretario de Educación y en plena campaña de los poderes Ejecutivo y Legislativo por llevar instrucción al campo cuando los diputados pedían que entre el sesenta y el setenta por ciento del presupuesto de la Secretaría se dedicara al establecimiento de escuelas para la gente del campo, y el propio presidente Álvaro Obregón informaba sobre los éxitos de una campaña no dispendiosa en lugares y centros indígenas.[85]

Si bien Rivera no hizo vanguardia ni fue precursor en planteamientos que se opusieran a la discriminación de la mujer y propugnaran por la superación de un rezago en lo educativo, lo laboral, lo político, lo legislativo y lo social, fue muy sensible, muy receptivo y solidario con respecto a la lucha que en muchos lugares del país libraban hombres y mujeres para liberar a las mexicanas de los tradicionales parámetros machistas. Creo que en la causa de las mujeres Rivera militó primero con palabras y después con imágenes. Un ejemplo: tras el asesinato el 3 de enero de 1924 de Felipe Carrillo Puerto, gobernador de Yucatán, por las fuerzas golpistas adictas a Adolfo de la Huerta, Rivera escribe el artículo de repudio titulado «¡¡Asesinos!!», donde expresa simpatía, cariño y admiración por el político revolucionario a quien conociera en 1921, cuando Vasconcelos lo invitó a integrar la comitiva de intelectuales que lo acompañó a su gira por Yucatán para lograr la aprobación por la legislatura estatal de la ley para reinstalar la Secretaría de Educación Pública. Al ponderar los aciertos del gobernante renovador, Rivera subrayaba el haber hecho «de la mujer yucateca un elemento de organización de primera importancia y una procreadora consciente de su papel y dueña de su voluntad, en lugar del aparato de fabricar esclavos que era antes».[86] Hay que recordar que en 1920, convocado por Elvia Carrillo Puerto y Florinda Lazos León, se había celebrado el Congreso de Obreras y Campesinas, donde se exigieron derechos políticos, tierra y herramientas para las campesinas. Y en 1923, convocado por la Sección Mexicana de la Liga Panamericana de mujeres, tuvo lugar en México el Primer Congreso Nacional Feminista que exigió reformas a la Ley de Relaciones Familiares para alcanzar un solo tipo de moral en asuntos sexuales, igualdad de derechos en el trabajo, comedores fabriles, protección a las trabajadoras domésticas, cierre de prostíbulos, secciones especiales en las comisarías, voto femenino.[87]

Con las capacidades de las mujeres resaltadas en «¡¡Asesinos!!» (elemento de organización de primera importancia, procreadora consciente de su papel, dueña de su voluntad), las figuras femeninas aparecieron en las pinturas de Rivera expresando otros valores. En *El corrido de la Revolución,* por ejemplo, las muestra o las exalta como educadoras, obreras, administradoras, jefas de familia, enfermeras, activistas, guerrilleras, creadoras e intérpretes de canciones de agitación. En el mismo *Corrido,* como sarcasmo, caricaturizó las actividades y conductas de las mujeres de la alta burguesía nacional e internacional, cómplices conscientes y beneficiarias de la explotación del pueblo y las especulaciones capitalistas. Pero en las escenas de repartos de tierra en la SEP puso hombres de todas las edades, desde ancianos hasta niños, pero ninguna mujer. En los primeros mítines pintados por Rivera, como aquel de la pancarta con la leyenda «la verdadera civilización será la armonía de los hombres con la tierra y de los hombres entre sí», una madre con su niño en el rebozo, entre los de la Confederación de Cooperativas Campesinas y otra mujer que pareciera ser trabajadora sexual entre los obreros metalúrgicos, hacen excepción.

Rivera no inventó la presencia de prostitutas en las luchas sociales de México. Una manifestación contra la violencia policiaca ocurrida en la ciudad de Veracruz en 1922 fue encabezada por un gran número de prostitutas vestidas de rojo, quienes antes de sumarse a esa acción quemaron sus colchones, instrumentos de trabajo. Muchas de ellas se contaron entre las ciento cincuenta víctimas que hubo aquel día cuando el ejército abrió fuego contra los manifestantes.[88]

Entre 1923 y 1926, fuera de las constantes alegorías, Rivera mostró a las mujeres como artesanas y pequeñas comerciantes en los mercados callejeros, en los tianguis. Fue hasta 1928, en el tablero del *Corrido* denominado *En el arsenal* o *El reparto de armas,* donde les otorgó papel protagónico como distribuidoras de armas para la revolución proletaria. El hecho de haber elegido como modelos para estos personajes a Tina Modotti (fotógrafa y luchadora antifascista) y a Frida Kahlo (con muy escasa participación política entonces) se prestó a ciertas confusiones. No siempre los personajes retratados en los murales enseñaban sus verdaderas personalidades. Como si fueran actores, el pintor les hace desempeñar papeles ficticios aunque muy reales dentro del desarrollo temático. De los retratados en *El arsenal* sólo David Alfaro Siqueiros se definía por la lucha armada; él se asoma expectante por la izquierda de la pintura, con estrella de cinco puntas en el sombrero tejano. Sí se dio el 16 de junio de 1928 un reclamo de armas por parte de obreros y campesinos en el curso de un mitin, pero no las querían para acabar con el gobierno burgués y consumar la revolución proletaria, sino para sumarse a las fuerzas gubernamentales que combatían a los cristeros.[89] Con la presencia de las mujeres en *El arsenal*, Rivera dio imagen a lo expresado por Lenin en noviembre de 1918 en el Primer Congreso de las Obreras de Rusia: No puede haber revolución socialista si una inmensa parte de las mujeres trabajadoras no interviene en ella. Por entonces Frida Kahlo no era una figura visible dentro de la izquierda mexicana, como sí lo eran, entre otras, Graciela Amador, Belem de Sárraga, Luz Ardizana, Concha Michel, María Vendrell, María Velázquez, Olivia Saldívar, Juana González y Tina Modotti, quien fue representada por Rivera en actitud de entregarle al juvenil líder cubano Julio Antonio Mella una canana cargada de cartuchos. Tina Modotti estaba muy activa; era secretaria tanto del Patronato Italiano México-California del Comité de Defensa de las Víctimas del Fascismo, como del grupo de Emigrados Políticos en México, adherido al Socorro Rojo Internacional.

Las mujeres libraron por aquellos años muchas batallas y ello obligó a un tratamiento diferente de sus derechos en el Código Civil expedido por Plutarco Elías Calles en 1928. Entre otros puntos, se les reconocía el derecho a trabajar sin permiso del marido, siempre y cuando no descuidaran los asuntos del hogar. Desde sus imágenes, con sus imágenes, Rivera se sumó a esas batallas. Por estas y otras razones similares se decía que sus pinturas en la Secretaría estaban impregnadas de ideología populista, con un fuerte porcentaje de folclorismo y de manía arqueológica, que carecían de fuerza y eran pinturas místicas y turísticas. No deben haber pensado así quienes en 1924 dañaron los murales debido a que exaltaban «las virtudes del pueblo que todo lo produce, que todo lo crea, y que exhiben contundentemente los vicios de la burguesía que nada produce y todo se lo traga», como decía la protesta del Sindicato de Pintores y Escultores Revolucionarios. Después se acusó a Rivera de no representar el rostro cierto de los imperialistas en actos de explotación y depredación. Quienes esto afirmaban no miraron en la SEP a John D. Rockefeller I, a J. P. Morgan, a Henry Ford bajo la bóveda bancaria y junto a la cinta de comunicaciones financieras, en cónclave usurero e imperialista.

El propio Rivera hizo una apretada descripción del monumental conjunto: En el lado sur de la planta baja del Patio del trabajo aparecen los tejedores, los tintoreros, las mujeres que cortan flores y frutas, el trabajo en las plantaciones de caña de azúcar y en los ingenios. En el muro del centro (había yo dividido los patios correspondiendo a la división del país, lados norte, centro y sur) los trabajadores de las minas de plata que bajan a su trabajo, aquellos que ya salen, el encuentro del obrero y el campesino, el campesino pobre antes de la cosecha, el terrateniente explotador que ordena pesar el grano y, por último, el alfarero. En el lado norte los trabajadores de la fundición que agitan en el crisol el metal fundido, los trabajadores de las minas de hierro que trabajan al aire libre, los guerrilleros revolucionarios que liberan a los pobres campesinos esclavizados, la maestra rural que enseña a los jóvenes y viejos, mientras el suelo se trabaja en común, el revolucionario joven que monta guardia, el pastor, y por último los trabajadores del hierro que vacían el metal líquido en los moldes. Junto, en el Patio de las fiestas, armonizando con el rojo del metal líquido, el baile de la vida y el baile de la muerte alrededor de los soldados indios (yaquis), la fiesta de la cosecha del maíz, y en el centro, de cada lado, la repartición de la tierra entre los campesinos, el mercado rural y el Primero de Mayo. Entre estas grandes composiciones: la fiesta de la muerte, de las flores, la quema de Judas y los bailes que representan el movimiento de los cuerpos celestes alrededor del sol.

En la planta baja del Patio del trabajo predominan los colores oscuros y serios, gris cálido y dorado. En el primer piso, las actividades intelectuales pintadas en claroscuro constituyen la transición al piso superior donde sobre el fondo negro canta el rojo, como si surgiendo desde abajo, del movimiento del trabajo, las llamas se elevaran hacia la luz. El tono del Patio de las fiestas es naturalmente claro. En el centro predomina el blanco realzado con colores claros y alegres sobre fondo gris claro. Las estrofas de la canción están escritas sobre una banda roja que rodea todo el patio siguiendo el ritmo de los arcos, en cuyo color se repite el rojo de las banderas de abajo.[90]

Sobre la recepción que en su momento tuvieron las pinturas de la Secretaría, Rivera recordó: No había cotidiano ni revista que no me dedicara diariamente cuando menos un artículo en que me cubría de insultos y abominaba de mi pintura. Cuando el licenciado Vasconcelos entraba en la Secretaría de Educación seguido de su estado mayor de jóvenes poetas, echaba una mirada a los patios, por debajo del ala de su sombrero, agachaba la cabeza y moviéndola murmuraba «pura indiada» […] A pesar del ataque de la subburguesía en masa, ésta se vio obligada a tolerar finalmente a los artistas mexicanos innovadores, que habían tenido el descaro de llevar sobre los muros de los edificios públicos a los indios y a los pelados como figuras heroicas.[91]

ENSEÑAR LA EXPLOTACIÓN DE LA TIERRA, NO LA DEL HOMBRE y *EVOLUCIÓN DE LA TIERRA Y EVOLUCIÓN DE LOS HOMBRES*. Universidad Autónoma de Chapingo. Estado de México. Fresco. Superficie: más de 700 m^2. 1923-1945.

A solicitud de Ramón P. Denegri (1887-1955), secretario de Agricultura en el gobierno del presidente Álvaro Obregón, y de Marte R. Gómez (1896-1973), director de la Escuela Nacional de Agricultura (ENA), Rivera firmó el primer contrato para decorar el zaguán y el cubo de la escalera del edificio principal, al igual que el salón de actos, en la segunda mitad de 1923, e inició los trabajos en la etapa de reacondicionamiento, antes de la insurrección de Adolfo de la Huerta (1881-1954), quien se oponía a la postulación de Plutarco Elías Calles (1877-1945) a la Presidencia de la República. A instancias de Antonio I. Villarreal primero y de Ramón P. Denegri posteriormente, se efectuó el traslado de la ENA en 1923, de San Jacinto a la ex Hacienda de Chapingo, treinta años después de que ahí muriera su propietario Manuel González (1833-1893), general porfirista y presidente de México de 1880 a 1884.

Antecedentes de la Hacienda de Chapingo se encuentran en las cartas escritas por Charles Joseph Latrobe durante un recorrido que hiciera por México en 1834. En la séptima de esas cartas relata que en los primeros días de mayo de ese año hizo una excursión a Chapingo, habiendo salido de la Ciudad de México por la garita de San Lázaro, siguiendo por el Peñón Viejo y Santa Marta. Según resumió Marte R. Gómez después de leer el libro con las cartas de Latrobe, editado por Harper & Brothers (Nueva York, 1936), el viajero llegó a Chapingo poco después del mediodía; localizó la hacienda a pocas millas de la playa del Lago de Texcoco, en directa oposición a la Ciudad de México. Por el rodeo que había hecho le pareció que estaba a unas nueve leguas de la capital, aunque a vuelo de pájaro calculó que no serían más de doce millas, es decir, alrededor de dieciocho kilómetros. Chapingo era entonces una de las haciendas más productivas del Valle de México. Había sido propiedad de los jesuitas, después perteneció al Marqués de Vivanco (¿-1799), acaudalado dueño de minas, oriundo de Castilla la Vieja, quien la adquirió en treinta y dos mil pesos. Cuando Latrobe la visitó, su dueño era el general José Morán y del Villar (1774-1841), casado con María Loreto, tercera marquesa de Vivanco. El viajero quedó impresionado con el casco de la hacienda y, sobre todo, con las trojes por su pesada arquitectura y gran tamaño. La mayor de ellas (que primero fue dormitorio de los estudiantes internos y luego ocupada por el laboratorio de hidráulica), según describió Latrobe, formaba un inmenso apartamento de setenta yardas de largo por veintidós de ancho. Estaba calculada para almacenar toda la producción de maíz y trigo de la hacienda, cuyas tierras eran altamente productivas debido a su excelente sistema de irrigación. El agua, procedente de las montañas ubicadas al este, llegaba por conductos de piedra. Latrobe calculó que entonces las cosechas de Chapingo tenían un valor de sesenta mil dólares anuales. Ya en tiempos de la Revolución, los campesinos de Huexotla se quejaron de que el general Manuel González, abusando de su influencia política, les había quitado el agua.

El traslado de la ENA a Chapingo obedeció al amplio programa agrario del gobierno de Obregón, para cuyo cumplimiento se requerían técnicos agrónomos de buena formación y nuevas ideas, con honesta vocación de servicio. Nadie mejor indicado para echar a andar este nuevo plan que Marte R. Gómez, recibido en 1917 en la ENA de ingeniero agrónomo e hidráulico, con posteriores estudios en París sobre crédito agrícola, mutualidad y reforma agraria. Diego Rivera simpatizó con aquel impulso democratizador. El obrero y el campesino —expresó— necesitan del profesional técnico, pero exigen de él que sea su hermano y no su capataz. Entrar a la nueva ENA en el arranque de la refuncionalización significó para Rivera sumarse a un proyecto cuyo saludable desarrollo le interesaba tanto por sus implicaciones culturales como políticas. Afrontó la multiplicación de esfuerzos y comenzó a dividir su tiempo de labor entre la SEP y la ENA, sin dejar de dedicar unas horas diarias a la militancia partidaria, la cual incluía redacción de escritos, preparación de conferencias, participación en reuniones internas, actos públicos y batallas periodísticas. Esta titánica sobrecarga de compromisos habría de durar de 1923 a 1927.

En unos apuntes de Marte R. Gómez (que ha conservado su hijo Marte Gómez Leal), el ingeniero recordó que Denegri había decidido invitar a Rivera a decorar la ENA convencido de que el contenido social de sus pinturas representaría un mensaje que las nuevas generaciones de agrónomos debían recibir al mismo tiempo que las enseñanzas teóricas: La amistad personal que mediaba entre los ministros Denegri y Vasconcelos facilitó el arreglo mediante el cual Diego Rivera fue a Chapingo tres veces por semana, sin perjuicio de que siguiera montando los andamios de la Secretaría de Educación Pública los otros tres días. Diego cumplió su promesa de que el rendimiento de su trabajo no disminuiría y aun se excedió. Hubo una vez en que, después de trabajar en el vestíbulo del viejo casco de Chapingo por horas y horas —dieciocho o veinte consecutivas—, se desplomara desmayado y hubiera necesidad de prodigarle atención médica. En la fiebre de la creación solía permanecer sobre el andamio sin descender como no fuera para satisfacer necesidades imperiosas, entre las que él no contaba, por cierto, la de comer. Iniciado el traslado de la Escuela en enero de 1924, me instalé ahí de manera permanente, poniendo un catre de campaña en el llamado tinacal. Diego Rivera nos dedicó más tiempo, haciéndome compañía en otro catre de campaña que colocó al lado del mío y que crujía cuando dejaba caer en él su robusta humanidad. Entonces tuve oportunidad de hilvanar con él charlas interminables en las que centellaba su ingenio, y de seguir de cerca la técnica, todavía imprecisa, que en sus comienzos usara y que después, adquirida la maestría genial que a fuerza de estudio y de ejercicio atesoró, simplificó asombrosamente. Ensayó formas de limpiar la arena y de apagar —cerniéndola y dejándola reposar— la cal que empleó para preparar sus muros. Aunque trabajaba hasta tarde en la noche, a las tres o cuatro de la madrugada llegaba su fiel maestro albañil Juan Rojano a despertarlo para informarle que algún tramo de muro ya preparado tenía el grado de humedad requerido. Diego se incorporaba al instante y regresaba a la tarea.

Otro testimonio convincente de la primera etapa en Chapingo lo dejó Jesús Silva Herzog (1892-1985): Conocí personalmente a Diego Rivera en los comienzos de 1924, cuando él y yo íbamos cada tercer día a la Escuela Nacional de Agricultura que acababa de ser trasladada a la Hacienda de Chapingo. Diego iba a pintar y yo a dar un curso de economía política y sociología a los alumnos de cuarto año. El viaje lo hacíamos en el ferrocarril de México a Puebla. Durante el trayecto frecuentemente conversábamos con él Gilberto Loyo (1901-1973) y yo, discutiendo en ocasiones sobre los más variados temas: arte, historia, problemas sociales, filosofía, etcétera. En ese año de 1924 Diego inició la hermosa y descomunal tarea de pintar la capilla anexa al edificio principal de la antigua hacienda. Muy a menudo el gran pintor comenzaba a trabajar a las nueve de la mañana y no se bajaba del andamio, ni dejaba colores ni pinceles durante todo el día y toda la noche, hasta la mañana siguiente. En cierta ocasión, de seguro por falta de alimento y el enorme desgaste de energía, se cayó de una escalera, afortunadamente sin graves consecuencias.

Todas las pinturas de la ENA fueron realizadas al fresco, técnica utilizada por Rivera, con creciente rigor, desde la preparación del muro hasta la aplicación de los colores, pasando por los revoques, dibujos y calcas. Para cada paso se necesitaban ayudantes diestros y sensibles. El equipo para las insólitas jornadas de Chapingo se integró con los albañiles Juan Rojano y Epigmenio Téllez y los pintores Ramón Alba Guadarrama (1892-?) y Máximo Pacheco (1905-1992). Se habían pintado ya grandes tramos cuando se les sumó Pablo O'Higgins (1904-1983). Los ayudantes pintores molían los pigmentos que en la paleta riveriana eran los siguientes: ocre amarillo, ocre dorado, tierra de siena natural, tierra de siena quemada, tierra de *pozzuoli,* ocre rojo, rojo de Venecia, almagre, verde *viridian,* azul cobalto, azul ultramar, tierra sombra y negro de viña. Los mezclaban con agua destilada hasta formar una pasta y los guardaban en frascos. Los ayudantes llenaban los fondos y a veces servían de modelos para algunas figuras. Máximo Pacheco posó para el desnudo de espaldas del muro frontal y Pablo O'Higgins para el desnudo de frente con los brazos en alto del muro lateral del salón de actos. O'Higgins recordó: Diego trazaba y no permitía que nadie dibujara un solo dedo; únicamente pintábamos los fondos que después él acentuaba. Cuando trabajábamos en la bóveda le salvé la vida; había pisado una tabla suelta y estuvo a punto de caerse. Aunque los andamios estaban bien construidos, solían ocurrir accidentes; la pintura mural no es un juego.

Rivera le explicó a su biógrafa Gladys March: Antes de pintar hacía que mis ayudantes prepararan una superficie de dos o tres capas de yeso, siendo la última una mezcla de cal con fino polvo de mármol. Después de que se había aplicado la penúltima capa, trazaba yo mis esquemas al carbón, a escala directamente del bosquejo hecho en el papel. Mis ayudantes estarcían profundamente con un cuchillo este esquema antes de poner la última capa de aplanado. Esta última capa se ponía ya muy tarde en la noche anterior, o al amanecer del día en que iba yo a empezar a pintar, porque la pintura debe quedar terminada dentro del término de seis o doce horas antes de que seque, de manera que el color quede absorbido por el yeso. Si la superficie está seca, la pintura al poco tiempo se descascara.[92]

Por su parte, el biógrafo Bertram D. Wolfe, amigo de Rivera, relató: Mientras Diego se movía de un muro a otro se aceleró su maestría técnica del proceso olvidado del verdadero fresco. Buscó en libros italianos a los antiguos maestros de *buon* fresco, estudió los procesos murales de los aztecas y los mayas, experimentó constantemente con colores y materiales durante las primeras etapas de su obra. El fresco es uno de los procedimientos de pintura más exacto. Básicamente es un método de pintura a la acuarela sobre yeso mientras éste está aún mojado. El color es absorbido en cierto modo por acción capilar y retenido y protegido firmemente por una fina película de carbonato de calcio que se forma mecánicamente a medida que pasa el pincel y moja la cal. La primera reacción de la cal mojada es una película de hidróxido de calcio, que se mezcla y recubre el color. Con el tiempo la acción del aire hace que se convierta en carbonato de calcio insoluble por absorción del anhídrido carbónico del aire, la pintura entonces queda a prueba de agua, y si el yeso se ha preparado convenientemente, durará tanto como el edificio, a menos que se martille o se resquebraje. Al microscopio la superficie aparece como un fino mosaico de pigmento. Para la preparación de un trabajo durable se necesita un conocimiento a fondo de la química y la pericia de un albañil para la colocación conveniente de las capas sucesivas de yeso. La arena que se use debe estar absolutamente libre de sal, pues ésta arruina el color; debe estar libre de materia orgánica u hongos de cualquier clase, pues éstos pueden brotar más tarde sobre la superficie de la obra terminada. No puede usarse cal que haya sido calcinada a carbón pues el azufre absorbido del carbón puede alterar y decolorar los pigmentos. Por la misma razón deben excluirse totalmente los amoniacos y nitratos. En el proceso que Rivera adoptó finalmente, la cal que había sido cocida a leña y apagada previamente más de tres meses se le enviaba en sacos de goma que contribuían a impedir el contacto con el anhídrido carbónico del aire, y era probada químicamente antes de usarla. Sus pigmentos eran sometidos a la acción de una solución de hidróxido de sodio para tener la certeza de que estaban a prueba de alteraciones por la cal, y después se probaba su resistencia exponiéndolos a la luz y a otras substancias químicas a las cuales estarían probablemente sujetos. Se esparcían por lo menos tres capas parejas de yeso sobre la pared; la tercera era una fina capa de cal y mármol molido, aplanada finalmente y suavizada y pulida cuidadosamente. Sólo se usaban colores de tierra, óxidos de hierro, manganeso, aluminio y cobre, mezclados convenientemente con la cal y el polvo de mármol que son también substancias de la tierra, para convertirse en una parte del muro que se decoraba. En realidad se necesitaba ser algo sabio para hacer un buen fresco. Después de los bocetos en papel, que pueden hacerse en el estudio y agrandarse a escala, vienen los croquis con tiza roja o carbón directamente sobre la segunda capa preliminar. Sobre el boceto final se pasa una rueda perforadora sobre las líneas para hacer un estarcido. Tras de poner la capa final, por las perforaciones del estarcido se deja caer negro de humo en polvo, reproduciendo así débilmente el boceto sobre la superficie húmeda.

Las decoraciones de Rivera se extienden por dos edificios: el que fuera de la dirección, hoy dedicado al Museo Nacional de Agricultura, y el salón de actos. El primero cumplió en la Hacienda de Chapingo las funciones de casa grande para los empleados de confianza, y el segundo fue la infaltable capilla de las grandes haciendas. En uno pintó los cubos del zaguán y de la escalera y en el otro lado el interior, sin alterar la arquitectura original. Respetó pilastras, cornisas, tableros, bóveda de cañón y lunetos, pero acentuó el estilo renacentista español con nervaduras amarillas y fondo rojo con vetas grises que imitan al mármol. Esto remarcó la independencia de cada una de las composiciones, que a la vez quedaron interrelacionadas como las estrofas de un himno. Pero la diferencia expresiva entre una sección y la otra es muy evidente. En una el acento se puso en lo narrativo y en la otra en lo simbólico. La primera fue realizada con la premura de concluirla para la ceremonia inaugural (a la que asistió el presidente Álvaro Obregón) de las nuevas instalaciones, incluido el Pueblo Cooperativo anexo, para el cual Rivera había diseñado una fuente con adornos de azulejos, guirnaldas y cabezas de caballos, talladas por canteros a quienes no pudo supervisar. En la segunda se liberó de lo anecdótico y se entregó intensamente a la invención de alegorías con la más plena y gozosa sinceridad espiritual, alcanzando una poética visual del más alto rango. Al respecto Carlos Mérida expresó: La gran unidad plástica de estos frescos, la extraordinaria armonía de colores dentro de los rojos y ocres indios de la arquitectura, los rojos-tierra y los azules de los paneles, la inspiración lírica que se respira en toda la obra, la fuerza y la gracia sin igual de los desnudos, hacen que Chapingo sea no sólo uno de los trabajos más admirables del arte mexicano moderno, sino, también, una de las pinturas más grandes del universo.

Rivera fue un artista muy consciente de sus determinaciones estéticas. Llevaba cubierta la mitad de la superficie (que sobrepasaría los 700 metros cuadrados) cuando escribió para el número 5 de la revista *El Arquitecto,* aparecido en septiembre de 1925, un artículo donde analizaba su propio trabajo con lúcido distanciamiento. Llamaba la atención sobre las dos maneras expresivas y calificaba a la rectoría como popular y anecdótica, pues así lo aconsejaba la función del lugar y el tema elegido: *Aquí se enseña a explotar la tierra, no al hombre,* propuesto por Marte R. Gómez. Debido a la distribución de las zonas decoradas y al tránsito obligado de la gente, combinó figuras de tamaño natural con otras muy pequeñas. Los usos del auditorio le impusieron una iconografía básicamente más sencilla y una concepción temática más abstracta, para lo cual la arquitectura y su refinado oficio se prestaban admirablemente. Las representaciones referidas a los conflictos del campesino y el obrero como hombres productores debían quedar en las áreas más iluminadas, mientras los desnudos simbólicos de la floración y la fructificación se extenderían en los muros a contraluz. Adelantándose a cualquier interpretación reductora o dogmática de esos frescos, Rivera precisó: El tema alegórico o simbólico, o tema abstracto, permite desprender de la esclavitud exterior el asunto realista y realizar lo necesario para que, de acuerdo con los muros que la sustentan y las fuerzas internas de la arquitectura y las necesidades de luz y sombra de sus accidentes, la pintura decorativa sea en sí misma «verdad»; ya mi maestro Picasso dijo mejor que nadie que en «pintura se trata de realizar una verdad por medio de una mentira».

Diego Rivera inició su trabajo en la ENA en 1923. La última aportación suya se produjo en 1946. En la primera etapa era presidente de México el general Álvaro Obregón, continuó la obra durante el gobierno de Plutarco Elías Calles y volvió en el último año de la presidencia del general Manuel Ávila Camacho (1897-1955). La reforma agraria puesta en marcha por Obregón se limitó, como dijera Jesús Silva Herzog, a repartir tierra a los pueblos, sin estudios previos, sin disponer de medio financieros para organizar el crédito agrícola, sin surtir de maquinaria moderna a los ejidatarios; pero cierto es también que lo que hizo fue lo único que entonces pudo hacerse y que de no haberse emprendido la reforma agraria con celeridad hubiera sido imposible establecer los primeros cimientos de la paz en la República. En sus cuatro años de gobierno, Elías Calles distribuyó el doble de tierras que Obregón, se benefició a más de 300 mil campesinos y se dieron los primeros pasos para organizar el crédito agrícola. Además, se otorgaron facilidades a los campesinos para modernizar sus implementos y comenzaron a funcionar escuelas rurales para hijos de ejidatarios a fin de que pudieran aprovechar mejor los recursos del campo; se inició la construcción de sistemas de riego para poner bajo cultivo terrenos no cultivados o cultivados deficientemente.

En esa situación concreta se basó Rivera para la parte inicial de sus murales en Chapingo, que son los del zaguán y la escalera del edificio principal, el cual fue sede de la Rectoría y la Secretaría de la ENA. También debe tenerse presente la sección que ocupaba entonces a Rivera en la Secretaría de Educación al momento de ser invitado por el secretario Denegri y el director Marte R. Gómez para ornamentar Chapingo. Justamente pintaba *Unión del campesino y el obrero* y *Esperando la cosecha,* frescos expresivos de la mística revolucionaria, de textura terrosa y colores algo deslavados, con poca consistencia en la materia puesta en capas muy delgadas. Se ha dicho, y con razón, que en sus primeros años como fresquista (1923-1924), por abusar del negro Rivera opacaba los otros colores. Estas particularidades no disminuyen la hermosura de algunas de sus composiciones, resueltas con gran sentido de equilibrio y economía de trazos, con influencia de los primitivos y el arte oriental para los términos sobrepuestos de abajo hacia arriba. Buena solución para tableros que han de ser vistos de cerca. En los testeros del hall —señaló Diego en *El Arquitecto*— se puede tener suficiente distancia, no así para los muros laterales.

Abundan en los tableros de la escalera de la ENA trajes de blanca manta o de mezclilla azul, sombreros de palma, guaraches y otros atuendos típicos. Esto hace que a pesar del marcado giottismo se muestren como francamente mexicanos por los tipos, la ambientación, los paisajes y las acciones. Rivera recordaba haber tomado apuntes durante una repartición de ejidos en San Juan de Aragón y que en ellos se basó para ciertas soluciones. El ritmo estático lo da el juego de formas geométricas: cubos, esferoides, cilindros, conos truncados, círculos, óvalos, tendiendo a la simplicidad estética, tan diferente al esplendor sinfónico de la sala de actos. Aquí, más que allá, el observador debe empeñarse en rescatar detalles con significados muy obvios. Nunca antes había pintado Rivera recintos enclavados en zonas rurales. En los breves datos autobiográficos escritos para la monografía sobre sus primeros murales, editada por la Neue Deutcher Verlag de Berlín en 1928, señaló que el complejo arquitectónico de Chapingo estaba enclavado en el campo, en una región habitada por campesinos indios, culturalmente preparados para asimilar imágenes de carácter simbólico. Debido a las peculiaridades de la cultura antiquísima —decía— y de su temperamento poético y lleno de fantasía, el pueblo indio está acostumbrado a representar a las fuerzas de la naturaleza como personas. Pero además de lo popular, lo anecdótico de los tramos iniciales no fue sólo resultado de una especulación artística, sino consecuencia de un contacto muy directo con los campesinos texcocanos de la zona, muy marcados por los ideales zapatistas y la valerosa lucha por abolir las relaciones agrarias feudales. Si se inauguraba una escuela rural, Diego estaba en la ceremonia; si los campesinos acudían a observar los cultivos experimentales para mejorar las cosechas, en las primeras parcelas controladas por la ENA, ahí estaba Diego tomando apuntes e impulsando la organización de la gente para un mejor éxito en los resultados. A la vez él recibía la asombrosa lección de tradiciones espirituales fuertemente arraigadas. Los campesinos no necesitaban buscar el parecido físico con Emiliano Zapata en los agitadores representados por el pintor; ellos podían y sabían ver a Zapata en el líder con pantalón de peto azul y camisa roja.

El ayudante más cercano en las tareas del edificio principal fue Xavier Guerrero. Como ocurriera en la SEP con Amado de la Cueva y Jean Charlot, en Chapingo confió Rivera algunas partes íntegramente a Xavier Guerrero. De su mano son el plafón del zaguán, las inscripciones y las grisallas con motivos ornamentales de la escalera. Pero la propensión demasiado decorativista de Guerrero no se compaginaba con el discurso plástico del «caudillo de los colores», como lo calificó el poeta Carlos Pellicer. Seguramente fue Rivera quien solicitó se contratara a Guerrero para decorar con motivos mexicanistas la casa habitación de los directores de la ENA. La separación entre el maestro y el ayudante fue amistosa y ambos siguieron compartiendo con David Alfaro Siqueiros la dirección del periódico *El Machete*. En una de las tantas remodelaciones y ampliaciones de la ENA, la residencia de los directores fue demolida, pero los murales de Xavier Guerrero no se perdieron. Corrió por cuenta del Centro Nacional de Conservación de Obras Artísticas del Instituto Nacional de Bellas Artes desprenderlos de las paredes originales y montarlos en bastidores. Actualmente esos frescos adornan las instalaciones de la rectoría de la Universidad Autónoma de Chapingo.

En su autobiografía para la editorial de Berlín, escrita en 1927 cuando se dirigía a la Unión Soviética para participar en las celebraciones del décimo aniversario de la Revolución de Octubre, Rivera especificó que de los treinta y nueve tableros ejecutados en la ENA, los del vestíbulo de la planta baja tenían por tema las cuatro estaciones, mientras que los del primer piso estaban dedicados a la organización buena y mala, y a la toma de posesión de la tierra por los campesinos y trabajadores unidos. En el zaguán realismo y simbolismo están juntos, pero no siempre se enlazan y combinan. Como observó el crítico Jorge Juan Crespo de la Serna: Se advierte un gradual perfeccionamiento de la técnica y cierto cambio de paleta. Los primeros están hechos con tierra y colores calientes, de preferencia. La capa de pintura es demasiado delgada. Casi se transparenta el *verdaccio* [arcilla verde para pintar] con que han sido imprimados los muros y siluetas de las figuras. Hay aún mucho espacio en ellos y las figuras están distribuidas con un equilibrio geométrico muy grato y efectivo como realización plástica. Para otro crítico de arte, Justino Fernández: Los tableros con paisajes son interesantes porque en ellos reina una espontaneidad que trae a la memoria a los fauvistas. Bajo los símbolos muy sencillos de las estaciones aparecen varios grupos de campesinos, con preponderancia de mujeres. De un lado *Verano* y *Primavera,* del otro *Invierno* y *Otoño.* En el *Invierno* se ve al campesino que ha sabido juntar a tiempo el haz de trigo, y a sus pies, arrodillado y de perfil, el primer desnudo femenino de los muchos que Rivera habría de pintar en la ENA. En el *Otoño,* bajo un sol de alfarería popular, un tríptico de tehuanas conforma un triángulo asimétrico.

Como Chapingo fue en buena medida un laboratorio de pruebas, no podía faltar otro de los asuntos predilectos de Rivera: la vendedora de alcatraces, colocada bajo la *Primavera,* con sus vientos de «febrero loco y marzo otro poco». Al fin el *Verano,* mujer en una nube que regará con lluvia generosa la siembra del campesino. Aquí también un desnudo femenino que, como el del otro tablero, tiene connotación de tierra feraz, en metáfora delicadamente erótica. Surgen después los tableros de *El mal gobierno* y *El buen gobierno* a ambos lados de la escalera. Están construidos como dilatados paisajes que se abren en triángulo desde el corto espacio que en la base de la composición dejan dos grandes figuras reclinadas: la madre y la telegrafista. Como un gracioso homenaje a las artesanías regionales, el telégrafo está contenido en una cajita de

Olinalá. En la pared opuesta los espacios equivalentes están ocupados por dos campesinos abatidos por la desocupación y la miseria. En *El mal gobierno* todo es desorden, represión, descuido y militarismo. En *El buen gobierno* el campo y la ciudad, el desarrollo industrial y el agrario se distribuyen de manera concertada y racional.

Rivera regresó al tablero de *El buen gobierno* en 1946 para pintar en un nicho de la derecha al presidente Obregón con su secretario de Agricultura y Fomento, Ramón P. Denegri, y en el nicho de la izquierda al presidente Ávila Camacho con su secretario de Agricultura y Fomento, Marte R. Gómez. En enero de 1944 éste último, tras una visita de inspección a Chapingo, le envió a Diego una carta cuyo último párrafo decía: Como ya terminaron las obras de albañilería del edificio principal, también es oportuno que formalicemos los arreglos para la restauración de los frescos que fueron pintados en el corredor de la planta baja y en el cubo de la escalera. Cabrá también completar la decoración de este último haciendo frescos en los dos claros de puerta que fueron tapados al ampliarse el laboratorio de la clase de biología. En carta que el 27 de marzo de 1973 Marte R. Gómez envió a Cayetano Cantú Treviño, entonces gerente de la Cámara Nacional de Comercio, advierte que en 1924: Subsistían dos puertas que fueron tapiadas para dejar un solo acceso al salón de clases correspondiente, evitando así que los alumnos usaran entradas que con el roce de los cuerpos y de los objetos que se llevaran a la mano contribuyeran al deterioro de la obra. Esos huecos fueron usados durante la presidencia del general Manuel Ávila Camacho para que Diego Rivera pintara los frescos relativos a la iconografía de la obra.

En 1946 Rivera estaba entregado a la resconstrucción de las culturas prehispánicas en las paredes del corredor norte del primer piso del Palacio Nacional. Además había comenzado la decoración con piedras de colores en los techos del Anahuacalli. A veintitrés años de iniciadas las pinturas de la escalera regresó a su amado

Chapingo. La adición de las figuras de los mandatarios y sus colaboradores quedaron como elementos extraños, ayunos de cualquier simbolismo que justificara su presencia, explicables sólo como un refrendo de su aprobación de la reforma agraria emprendida por los gobiernos emanados de la Revolución, que la izquierda mexicana criticaba de manera radical. La factura de esos retratos es excelente.

En los tableros centrales de la escalera, Rivera repitió dos temas desarrollados poco antes en la Secretaría de Educación: *El reparto de tierras* y *El saludo del campesino y el obrero*. En la parte alta de este último quedó escrito: Aquí se enseña a explotar la tierra, no a los hombres. Este pensamiento —subrayaría después— era ciertamente apropiado para una escuela de agricultura. La frase contiene un principio enunciado por Zapata. Tras la mesa donde se están firmando los títulos, Marte R. Gómez sostiene el plano del Pueblo Cooperativo. Entre la multitud de ancianos, jóvenes y niños que serán beneficiados, algunos portan fusiles o machetes. En último término hay un paisaje de cerros y construcciones antiguas. En un plano intermedio, la construcción en proceso de un salón de actos que nunca se concluyó. La asamblea se desarrolla con severa tranquilidad. Trajes de manta blanca y sombreros cuyas líneas circulares quitan monotonía a la preponderante verticalidad. En *El reparto de tierras* hay hombres de todas las edades, desde ancianos hasta niños, pero ninguna mujer.

En la parte superior del retablo dedicado a *El saludo del campesino y el obrero,* una figura de rasgos aborígenes y largo manto extiende sus brazos (como el Pantocrátor del Anfiteatro Bolívar) sobre las cabezas del campesino y el obrero que se estrechan las manos. Es *El espíritu de la Revolución* el que cobija el gesto de su propia supervivencia. A ambos lados unas madonas sentadas entre nubes, como extraídas de una pintura religiosa, soportan en el regazo elementos emblemáticos de la ciencia y de la técnica. La Escuela Nacional de

Agricultura debía propiciar el desarrollo científico, sin despreciar la milenaria sabiduría de quienes habían aportado al mundo cultivos tan valiosos como el maíz, el frijol, el chile, el tomate, el girasol, el aguacate y muchos otros. La enseñanza agrícola se contemplaba entonces como el complemento obligado de la reforma agraria. Se aspiraba a que la ciencia y la técnica fueran la base para la gran revolución agrícola de alcance nacional.

En 1958, en el primer aniversario de la muerte de Rivera, Carlos Pellicer escribió: Blanquean los campesinos recibiendo los testimonios de sus parcelas que les arrebató la negrura del latifundio. La palma los corona humildemente hecha horizonte de sombreros. El maíz, origen de prodigiosas culturas, se bebe lento en el atole y se come ancho en la tortilla. En todo campesino, Diego está.

Los primeros frescos de Chapingo los pintó Rivera cobrando un sueldo de veinte pesos diarios. Semejante ingreso —comentó años después Marte R. Gómez— sería desdeñado hoy por los pintores de olla que decoran tendajones y pulquerías.

Rivera se había comprometido a terminar los del edificio principal a tiempo para que el presidente Obregón pudiera inaugurarlos el 1 de mayo de 1924, y cumplió. Entre las explicaciones dadas entonces por el director figuró seguramente la de la escena bajo el rótulo con el lema de la ENA. A él le gustaba aclarar que la idea había sido subrayar la unidad del campesino y el obrero, no a la luz de las artes y las ciencias, sino al amparo de las ciencias fundamentales que intervienen en la formación profesional del ingeniero agrónomo: Con símbolos claramente discernibles se ven ahí las matemáticas, la botánica, la zoología, la geología, etc.

Recordó Marte R. Gómez que al terminarse el periodo presidencial de Obregón, en 1924, la decoración del salón de actos quedó inconclusa. Cuando el nuevo gobierno quiso contratar la terminación de la misma, Rivera exigió un pago de cincuenta pesos el metro cuadrado. Entonces la Contraloría de la Nación reclamó al artista que garantizara el cumplimiento del compromiso respaldado por un fiador, que fue justamente Marte R. Gómez.

El muro del fondo de la capilla fue pintado antes de los laterales. Gravita ahí el gran desnudo de una mejer preñada, para el cual sirvió de modelo Lupe Marín (1897-1981), segunda esposa de Rivera, poco antes de dar a luz a su hija Guadalupe, nacida en 1924. Es la *Tierra fecunda*. En la mano derecha tiene una semilla de la cual brota un capullo. La mano izquierda se alza en señal de armonía. La mujer colosal, en serena postura sedente, está rodeada por los elementos: agua, fuego y viento que la saludable familia mestiza está en condiciones de dominar. El viento sopla en dirección de las aspas del molino. El fuego sale del cráter para ofrecerle al hombre una tea encendida. El agua se derrama en la presa sólidamente construida. Lo indócil ha sido controlado por el hombre; gracias al trabajo humano la tierra será fecundada. Refiriéndose al desnudo de Lupe Marín, Rivera reveló: El recuerdo de su exquisito cuerpo desnudo ha permanecido conmigo. Las curvas y sombras de esa maravillosa creación dejaron una huella imborrable en mi cerebro de pintor. La dibujé del natural porque Lupe estuvo dos veces embarazada durante el tiempo que trabajé en Chapingo. Del segundo embarazo nació Ruth (1927-1969). Un comentario de Lupe Marín fijó la distancia entre vida y arte, entre realidad concreta y representación mítica: Los desnudos que Diego hizo de mí son excelentes, pero los siento independientes de mi persona, ellos tienen su propia identidad.

Para la mujer de larga cabellera, símbolo del agua, posó la cantante, compositora y folclorista Concha Michel (1899-1990), temprana luchadora por la causa de las mujeres e infaltable intérprete de canciones revolucionarias en los actos de la izquierda. Entonces —con Sara López, Luz García y Laura Mendoza— Concha Michel estaba a cargo de la sección femenina del periódico *La Plebe,* que dirigía Rivera por acuerdo de II Congreso

Nacional del Partido Comunista Mexicano, el cual lo había elegido como uno de los cinco miembros propietarios de su comité ejecutivo. Esta militancia explica los numerosos martillos y hoces representados en la superposición habitual o separados, y también la ubicación de la estrella roja al centro de la bóveda. El pintor puede utilizar símbolos siempre que su público esté tan familiarizado con ellos como él mismo, opinaba Rivera. En efecto, para los 1078 delegados que en mayo de 1923 participaron en el I Congreso Agrarista esos símbolos no resultaban extraños. Los campesinos que se organizaban en Veracruz, Michoacán y otros estados recurrían a ellos muchas veces en sus llamamientos y proclamas.

Para la mujer de *La familia humana* posó Luz Martínez, campesina de Milpa Alta. Su cuerpo pareciera emerger de la gran charola con papayas y piñas como un fruto tropical más. Cerca de ella, el niño se arrodilla para unir dos cables eléctricos y lograr la chispa. Será la nueva generación la que habrá de llevar al campo esa modernización reclamada con fuerza, desde la década de los veinte, por las organizaciones campesinas. En los cuatro años de su gobierno, Álvaro Obregón había puesto en marcha la reforma agraria y se habían entregado más de un millón y medio de hectáreas a cerca de ciento setenta mil familias. Los primeros esfuerzos de esa primera generación de ejidatarios debieron dirigirse hacia la defensa de sus parcelas, amenazadas constantemente por los antiguos hacendados y sus guardias blancas. El hombre de *La familia humana* (para el que sirvió de modelo el duro cuerpo del joven Máximo Pacheco) observa a un Prometeo de cabellos rojizos que emerge de un cráter para ofrecerle la llama de la creatividad que beneficiará a los suyos y a la colectividad.

En el arco de tres centros que soporta el antiguo coro quedó representada *La tierra dormida,* en cuya mano derecha germina una semilla. Rivera utilizó como modelo a la fotógrafa Tina Modotti, discípula del fotógrafo estadounidense Edward Weston (1886-

1958), con quien había llegado a México, donde decidió quedarse y se convirtió en una notable especialista en la fotografía de murales. Al crítico Justino Fernández se le debe una de las mejores descripciones de la muy celebrada figura: Es en este extraordinario desnudo que el poético naturalismo de Rivera alcanza su máxima grandeza y delicadeza, porque está dibujado y pintado con un poder y una sabiduría de gran estilo y estirpe; delicado y robusto, fino y sensual, cercano al modelo y al mismo tiempo componiendo y ajustando sus formas y líneas al efecto decorativo. La carne está modelada con pequeñas pinceladas multicolores que vistas en detalle recuerdan la técnica impresionista, que el pintor introduce en la pintura al fresco con los mejores resultados. Nada más tierno y conmovedor que este desnudo, activo en su abandono —con aquella cabeza semidescubierta por la oscura cabellera, la boca entreabierta—, tranquilo, sereno y grandioso, según el ideal clásico; es uno de los grandes desnudos de la historia del arte que encontraría sus ancestros en la línea de la pintura que partiendo del Renacimiento, con el ejemplo de Tiziano, continúa con la *Venus* de Giorgione, la *Venus* de Velázquez y otros, alcanza a David y *Mme. Recamier,* pero sobre todo a Goya con su *Maja desnuda,* hasta Gauguin y Matisse.[93]

En el centro de la capilla hay ocho paneles, cuatro a cada lado. En ellos están tratadas las etapas de la transformación social comparadas con las de la evolución natural, en un desarrollo que inicia en el coro y culmina en el ábside. En el primero, *La formación del liderazgo revolucionario,* Rivera repite una escena tratada por él con un estilo más primitivista en la SEP: la del minero esculcado en la boca de la mina, acción repetidamente observada por el niño Diego María Rivera Barrientos en su natal Guanajuato. Con su overol azul, los brazos en alto y la cabeza gacha, el trabajador semeja un crucificado. Un campesino, con la cabeza oculta por el sombrero y agobiado por la carga como un penitente, divide el primero del segundo episodio de agresión y humillación: un hacendado resguardado por el fusil del capataz golpea con el látigo al campesino entregado a la difícil labor, como otros hombres y mujeres. Al centro el segador, con haz de trigo en una mano y una hoz en la otra, observa el atentado con mirada desafiante. Ha comenzado el ocaso de la sumisión. Las causas primeras de la rebeldía revolucionaria están anunciadas con absoluta claridad al resaltar la dura vida bajo el latifundismo y la dictadura, y expresan el anhelo por un trabajo dignificador.

Para *La tierra oprimida* por la negativa trinidad del capitalismo el militarismo y el clero, Rivera utilizó de nuevo a Lupe Marín en una pose que dibuja el cuerpo geográfico de la República Mexicana. Con las grandes curvas de sus brazos y muslos y la imponente solidez de su espalda, Rivera trazó el mapa carnal de una potencia esclavizada. La cabeza envuelta en el cabello enmarañado recuerda el ciclo de fotografías que por la misma época le tomó Edward Weston a Lupe Marín. La voluptuosidad femenina aparece agredida por grotescas figuras representadas con panfletario sentido satírico. El seductor desnudo femenino no queda opacado por el juego ideológico, aunque la función propagandística se cumple de manera tan explícita que algún crítico denominó al recinto «santa capilla de la Revolución». Rivera aclaró que en su canto a la tierra cabían lo bello y lo triste, lo profundo y lo resplandeciente. Eso se lo permitía el uso muy creativo de una simbología abierta. Entre los tres opresores sobresale como máquina de violencia el militar con máscara antigás y espada desenvainada.

En los murales de Chapingo hay un mensaje político importante cuando se destaca la lucha por la tierra como propiedad social. Hay un mensaje científico cuando se ilustra el dominio de la naturaleza por el hombre, así como su conocimiento científico para encontrar una organización social más justa. Rivera plantea las luchas del pueblo mexicano por la libertad tanto en el campo como en las minas.

Los tres tableros siguientes conforman la *Trilogía de la Revolución*. En la primera etapa se ha generado en el medio social una necesidad que exige el cambio en el estado de cosas. El campesino de mezclilla azul y camisa roja explica a un grupo de hombre y mujeres del campo, entre quienes se encuentra un obrero, la realidad de sus circunstancias. La pala que sostiene uno de ellos aparece como arma eficaz para reconquistar lo que les pertenece: la tierra. La presencia del obrero apunta la necesaria alianza obrero-campesina. Que la revolución germina queda dicho por las tiernas plantas que brotan en el horizonte. Pero en el medio punto arriba de la cornisa una mano monumental da señas de indecisión. Lenta es la germinación en la tierra y en la conciencia del pueblo. Mientras los demás oyen atentamente al que habla, un campesino se concentra en la lectura de un volante. Para ser eficaz, la prédica ha de hacerse de manera oral y escrita.

Cuatro figuras de un lado y del otro están distribuidas con asimétricos equilibrios bizantinos. En las soluciones de todo el tríptico hay voluntarias reminiscencias de los prerrenacentistas italianos: Duccio, Cimabue, Giotto, tan admirados por Rivera y estudiados por él en su viaje por Italia. Todo pintor es tierra que recibe semilla de otro pintor, había escrito Diego en 1924 en un folleto dedicado al malogrado Abraham Ángel (1905-1924). Si la tierra es fuerte —agregaba—, tiene acción sobre la simiente y el fruto de la siembra adquiere un sabor tanto más diferente o nuevo cuanto mayores sean las cualidades distintivas y las riquezas de la tierra. Por el alimento estético que significó para él la pintura italiana, desde los bizantinos hasta Miguel Ángel, estos conceptos pueden aplicarse a su propia producción de un arte nuevo y mexicano, con un alcance popular semejante al de las pinturas en las iglesias medievales. Si bien aspiraba a rendir un trabajo de sentido revolucionario, Rivera consideraba que la obra lo es en realidad cuando el tema aparente se enriquece con sentidos más profundos. En arte —escribió por entonces— todo lo que vale y cuenta está hecho de un conjunto armónico de instinto y conocimiento, de un tejido compacto de intuición y ciencia. Artesanía y espiritualidad enlazadas estrechamente. Quizá debido a ello apareció sobremanera la colaboración en la técnica del fresco de Ramón Alba Guadarrama, considerado por él un «obrero del arte», hombre sencillo, que había hecho pintura mural como la habían hecho los antiguos. En efecto, en 1911 Alba Guadarrama auxilió al excelente pintor y dibujante Luis Monroy (1845-1918) en la ejecución de *Las cuatro mujeres fuertes de las Escrituras* en las pechinas de una iglesia en Tenancingo; fue decorador de pulquerías y, tras haber madurado junto a Rivera, hizo murales en escuelas y un tramo en las decoraciones realizadas por varios en el mercado Abelardo Rodríguez.

En la segunda etapa de la *Trilogía de la Revolución* se sacuden y despiertan todos los órdenes sociales, se lucha por todos los medios y todo se sacrifica para alcanzar el bien común. En el medio punto un puño se levanta en actitud combativa. La muerte del campesino marca la plena floración del movimiento social. Su cadáver es velado por cinco campesinos con cananas cruzadas sobre sus pechos, algunos de ellos heridos en combate, las cabezas descubiertas y los sombreros en sus rudas manos. Tres mujeres arrodilladas, totalmente arropadas en sus mantos, ocultan el llanto. Aquí la simplificación geométrica tiene un instante de culminación. Sobre la tierra que fluye como un río, las formas redondas parecieran girar. Roja la mortaja, roja la sangre que escurre por el rostro del cadáver, roja la bandera y rojas las flores de la ceiba frondosa. La *Trilogía de la Revolución* culmina en el ideal realizado. El obrero, el campesino y el soldado han comenzado ya a construir un nuevo orden y se solazan con la convivencia familiar y con la fraternidad. En el medio punto la mano se abre en actitud vigilante. Si en el tablero anterior una de las mujeres quedaba aureolada por un sombrero de palma, aquí es el obrero el aureolado con los radios y el círculo de la manivela. El campo ha comenzado a tecnificarse. Las mujeres no aparecen como soldaderas sino como madres y proveedoras de los alimentos y el bienestar hogareños. En el repertorio riveriano las mujeres como símbolos explayan todas sus energías corpóreas y anímicas. Como entidades reales casi siempre se muestran pasivas y serviciales. En Chapingo, Rivera no recobró la activa participación de la mujer en todas las luchas de la ciudad y del campo.

A la entrada de la nave hay dos tableros y la dedicatoria. Un niño y una mujer figuran las ofrendas de la tierra. En la bóveda, la simbólica estrella roja con los atributos propios de obreros y campesinos. En el muro de la derecha el tema corresponde a *La sangre de los mártires agrarios*. Aquí Rivera compuso una reconciliación póstuma entre intérpretes de hechos tan amargos como el fusilamiento de Otilio Montaño por la dirección del Ejército Libertador del Sur, ejemplo de luchas que pueden calificarse de fratricidas y no entre facciones opuestas e irreconciliables. Lo que hizo Diego fue equiparar en valores germinales las figuras de Zapata y de Montaño. Bajo tierra, en corte transversal, se ven los cadáveres de Emiliano Zapata (1879-1919) y de Otilio Montaño (1877-1917), líderes de la revolución agraria, envueltos en sendos sarapes rojos. Sus pies casi chocan. Sobre ellos, en la superficie de la tierra, fructifica el maíz. El simbolismo es claro: la inmolación de los luchadores no ha sido en vano, ellos fecundan las capas del maíz, alimento milenario del hombre americano. La eliminación de Zapata, ya se sabe, fue ordenada por Venustiano Carranza. ¿Cómo ocurrió la de Montaño? Otilio Montaño era maestro de escuela. Se había titulado en Cuautla, dio clases en varias poblaciones antes de ser director de la escuela de su pueblo natal Villa de Ayala. Primero simpatizó con Francisco I. Madero y después se acercó a

Zapata y combatió en las fuerzas agraristas. En noviembre de 1911 se fue con Zapata a Ayoxustla, en la sierra poblana. Ahí redactaron el Plan de Ayala, hecho público el siguiente noviembre, como respuesta al engaño de que había sido objeto Zapata y su gente por parte de Madero, quien protegió a los latifundistas y envió al Ejército Federal a reprimir duramente a los revolucionarios de Morelos. El Plan de Ayala reivindicaba la posesión de tierras, montes y aguas usurpados por los hacendados, e incluía asimismo demandas de orden político. Con limitaciones como la de no plantear de manera coherente la liquidación del latifundio, el Plan de Ayala fue en aquel momento el programa agrario más revolucionario, al que adhirieron amplias masas campesinas, capas pequeño burguesas e intelectuales revolucionarios. A la vez definió las relaciones entre Carranza y Zapata.

A diferencia de las firmes y claras posiciones de Zapata, Otilio Montaño daba bandazos, como haber aprobado el golpe de Victoriano Huerta, aunque pronto se arrepintió; criticar de manera irresponsable a los villistas; no haber rechazado la intervención norteamericana (1914), lo que en cierta medida influyó en Zapata, quien no se definió al respecto. En mayo de 1915 el ejército carrancista inició la ofensiva contra los zapatistas, cuyas fuerzas diezmadas carecían de armamentos, víveres, medicamentos y ropa con que cubrirse. Aunque el ejército campesino había sido derrotado en la sierra de Morelos, Zapata trataba de mantener viva la lucha armada, en la que Montaño participaba descuidando las tareas administrativas que le estaban encomendadas. En el acta de ratificación del Plan de Ayala el 19 de junio de 1914, Zapata señalaba que no debía la revolución iniciada en 1910, en cuyo nombre muchísimos se habían sacrificado, servir sólo para la satisfacción de los intereses de una minoría ansiosa de poder. Estas posiciones fueron apoyadas por el ala izquierda de la asamblea constituyente de Querétaro, inaugurada el 1 de diciembre de 1916.

Debido a los aprietos en el frente zapatista comenzaron las defecciones de algunos veteranos que pactaban con los carrancistas a cambio de paz y autonomía. Por lo mismo aumentaban las sospechas de traición en el cuartel general, situado entonces (1917) en Tlatizapán. Entretanto Montaño se había ido desprestigiando y ya pensaba en abandonar el movimiento. Cuando estalló una revuelta contra Zapata en Buenavista de Cuéllar, se supo que Montaño había sido el director intelectual. A Zapata le costó dar crédito a la versión, aunque los testimonios eran claros. Al cabo de varios días reunió una corte marcial (en la que él no participó), que juzgó a Montaño por traición. El 15 de mayo de 1917 comenzó el juicio, el 18 fue declarado culpable y, tras despedirse de su familia, fue fusilado.

Seguramente Rivera no ignoraba esta parte de la historia, pero su determinación al reunir a los dos personajes en el mismo muro del salón de actos de Chapingo debe haber consistido en resaltar conjuntamente a los dos que habían escrito el Plan de Ayala, el instrumento ideológico que sustentó y dio argumentos a la revolución agraria, una revolución que en gran medida fue aplastada, postergada; aunque enarbolando el Plan de Ayala el movimiento zapatista había logrado destruir muchos latifundios y repartir treinta y tres por ciento de la tierra entre un veinticinco por ciento de las familias campesinas del estado de Morelos.

En el salón de actos de Chapingo, cada episodio de la transformación social tiene en el muro puesto un equivalente en la evolución natural. La sucesión de tableros comienza por *Las fuerzas subterráneas,* continúa en *La germinación* y *La floración,* y culmina en *Los frutos de la tierra.* En lo profundo del subsuelo —explicó Rivera— mostré espíritus que usan sus fuerzas para ayudar al hombre. Una esfinge sale de su llameante cueva con los brazos extendidos para asir los volantes espíritus de los metales y ponerlos al servicio de la industria. Quien recibirá los materiales benéficos de esos espíritus, para levantar un mundo, es el hombre joven cuyo cuerpo vigoroso desnudo se yergue entre llamas prometeicas. La juventud en acción es lo contrario de una tierra oprimida. Para los desnudos femeninos de este núcleo telúrico, en donde fluyen corrientes subterráneas de agua y fuego que cristalizan la materia en lo interno de la geología, sirvió de modelo Graziella Garbalosa.

Los muros del desarrollo natural están perforados por claraboyas que el pintor aprovechó al máximo, no sólo como fuente de luz. En cada uno de estos huecos redondos la representación se expande hacia una profundidad escultórica, sin interrupción de formas, colores y texturas. Justino Fernández describió con acierto el tablero de *La germinación:* Es uno de los mejores de cuantos ha pintado el artista; adaptando su composición a la ventana circular en el muro, surgen a contraluz unos desnudos femeninos, en concavidades, desde casi un feto hasta una figura completamente desarrollada. Dos de estos desnudos son particularmente interesantes: uno de espaldas, figura asentada que recuerda la famosa bañista de Valpinçon, de Ingres, y que es de una suavidad y de una sensualidad exquisitas; lo mismo puede decirse del otro que surge del tronco de un árbol y que, libre desde las extremidades para arriba, es un delicado cuerpo de mujer, con los brazos en alto, tierno y virginal.[94] Rivera obtuvo la suavidad y redondez de esos desnudos de la excepcional modelo que fue Tina Modotti. Las largas sesiones de dibujo tuvieron lugar en la casa de Rivera y Lupe Marín en Mixcalco, aunque también le sirvieron algunas tomas de la notable serie de desnudos de Tina, plenos de la más delicada sensualidad, captados por Edward Weston.

El tramo siguiente, frente a *La muerte del campesino,* ejecutado en un modo voluntariamente renacentista, otra composición con desnudos femeninos desarrolla el tema de *La floración,* con toda la fantasía requerida por un enunciado filosófico-naturalista. La botánica de la flor aparece aquí sublimada por medio de una estética muy cercana al simbolismo. Por la fuerte carga de subjetividad, pareciera ser la ilustración de un poema. No es casual que al contemplar los cuatro desnudos en diferentes actitudes signíferas o dramáticas, alguien haya evocado a William Blake, el poeta y pintor inglés, cuyos acentos de irrealidad mágica tanto admiraron los simbolistas primero y los surrealistas después. Dos de los desnudos, el que está con las manos en alto y las palmas al frente, y el acuclillado de espaldas, con las manos en cuenco, semejan ánforas de terracota. Frente a los otros dos: el yacente de espaldas y el arrodillado y de perfil, cabe recordar al poeta Efraín Huerta cuando decía que Rivera supo ver la belleza «en la corola de la flor y en la piel de seda de la mujer». El contrapunto entre terracota y seda, entre pieles claras y cobrizas, se da también en el último tablero, el de *Los frutos de la tierra*. Una criatura los ingiere con fruición, sorbiendo en ellos la vida, mientras las mujeres se deleitan al tenerlos entre las manos. No faltan aquí las sugerencias afrodisiacas ni la planta fálica que surge en toda la obra como un *leitmotiv*.

La mujer de espaldas es otro bello desnudo de Tina Modotti, reconocible por su habitual peinado de chongo sobre la nuca y su incomparable gracia de madona. Para la niña que mordisquea la fruta es posible que haya usado como modelo a su pequeña hija Guadalupe. Frente a este tablero se puede recordar que para Rivera el arte era una nutrición necesaria para el sistema nervioso.

Al traspasar la puerta de entrada al salón de actos, tanto la ordenada grandiosidad como la armonía de formas y colores invitan a avanzar, pero conviene detenerse bajo la bóveda del antiguo coro para apreciar no sólo *La sangre de los mártires agrarios*, sino también el tablero denominado *El agitador*, representación de un mitin de obreros y soldados, sin que falte el guerrillero embozado en su sarape, con la punta del fusil pegada a sus ojos vigilantes. La naciente Liga de Comunidades Agrarias se manifestaba en aquellos años por una efectiva alianza entre obreros y campesinos, y criticaba a los dirigentes del proletariado que entorpecían esa alianza por menospreciar al hombre del campo. En defensa de esa posición Rivera representó al agitador como un campesino con overol de obrero. Éste señala el tiro de una mina en donde unos hombres de piel clara extraen la riqueza del subsuelo, denunciando así el incumplimiento de la Constitución de 1917 que en el artículo 27 señalaba: Corresponde a la nación el dominio directo de todos los minerales o substancias que en vetas, mantos, masas o yacimientos constituyen depósitos cuya naturaleza sea distinta a los componentes de los terrenos, tales como los minerales de los que se extraigan metales y metaloides utilizados en la industria.

A un lado de la mujer con mazorcas en las manos, como una Xilonen apoyada en las espigas del maíz, se encuentra la dedicatoria fechada el 1 de octubre de 1927. Fue manuscrita, según se ha comentado, por Pablo O'Higgins, aunque resulta inverosímil que éste hubiera alterado la ortografía de su apellido. Dice: A todos los que ya cayeron y a todos los miles de hombres que todavía han de caer en la lucha por la tierra, para hacerla libre y que puedan fecundizarla todos los hombres con el trabajo de sus propias manos, tierra abonada con la sangre, los huesos, la carne y el pensamiento de los que supieron llegar al sacrificio, dedican devotos el trabajo de esta obra los que la hicieron: Juan Rojano, Epigmenio Téllez, albañiles, Ramón Alba Guadarrama, Máximo Pacheco y Pablo Higins [sic], ayudantes y Diego Rivera, pintor.

Al observar en el techo la estrella de cinco puntas con martillo, hoz y dos manos hacia arriba en posición de alerta, cabe tener en cuenta una evocación de Pablo O'Higgins: Cuando trabajamos en los murales de Chapingo se sentía aún con mucha fuerza la atmósfera emergente de la revolución. Diego se identificaba plenamente con las grandes luchas de su pueblo que magnificó en sus murales. De no haber compartido las ideas del pueblo, de no haber tenido el apoyo de los mexicanos y la comprensión del gobierno surgido de la revolución, difícilmente hubiera realizado su magnífica obra. Aquélla fue una época de grandes problemas, pero también de la iniciación de todo un movimiento revolucionario; las dificultades tenían alternativas. Esta situación la plasmó Diego en sus pinturas. Fue una época de mucha vitalidad y una intensa actividad agrarista en México. En el ambiente se respiraba y se dejaba sentir una atmósfera de cambio.

En la segunda colaboración para el periódico *El Machete* Rivera escribió: Empieza en México el tiempo más importante para el trabajador, porque el trabajador comienza a tener la facultad de adivinar de qué lado están sus intereses y de qué lado debe ponerse él para defenderlos mejor. Los ricos y todos los que viven trabajando poco y ganando mucho, chupando la sangre del pueblo, empiezan a apercibirse de lo que pasa y a formar planes y poner ganchos para el trabajo.

En la bóveda del salón de actos, Rivera venció con éxito las indiscutibles dificultades técnicas. Por su sentido arquitectural de los espacios supo dar unidad a la segmentación de ella y aprovechar los obstáculos, sacándoles ventaja. La bóveda de Chapingo —comentó el escritor Luis Cardoza y Aragón— es un prodigio. Basta con ella para que Rivera nos pruebe su grandeza verdadera. Quien ha pintado esa cúpula demuestra un gran talento. La decoración de la bóveda quedó dividida en cuatro partes. La primera está dedicada a los elementos y las tres restantes (entregado el autor al difícil arte del escorzo) contienen figuras masculinas con torsos y piernas desnudos, en una especie de visión mexicana y marxista de la Capilla Sixtina de Miguel Ángel. La pintura renacentista y la del barroco popular mexicano constituyeron voluntarias fuentes de inspiración. Para esas figuras el pintor utilizó como modelos a pobladores de la región de Texcoco, dispuesto a dejar entre otras expresiones un testimonio etnográfico. Bien observó la animadora cultural Anita Brenner que: El pequeño salón habría quedado totalmente poblado por los abultados volúmenes, y los azules y los sienas habrían aturdido la decoración, de no haber proyectado el techo hacia el cielo con un trasfondo azul sobre el cual las figuras quedan dibujadas en perspectiva, con las plantas de sus pies vistos en primer término desde abajo.

En *Los elementos* la Tierra aparece como alimentadora, rodeada de la lluvia, el sol y el aire. Completan el tablero tres Gracias que levitan suavemente en el azul. El sol con rostro de niño mexicano, el viento como un Ehécatl y el arco iris con sus bordes morados imprimen al tablero un clima de dicha paradisiaca. Es inconfundible el carácter mexicano de las figuras masculinas distribuidas en los nichos. Están acompañadas de lenguas de fuego y portan instrumentos de labor y frutos puestos en sus manos con sentido alegórico. Una justa descripción de Justino Fernández resume lo esencial: Los tableros se llenan con figuras masculinas desnudas, todas de tez morena y tipo inconfundiblemente mexicano: son símbolos de la agricultura y de la fructificación, dibujados con fuerza y bien colocados en la especie de nichos que el artista les destinó; al centro dos figuras en original escorzo tienen en sus manos la hoz y el martillo, que vienen a quedar al centro de una gran estrella roja. No es necesaria mayor interpretación de estos signos, bajo los cuales está desarrollada la idea.[95]

Rivera convirtió la bóveda, originalmente simple, en un panal de geometrías para ajustar dentro de ellas los cuerpos en las poses más variadas. Quietud y dinámica se complementan con elegancia y grandeza. Justino Fernández hizo una consideración que el espectador debe tomar en cuenta: A primera vista el muro del fondo aparece un poco pesado en su parte superior, con el gran desnudo que simboliza la tierra, y lo es, si se le considera aislado, mas si se ve en relación con muros y bóvedas, se comprende que el pintor logró lo que se propuso: relacionar las diferentes partes por medio de aquel elemento plástico de transición.[96] Pero a Fernández se le olvidó mencionar las grisallas que en arcos, tableros y bóveda establecen una continuidad por haber sido distribuidas como los hilos de una delicada red de contención. Una vez que los ayudantes habían cubierto el fondo con pintura amarilla dorada, Rivera dibujaba, con suave gris u ocre, primorosas viñetas complementarias de los asuntos mayores: pequeños desnudos, instrumentos de labor, plantas, espigas, flores, en un estilo sintético y armonioso, más funcional en la bóveda, pues en la percepción actúan como amarres de los jóvenes texcocanos sentados, inclinados, parados o reclinados en las pechinas. A veces los jóvenes fueron subidos a los andamios y puestos contra la bóveda para definir su presencia en la composición general.

La puerta del salón de actos fue trabajada dos años después de concluidas las decoraciones interiores, en 1929. Al respecto Marte R. Gómez evocó: En 1929, siendo yo mismo secretario de Agricultura y Fomento, se completó la unidad arquitectónica de la capilla con la puerta, la mesa y las bancas de madera de cedro, sobre dibujos que preparó Diego Rivera. Las tallas se realizaron en el taller de ebanistería que el escultor Abraham López Jiménez y su hermano tenían en la Ciudad de México. López Jiménez era un hábil ebanista adiestrado en su natal Guadalajara. Deseando completar su formación, había tomado clases en la Escuela Nacional de Bellas Artes; uno de sus maestros fue José Fernández Urbina, con quien después colaboró. Se había especializado en la copia de arcones, retablos y otras joyas de la época colonial. En su trayectoria la puerta de Chapingo demuestra su capacidad para ajustar la talla de madera, con la más absoluta fidelidad, al estilo del diseñador. López Jiménez fue un intérprete excelente del estilo riveriano. En la puerta Rivera no continuó la manera desplegada en la capilla. Más bien aplicó en sus diseños una narrativa visual semejante a la de El corrido de la Revolución de la SEP, o sea, una confrontación entre buenos y malos, entre revolucionarios y reaccionarios.

En los tres tableros de la hoja izquierda ubicó a los campesinos y en los de la derecha a los capitalistas explotadores y sus cómplices. Los tres tableros de la hoja izquierda, de arriba hacia abajo, presentan: a) mazorcas y espigas con estrella de cinco puntas, hoz y martillo; b) Emiliano Zapata con el pecho cruzado por cananas, delante de una estrella y una hoz; a su siniestra una cartela con la consigna «Tierra libre para los hombres»; más abajo una inscripción: «Los buenos estarán siempre con Emiliano Zapata», y c) de un grupo de campesinos sobresale una familia; el hombre con cananas y arado, la mujer como maestra rural y el niño con un libro en las manos.

En la hoja derecha: a) los frutos de la tierra sometidos por la espada, la cruz y el capital; b) el gran burgués y su cómplice, un demagogo bifronte que por una boca le dice a Zapata: «Yo estoy con la Revolución» y con la otra le asegura a su amo: «Yo defenderé tus intereses y tú me recompensarás», y c) delante de un cura y un abogado, la pomposa familia burguesa. En el segundo tablero se asienta: «Estos son los malos». En los entrepaños se da crédito a los autores y también al ingeniero Marte R. Gómez, entonces secretario de Agricultura y Fomento, y al ingeniero Manuel Mesa Andraca, quien ocupaba la dirección de la Escuela Nacional de Agricultura.

MÉXICO, DEL PASADO REMOTO AL FUTURO PRÓXIMO. Palacio Nacional. Ciudad de México. Fresco. Superficie: alrededor de 1,500 m², 1929-1951.

Señalaba Diego Rivera refiriéndose al trabajo plástico que abarca los muros sur, poniente y norte en la escalera monumental del Palacio Nacional: Es el único intento, en toda la historia del arte, de representar en un solo lienzo continuo de pared la historia de todo un pueblo, desde su pasado remoto hasta su futuro impredecible. Antes de ejecutar las pinturas tuvo que hacer una prolija investigación histórica sobre hechos sociales, tiempos y personajes para conjuntarlos en un ordenamiento dialéctico de contenidos y formas en una composición con su propia dinámica. Grande fue el esfuerzo de construcción para lograr una secuencia clara, comenzando por el estado social anterior al coloniaje. La escalera de Palacio Nacional, apreciaba Rivera, se eleva amplia y majestuosa desde un ancho patio interior, dividiéndose a derecha e izquierda en el primer tramo. Para la pared de la escalera de la derecha hizo una versión de México antes de la Conquista: sus artes populares, artesanías y leyendas; sus templos, palacios, sacrificios y dioses. En la gran parte central, de seis arcos, pintó toda la historia de México desde la Conquista hasta la Revolución Mexicana. En la base triangular representó las crueldades del régimen español, y encima de eso las múltiples luchas del pueblo por la Independencia, culminando en los arcos exteriores con la guerra perdida contra los invasores norteamericanos y la final victoria sobre los franceses. Los cuatro arcos centrales muestran aspectos de la Revolución y sus repercusiones en los desgarrados años de lucha. En la parte superior del luneto a la derecha del espectador quedó representada la invasión estadounidense de 1847 y la heroica defensa de Chapultepec por el general Bravo, sus batallones populares y los cadetes del Colegio Militar. En la parte inferior de la composición se observa la superioridad del armamento del conquistador, especialmente a causa del arcabuz y la artillería, y encima de éstos el empleo de útiles de hierro en manos de los indígenas esclavizados para la destrucción de las construcciones fruto de su cultura. A la izquierda del espectador quedó representada la invasión intervencionista francesa y la victoria de México en su lucha contra ella debido a la resistencia popular republicana organizada por el benemérito Benito Juárez y sus compañeros, así como la liquidación del imperio por las fuerzas de la patria en el

Cerro de las Campanas, o sea, el opuesto histórico a la derrota de 1847, causada por la traición de la gente de la superestructura política del país, a pesar de la resistencia heroica de la base popular. Abajo de este luneto de la victoria contra la intervención extranjera, en la base de la composición, están representados la marca al fuego de los indígenas esclavizados, con el signo de hierro consignado por Bernal Díaz del Castillo, y la quema de los códices que contenían el testimonio de la alta cultura del México antiguo; mientras que en el nivel medio se representa el uso de los útiles de hierro para la construcción colonial, ejecutada por obreros indígenas bajo la dirección del alarife-arquitecto español.

Así como Rivera venía mostrando en su obra a la mujer dando vida, frutos, goces, veneración, asistencia, en el Palacio Nacional dio forma a la contrapartida brutal de la dación que es la violación, representada con todo su dramatismo al pie del segundo arco, donde la mujer indígena aparece violada por el soldado conquistador, representado como animal insaciable, inflamado por instintos caprinos y perversidades de gran señor. Años después el ensayista argentino Ezequiel Martínez Estrada se refirió a los invasores que sometían y humillaban con saña a la mujer autóctona. La brutalidad en el muro poniente de la casa de gobierno mexicano no es mítica, no hay raptos de Europa por Zeus metamorfoseado en toro, ni de sabinas preñadas por los súbditos de Rómulo. No es la leyenda, es la historia tanto de la afrenta a la hembra como de la fusión violenta, origen del mestizaje. Pero no faltan en esta sinfonía visual heroínas verdaderas; ahí está Leona Vicario entre los independentistas.

En el boceto original del muro central de la escalera Diego culminaba la composición con la figura alegórica de una mujer cobijando al trabajador y al campesino. Después consideró que dicha alegoría era políticamente falsa, puesto que México todavía no era una madre que diera alimento a los trabajadores y a los campesinos; eliminó esa figura y la reemplazó, entre junio y octubre de

1931, con la figura de un trabajador que muestra a los mártires de la revolución agraria (Emiliano Zapata y Felipe Carrillo Puerto) el camino hacia el futuro desarrollo industrial. Ahí aparece la pancarta con el lema magonista de «Tierra y Libertad»; el lema de los zapatistas fue «Libertad, Justicia y Ley». Similar importancia le dio Rivera a las uvas relacionadas con Miguel Hidalgo, quien violó la prohibición española contra el cultivo de las uvas en México y enseñó a los indios, en el curato de Dolores, a cultivar y a utilizar el fruto prohibido, un acto de desafío que Rivera comparaba con la Fiesta del Té en Boston o con la expedición de Gandhi para producir sal. Así lo entendió el general Lázaro Cárdenas quien, al cumplir Rivera 70 años en diciembre de 1956, expresó: Es un abanderado que con su pincel combatiente acompaña a las huestes de la Independencia y de la Reforma, reclamando la libertad de los esclavos, la libre expresión del pensamiento y la reivindicación del patrimonio. En las paredes de los palacios de Cortés y de los virreyes estampa los adelantos de nuestra cultura aborigen y anatematiza las crueldades de la Conquista, de la Inquisición y de las invasiones extranjeras. En sus murales es como un campesino que reclama su tierra, como un líder en las gestas del Primero de Mayo; pero es también un maestro que imparte cátedras en los corredores de los edificios públicos, y en dondequiera que su talento se imprime exige justicia para el esfuerzo humano productivo, condenando a las minorías explotadoras y estériles. En el anfiteatro de la Preparatoria, en Chapingo, en el Palacio de Bellas Artes interpreta la creación del hombre brotando de la energía primaria, modelándose en la evolución biológica y social, y culmina augurando la victoria final de la ciencia y de la técnica en la cosecha pacífica de la futura edad atómica.[97]

Mientras Rivera accionaba sus pinceles en la pared poniente de Palacio Nacional, la silla presidencial fue ocupada por Emilio Portes Gil y Pascual Ortiz Rubio, actuando como «jefe máximo» Plutarco Elías Calles. El gran libro abierto, que esa compleja y abigarrada pintura significa, no fue desarrollado de manera lineal o consecutiva, sino a grandes saltos temáticos para cubrir el amplio lapso que va desde la Conquista hasta 1930. No se trata de glorificaciones sino de una narración lo más puntual posible, donde los personajes están rodeados de un pueblo del cual emergen y al que aspiran a servir. Por ejemplo, en la parte superior del muro vuelve a aparecer Miguel Hidalgo sosteniendo una cadena rota como símbolo del decreto que abolía la esclavitud, expedido el 6 de diciembre de 1810, donde se expresaba que todos los dueños de esclavos deberían darles libertad dentro del término de diez días, so pena de muerte; en la otra mano sostiene el estandarte de la Virgen de Guadalupe, el cual se convirtió en símbolo de la patria y estandarte de ésta en manos de Hidalgo.

En el muro central también quedaron retratados los presidentes de la República, entre ellos Plutarco Elías Calles junto a Álvaro Obregón. Calles fue representado otra vez en el muro sur, ahora en «su papel histórico —según aclaró Rivera— de gobernante iniciador de la consolidación burguesa de México en conexión con la finanza internacional y naturalmente con la represión de las huelgas y la represión contra los campesinos revolucionarios». Rivera inició *El México de hoy y del mañana* cuando Elías Calles todavía ejercía el poder como «jefe máximo». Una vez más fue Marte R. Gómez quien propició en 1934 el regreso de Rivera a Palacio Nacional, mientras que el presidente Lázaro Cárdenas apoyó en el primer año de su gobierno la prosecución de esta obra que incluye una dura crítica a las debilidades de la Revolución Mexicana. Elías Calles fue representado como prominente socio de la contrarrevolución. Unos «camisas doradas» (fascistas vernáculos) hablan con un Caballero de Colón vestido de charro. Del cuello de un campesino y de un obrero ahorcados penden letreros que dicen: Ahorcados «por latro faccioso comunista» y «por rebelde agrarista». Hay una máquina de hacer dinero debajo del altar de la Virgen de Guadalupe, y junto a él un fraile explotador, unos burgueses y un campesino en adoración y contribuyendo al enriquecimiento de la Iglesia. A los lados, una bandera norteamericana y el pabellón tricolor de las fuerzas de Cristo Rey. Una prostituta se reclina en el pecho de un cura, mientras un general y político le pone precio a sus encantos. Junto a la célula de la educación pública, un ex rector de la Universidad Nacional (entiéndase José Vasconcelos después de su conversión al nazi-fascismo) enseña a los estudiantes las doctrinas del nacional-socialismo mexicano, significado con una esvástica verde, blanca y colorada. La esvástica se ve también en un automóvil blindado que a la distancia acciona el presidente de la República para ametrallar a las masas reunidas en un mitin, mientras un agitador indica el camino de la rebelión, la policía ataca con fusiles y gases asfixiantes. Metralletas, fusiles y cañones apuntan contra el ejército del gobierno capitalista, a la vez que Carlos Marx indica el camino de la construcción socialista apoyada en el desarrollo científico-técnico.

A la izquierda de una miserable familia campesina que levanta una magra cosecha aparecen Frida Kahlo y su hermana Cristina. (Cabe recordar que 1934 fue un año complicado para el pintor y las modelos, dado que Rivera había entablado entonces una relación pasional con Cristina. Seguramente quiso demostrarse a sí mismo y a los demás que la militancia política puede restañar heridas amorosas por profundas e incestuosas que sean.) Frida luce en el pecho un medallón con la estrella roja, hoz y martillo. Ambas, ayudadas por los hijos de Cristina, Isolda y Antonio Pinedo Kahlo, hacen labor proselitista en pro del internacionalismo proletario y contra los enajenantes fanatismos religiosos y sus hipocresías, dando a conocer a jóvenes obreros textos de Marx y Engels. En lo alto del muro es el propio Marx quien predica a obreros y campesinos los fundamentos de una revolución que les hará conquistar el porvenir, un porvenir que, entre otras cosas, conocerá la conquista del espacio.

En 1951 Fernando Benítez comentó la acerba crítica de Rivera al proceso contrarrevolucionario propiciado por Calles: En el muro de la izquierda, pintado cinco años después de iniciado el grandioso fresco, Diego ha tratado de resolver el problema que plantea el acaecer histórico. Los grandes movimientos se frustraron. La Independencia desembocó en Iturbide y Santa Anna, la Reforma en Porfirio Díaz y la Revolución en un afianzamiento de la burguesía. Diréis que Diego, al extremar esta frustración, hace demagogia. Sin duda es un demagogo. ¿Pero cómo no serlo en un país que tiene ocho millones de indios que se mueren de hambre, quince millones de seres que llevan una vida oscura y triste y cinco mil millonarios egoístas y rapaces? Diego hace demagogia como la hacía Fray Bartolomé de las Casas, como la hacía el padre Motolinía cuando afirmaba en el siglo XVI refiriéndose a la situación de los indios: «quedan muchas casas yermas del todo y en ninguna hubo a donde no cupiese parte del dolor y llanto». Lo que no ven es que este demagogo ha pintado con sus lágrimas la mayoría de sus frescos.

Cuando Rivera regresó de los Estados Unidos en febrero de 1941, Marte R. Gómez intervino de nuevo, esta vez ante el presidente Manuel Ávila Camacho, para que se le encargaran nuevas decoraciones en el Palacio Nacional, iniciando entonces Diego lo que serían los sucesivos tableros en los muros norte, oriente, sur y poniente de los corredores del primer piso. El proyecto inicial fue presentado en abril de 1942. En total serían treinta y tres: cinco dedicados al México indígena, nueve al Colonial, doce al siglo XIX y tres del México del siglo XX. Ya en la práctica se irían agregando detalles complementarios en grisalla o policromados. Casi diez años tardó en pintar todas las partes de la sección prehispánica. Primero fueron los oficios de pintores y tintoreros en la cultura tarasca; los de arte plumaria y orfebrería en la cultura zapoteca; las transacciones comerciales, políticas y militares entre los aztecas y totonacas; la agricultura, la arquitectura y la pintura entre los purépechas. En 1945 trabajó la gran Tenochtitlán vista desde el mercado de Tlatelolco. Los atrasos en los tiempos de producción de los frescos se debían a veces a los ajustes en los convenios a causa de los cambios de precios en materiales y mano de obra, así como a la resistencia de la burocracia a las actualizaciones.

Para la seductora hetaira que en el mercado enseña provocativamente la belleza de sus tatuajes a los viejos sacerdotes que la miran con lascivia, mientras le ofrecen en pago brazos y piernas de seres humanos, Diego tomó como modelo la figura de Frida Kahlo. Los últimos tramos de este muro norte fueron dedicados a la arquitectura, al hule, al cacao, el amate y el maguey, concluidos en septiembre de 1951. Varios fueron los asuntos desarrollados en el único tablero del México colonial concluido en el muro oriente a fines de diciembre de 1951: la llegada de Hernán Cortés a Veracruz, la ceremonia en que Cortés toma posesión de la tierra, la esclavitud de los indígenas y los métodos brutales a que fueron sometidos en los procesos de evangelización y explotación, el ganado traído por los conquistadores, los nuevo útiles de trabajo, las nuevas operaciones comerciales. Según Rivera, la figura extremadamente deforme de Cortés derivaba de los estudios hechos a los restos de Cortés, descubiertos en el Hospital de Jesús, tanto por el Departamento de Antropología Física del Instituto Nacional de Antropología e Historia, como por la historiadora Eulalia Guzmán y el criminólogo Alfonso Quiroz Cuarón, correspondientes a un individuo heredo-sifilítico y de tipo microcéfalo. Es preciso —sostenía Rivera— destruir al fetiche Cortés, así como a todos los fetiches entronizados por la nefasta empresa de la conquista feudal. Con cierto sentido de humor y para reafirmar su condición de mestizo, en este tablero Diego se autorretrató como infante en el rebozo de la Malinche, mientras el deforme Cortés se congratula de que su compañero Pedro de Alvarado se emparejara con la hembra indígena que tantos servicios le había prestado.

De las relaciones de Rivera con las distintas instancias de gobierno durante sus tareas en Palacio Nacional da buena cuenta una carta que el 1 de julio de 1949 le hizo llegar el entonces secretario de Hacienda y Crédito Público Ramón Beteta: Muy estimado Diego: Acabo de enterarme de que siguiendo el celo burocrático que caracteriza a la Secretaría a mis indignas órdenes, están tratando de cobrarle a usted o a la Compañía de Finanzas, con motivo del contrato para que pintara usted el patio central del Palacio. Ya ordené que suspendan todo procedimiento a fin de que no se le moleste a usted con este asunto. También me acabo de enterar con profunda pena de que se encuentra Usted mal de salud. Esta nota lleva el objeto de desearle su pronto restablecimiento e informarle que lamento la molestia que se le ha ocasionado. Poco después, el 25 de octubre de 1949 Rivera le presentaba al secretario Beteta el presupuesto para lo que faltaba pintar, que entonces era de 285.38 m^2. El precio por m^2 de pintura era de $500.00. Incluía costo de materiales y mano de obra del pintor, lo que daría un total de $142,690.00. El tiempo requerido para la ejecución de ese trabajo era de 571 días hábiles: Por lo que —precisaba Rivera—se estipulará en el contrato un plazo de dos años para la conclusión de las pinturas. Dado el costo actual de los materiales, especialmente colores, pinceles y brochas que han aumentado en proporción de 1 a 10 o más en los dos años posteriores a la aprobación de la tarifa propuesta por la Comisión de Pintura Mural y aprobada por Bienes Nacionales, los salarios de los ayudantes y obreros del pintor serían pagados aparte a ellos semanariamente, en la lista de raya. Dichos salarios por día son: maestro ayudante Andrés Sánchez Flores: $25.00; dos sub-ayudantes a $15.00 cada uno; maestro albañil especializado $8.00; dos peones a $3.50 cada uno. Tema convenido: Historia económica de México; desarrollo de los métodos de cultivo; explotación de los productos del suelo y del subsuelo; producción industrial y artística, modos de intercambio. El importe del trabajo del pintor se le pagará a él semanariamente según el número de metros ejecutados durante la semana de pago, a razón de $500.00 el metro cuadrado. Pese a estas propuestas, Rivera no regresó a Palacio Nacional después de 1951. El 12 de febrero de 1954 Marte R. Gómez le recordaba en una carta: Tiene todavía un compromiso pendiente con México y con usted mismo: la terminación de los murales que hace en el Palacio Nacional. No quiero restarle méritos ni a la Caja de Agua, ni al Hospital de la Raza, ni a ninguna otra de las obras que ha ido decorando usted, pero quiero recordarle que el Palacio Nacional debe merecer prioridad y suplicarle, como mexicano, que ya no se distraiga en otras actividades y que se dedique, de una buena vez, a terminar esta obra que principió en 1929, o sea, hace veinticinco años. Acabar los murales será la mejor manera de celebrar dignamente las bodas de plata de la obra. Rivera nunca aclaró por qué se había prometido a sí mismo: ¡Nunca más!

Lo pintado hasta entonces en paredes de edificios diversos permitió al teórico austriaco Ernst Fischer escribir en el cuarto capítulo («Cómo cambia el significado del asunto») de su libro *La necesidad de arte*: Las espaldas dobladas, las cabezas inclinadas, la humillación y la degradación de trabajadores y campesinos: éstos también fueron los temas del gran pintor mexicano Diego Rivera; pero él también pintó a los que los humillaban y degradaban, con un odio castigador como el que había inspirado los inmisericordes dibujos de Daumier; pintó a los opresores españoles, los bandidos norteamericanos del petróleo y los reyes del dólar, los banqueros que hacen gala de sus biblias y las prostitutas de alcurnia mostrando sus pechos. En las obras de Rivera ya no es un poder invisible el que dobla las espaldas y las cabezas, sino un enemigo real y tangible, un enemigo que puede ser visto y vencido. Rivera fue aún más lejos. Pintó la tierra liberada, los campesinos que comparten la tierra, arándola en su propio beneficio, cosechando el maíz y la caña de azúcar, discutiendo los métodos racionales del cultivo con los agrónomos, trayendo el primer tractor al pueblo, disfrutando de vacaciones. El hombre trabajador, del que hasta entonces sólo habíamos visto la espalda doblada y los músculos en tensión, de repente adquirió un rostro, capaz de expresar una determinación seria o una confianza alegre. El estilo audaz y grandioso de Diego Rivera al representar las luchas, las victorias, el trabajo cargado de sentido del pueblo corriente, no tiene nada del estilo de los viejos pintores de género, ningún detalle superfluo, ningún rastro del naturalismo estrecho o de las poses románticas. Éste es el verdadero realismo social. La profunda experiencia artística de Rivera le permitió aprender de Giotto, Miguel Ángel, Daumier y los maestros franceses contemporáneos sin caer en la imitación. Aquí, el tema del trabajo de la tierra y del trabajo humano en general recibió un contenido totalmente nuevo, un viejo tema recibió un nuevo significado y con él un nuevo estilo.[98]

LA ELABORACIÓN DE UN FRESCO y *CÓMO SE CONSTRUYE UNA CIUDAD*. Fresco, 5.68 × 9.91 m, School of Fine Arts de California, hoy San Francisco Art Institute, San Francisco, California, 1930-1931.

La idea de que Diego Rivera fuera a realizar obra mural en San Francisco surgió en México en 1928, durante una visita del escultor Ralph Stackpole, a quien Rivera había conocido en sus años parisinos. Stackpole entusiasmó a algunos amantes del arte de aquella ciudad, aunque la posibilidad del viaje tardaría en concretarse un par de años. El primer coleccionista de Rivera en Estados Unidos fue el vendedor de seguros Albert Bender, quien interpuso sus influencias ante el Departamento de Estado para que en 1930 se levantara la prohibición de ingreso del artista mexicano a Estados Unidos. Bender convenció a su amiga Aline Meyer Liebman para que en 1929 pagara mil dólares, precio insólito para entonces, por *Mercado de Tehuantepec*. El cuñado de Bender, Sigmund Stern, contrató a Diego para que pintara en el comedor de su residencia de Atherton, California, un pequeño fresco que posteriormente fue instalado en el Stern Hall de la Universidad de Berkeley. Bender siempre encontraba algún pretexto para favorecer a Rivera. En 1935 donó quinientos dólares al Museo de Arte de San Francisco para que adquiriera una obra de Rivera en memoria del escultor y crítico de arte Edgar Walter. Al respecto Bender le escribió a Frida Kahlo: Si Diego hiciera una obra superior a la que podría cubrir los quinientos dólares, quedaría muy agradecido me lo hiciera saber para pagar la diferencia. La pintura entregada fue *Mensajero de flores en Xochimilco*. El 3 de julio de 1935 Bender le escribió a Frida: Diego ha hecho mucho más de lo que yo esperaba y estoy demasiado agradecido y quiero expresarle cuánto lo aprecio. Meses después le confiesa a Frida en otra carta: Deseo integrar una sección del museo con la mayor cantidad de obras de Rivera; cada vez que pueda mandaré un cheque para más pinturas y dibujos suyos. La generosidad de Bender no estaba empañada por intentos de especular con la obra riveriana, lo prueba el hecho de que antes de morir en 1941 obsequió al Museo de San Francisco doscientas pinturas de arte moderno, entre las que figuraban varias de mexicanos.

Otro de los convencidos por Stackpole fue William Lewis Gerstle, presidente de la San Francisco Art Commission, quien donó por anticipado una suma para que Rivera pintara en la California School of Art. Diego eligió una pared en la sala de exposiciones de la escuela y decidió superponer dos asuntos que se complementan: la pintura de un fresco en homenaje al obrero constructor y el proceso de construir una ciudad industrial. La pintura sobre la pintura ocupa la parte central de la composición en tríptico, y a ambos lados las representaciones de obreros y planificadores. Para estructurar y obtener el máximo provecho de una superficie mucho menor a las que había abordado en México, Rivera debe haber evocado los grandes retablos góticos pintados por Cimabue, Giotto, Duccio y otros que pudo apreciar durante sus andanzas por Italia. El esquema consideró una figura dominante de tamaño mayor en la parte central, rematada como muchos de aquellos retablos en triángulo, y a los costados compartimentos de menores dimensiones para desarrollar diversos episodios con personajes cuyos quehaceres se precisan por medio de paisajes, muebles y aparatos diversos. También los andamios pintados guardan semejanza con las maderas incrustadas en los retablos góticos, aunque los andamios no sólo fueron recursos para subdividir el muro, sino que son parte del tema al resaltar su calidad de sustento previo de una construcción arquitectónica y como soporte para el pintor y sus ayudantes, todos ellos de espaldas, sentados o arrodillados en tres tablones sucesivos, que dejan al descubierto el rostro del obrero constructor con casco de protección, quien se apresta a accionar una palanca. En su camisa azul lleva prendida una medalla con hoz y martillo.

En el andamio más alto quien sostiene la plomada es el vizconde John Hastings, *lord* inglés, pintor de ideas radicales, quien se topó con el maestro mexicano en San Francisco, justamente cuando trataba de aprender con él pintura mural; el que está haciendo mediciones en la superficie es Cliford Wight, escultor inglés; el que está enyesando es Matthew Barnes. A nivel de piso, en esta parte central, se ven tres atildados personajes con sombrero analizando un plano; ellos son Timoty Pfleuger, arquitecto de la Bolsa de San Francisco, donde Rivera había pintado en 1930 la *Alegoría de California* en el Luncheon Club; Arthur Brown Jr., arquitecto de la California School of Fine Arts, y William Gerstle, quien aportara el dinero para la ejecución del mural. En la celda superior de la izquierda retrató al escultor Ralph Stackpole, y a sus dos asistentes afilando el cincel y desbastando la piedra. Arriba de ellos los aparatos de ventilación que Rivera ponderaba como bellas esculturas. En la celda inferior tres obreros especializados en forjas, compresores y relieves. En la celda inferior de la derecha trabajan en un restirador los diseñadores de los planos de la construcción: Michael Batekal-Goodman, Marion Simpson y Alfred Barrows, quienes por cierto fueron los primeros en celebrar la ocurrencia de Rivera de representarse de espaldas luciendo su gorda figura. En la celda superior derecha, un grupo de trabajadores del acero labora en lo alto en el esqueleto del edificio.

Gracias a que Luis Cardoza y Aragón en su monografía sobre José Clemente Orozco (publicada por el Instituto de Investigaciones Estéticas de la UNAM en 1959) incluyó un apéndice con documentos inéditos, se pudo conocer una carta que el 13 de noviembre de 1931 el pintor jalisciense le envió al crítico Jorge Juan Crespo de la Serna, en la cual se burla ferozmente de Rivera y su *Elaboración de un fresco*. Cabe señalar que a lo largo del desarrollo del arte muchos pintores habían dejado sus retratos en composiciones grandes o pequeñas, laicas o religiosas. Por primera vez en la Escuela de Bellas Artes de San Francisco alguien dejaba como autorretrato las nalgas en vez del rostro. Esto disgustó a algunos ciudadanos de California, como lo prueba la carta enviada al periódico *Town Crier* de Seatle, por Kenneth Callahan: El gordo trasero del artista (pintado muy a lo vivo) que cuelga sobre el andamio en el centro pareciera un insulto directo, premeditado a la gente de San Francisco. Puede que sea una broma divertida; pero es de pésimo gusto. Por su parte, Orozco expresaba algo semejante, nada más que con expresiones burlonas e hirientes. Decía: Inventar algo La Puerca *[léase Diego]* sin copiárselo a los demás? Eso sí que es nuevo! «That's news», como dicen aquí. Lo único que ha

inventado La Puerca es el uso de las nalgas en los «frescos». Eso sí
que es nuevo y muy «puerquista». A continuación hacía Orozco
un dibujo con tres niveles y tres señalamientos: en el nivel superior: «paisajitos de tarjeta postal»; al medio: «retratos de los amigos
y gentes que intervienen en la chamba», y en el nivel inferior:
«nalgas abajo del cuadro». Orozco la llama «Decoración estilo nal-
guista», y agregaba: Cuando en el fresco figuran las propias nalgas
de La Puerca entonces van en medio. De todos modos, la (des)
composición es siempre la misma: paisajitos, retratos, nalgas; nalgas, retratos, paisajitos; siempre nalgas, de «trabajadores», indios o
ídolos. Dicen que ahora llega La Puerca a N. York y tendrá una
gran exposición en el Museo de Arte Moderno en diciembre.
Luego se va a Detroit a pintar más nalgas en el Instituto de Arte.

Como complemento de lo anterior, entre los papeles del poeta
Carlos Pellicer apareció lo que Orozco llamaba una marcha triun-
fal, de su autoría, donde continuaba la burla:

¡Gran exposición de traseros!
¡Gran exposición de enanos!
¡Gran exposición de traseros de enanos!
¡Gran exposición de enanos de trasero!

Ay, qué bonitos son los enanos
Gordos y chulos y panzoncitos
Con sus calzones muy planchaditos
Y limpiecitos.

Sus traseritos muy redonditos
Suben y bajan y se menean
Sus traseritos muy redonditos
A sección de oro se regodean

Durante el macartismo de los años cincuenta *La elaboración de un fresco* fue tapado, de ello dio cuenta por carta del 8 de agosto de 1956 una amiga de Teresa Proenza que trabajaba en el Consulado Mexicano de San Francisco: Horror y vergüenza de este país!! (y del nuestro), lo tienen cubierto! Levantaron un tabique de madera del piso al techo a partir de la escalera, de modo que el mural queda totalmente oculto.

Actualmente son frecuentes las visitas guiadas para conocer la pintura mural de Rivera en la Escuela de Bellas Artes de California.

SUEÑOS DE UN DOMINGO EN LA ALAMEDA. Hotel del Prado (actualmente en el Museo-Mural Diego Rivera), avenida Juárez, a un costado de la Alameda Central, fresco, 4.8 × 15 m, Ciudad de México, 1947.

La relación de Diego Rivera con su contemporáneo el arquitecto Carlos Obregón Santacilia (1886-1961), bisnieto de Benito Juárez, se inició en los años veinte; prueba de ello es el artículo «La nueva arquitectura mexicana: una casa de Carlos Obregón Santacilia», publicado por Rivera en la revista *Mexican Folkways* en 1926. El paso siguiente fue de colaboración: Obregón Santacilia lo invitó en 1929 a decorar al fresco el salón de conferencias y un vestíbulo en el área de laboratorios de la Secretaría de Salubridad y Asistencia, edificio resuelto por el arquitecto en estilo *art-déco*, rubricado éste en 1930 por cuatro vitrales diseñados por Rivera para las fachadas. En 1936 volvieron a coincidir en el Hotel Reforma de la Ciudad de México, donde Obregón Santacilia todavía aplicó un cierto estilo *art-déco*, y para cuyo salón de banquetes Rivera pintó al fresco cuatro tableros inspirados en el carnaval de Huejotzingo, los cuales fueron removidos por órdenes del ingeniero Alberto J. Pani, propietario del inmueble, al no estar de acuerdo con el contenido satírico-político de las imágenes.

Cuando en 1946 casi estaba terminado en la avenida Juárez, frente a la Alameda Central, el Hotel del Prado, que sería el más lujoso de entonces en la capital mexicana, su autor, Obregón Santacilia, convocó a varios artistas para que realizaran pinturas murales. Ellos fueron: Diego Rivera, Miguel Covarrubias, Roberto Montenegro y Gabriel Fernández Ledesma. Hubo intercambio de ideas entre Obregón Santacilia y Rivera, mientras éste se iba familiarizando con la estructura arquitectónica, aunque no llegaron a precisar qué paredes le corresponderían. Seguramente se le pidió que fuera él quien hiciera la primera propuesta, como lo demuestra un documento dirigido a principios de 1947 a Inmuebles y Edificios, S.A., la compañía constructora encargada de las obras: Después de las conversaciones que he tenido con el Arq. Carlos Obregón Santacilia, hago a ustedes la siguiente proposición para pintar tres murales en el Hotel del Prado como sigue: un mural en el comedor principal del hotel, desarrollando en él el asunto del Paseo de la Alameda en México y cuya composición se sujetará a los espacios que la arquitectura del comedor impone lógicamente, guardando al mismo tiempo una unidad completa en la composición, y dos murales en el lobby del hotel, en los muros que quedan en los ejes de las dos entradas de la Av. Juárez, abarcando desde el nivel del lobby hasta el plafón del mezzanino, cuyo asunto se referirá a las bellezas naturales y la producción de México en sus dos litorales, y el título de las pinturas será *Oriente* y *Occidente*. Su composición ligará el muro visible al nivel del lobby con el que esté al nivel del mezzanino y será de carácter ascencional. En los tres murales será empleada la pintura al fresco, usando repellado fino hecho con polvo de mármol, cal y cemento blanco y polvo de mármol de grano fino e hidrato de cal para el acabado y colores de los que puedan emplearse en el fresco sin sufrir alteración, ensayados por el pintor en muchos otros murales de la Ciudad de México, colores que serán de primera calidad en el polvo impalpable, para ser remolidos con agua destilada y aplicados así sobre el aplanado fresco en el muro. La preparación de los muros y el andamiaje serán por cuenta de la obra. El plazo para la terminación de los tres murales que se harán simultáneamente es de cuatro días y medio por metro cuadrado, pudiendo empezar en cuanto estén preparados los muros.

El 3 de diciembre de 1947 Rivera extendió el siguiente recibo: Recibí de Inmuebles y Edificios, S.A., por cuenta de Construcciones y Decoraciones, S. de R.L., la suma de $20,000.00 (veinte mil pesos 00/100) en cheque #43507 a mi favor y cargo del Banco de México, S.A., por concepto de primer pago a cuenta del contrato firmado por la primera empresa citada para la pintura de dos murales en el local del lobby del Hotel del Prado, en los muros laterales del cubo de elevadores.[99]

Al fin se convino en que Rivera comenzaría pintando en el comedor principal un muro de 4.17 por 15.67 metros sobre el asunto por él seleccionado, que resolvió como una acumulación de personajes representativos de los acontecimientos que durante más de cuatro siglos habían tenido como escenario el popular parque mexicano. El abigarrado entrelazamiento histórico fue descrito por el propio Rivera días después de haber concluido el fresco. La relación fue recogida por el pintor y escritor español Alardo Prats, llegado a México con el exilio republicano (revista *Hoy*, marzo 6, 1948): No creo que mi nueva obra haya alarmado o pueda alarmar a nadie. Los personajes contemporáneos del fresco, como personajes del sueño, no son retratos. A todo mundo le ha caído en gracia lo que acabo de pintar, incluso a los mismos pintores, y también a los que pudieran darse por aludidos. Lo único que a éstos podría enojarles es la alusión a los millones. Pero no hay ningún mexicano a quien no le guste que se sepa bien que los tiene, así como que puede gozar de los favores de guapas hembras. Insisto en que lo que he interpretado en mi mural son sueños. El fresco se titula

Sueños de un domingo en la Alameda. En él he desarrollado un solo tema, que es el que enuncia el citado título. La composición son recuerdos de mi vida, de mi niñez y de mi juventud, y cubre de 1895 a 1910. [El periodo fijado por Rivera va desde su arribo a la Ciudad de México procedente de su natal Guanajuato, hasta su primer regreso de Europa.]

Los personajes del paseo sueñan todos, unos durmiendo en los bancos y otros andando y conversando. Los más viejos recuerdan lo más pretérito o hablan de ello soñando también, y los más jóvenes sueñan con el futuro, es decir, en el tiempo actual. A causa de esto la composición es, en cierta forma, una especie de síntesis de la historia de la Alameda desde cuando era quemadero de la Santa Inquisición, en los terrenos pertenecientes al Convento de los Dieguinos bajo la advocación de San Diego, hasta el día de hoy. Al hacer una síntesis de la historia de la Alameda, como este lugar está conectado no sólo con la historia de la ciudad sino con la de todo el país, la composición en realidad sintetiza la historia de México, o una de sus más interesantes partes. Allí aparecen muchos personajes conocidos, todos los personajes que yo conocí desde que tenía ocho años hasta que tuve veinticuatro. Por ejemplo, el historiador de quien yo fui discípulo en la Escuela Preparatoria, don José María Vigil y Robles, antiguo director de la Biblioteca Nacional, que charla con dos miembros del Jockey Club: don Guillermo W. de Landa y Escandón, antiguo gobernador del D.F., y don Jesús Luján, lagunero acaudalado, gran amigo y protector de los artistas, especialmente de Julio Ruelas. El historiador sueña en el pasado y al evocar la historia de la Alameda recuerda el quemadero de la Inquisición. En su evocación aparecen Hernán Cortés, el virrey Luis de Velasco II, el obispo Zumárraga, bajo la visión de un auto de fe, en cuyo primer plano doña Violante de Carvajal, cabalgando en un asno con la coraza y el sambenito verde desgarrado por los azotes, es conducida a la hoguera. En el fondo otros personajes son ajusticiados, agarrotados y quemados vivos. Violante de Carvajal fue una judía de extraordinaria belleza, que gozaba de gran influencia cerca de los virreyes. Tanta fue la que tuvo con un virrey que, al acabar el periodo de gobierno del mismo, la Santa Inquisición la declaró judaizante y hereje, acusándola de continuar practicando la religión del Antiguo Testamento, así como también a toda su parentela. El jefe de la familia de doña Violante de Carvajal fue uno de los constructores de México, fundador de Monterrey y de muchas de las primeras industrias que hubo en el país. Su enorme fortuna fue confiscada, siendo la verdadera causa de la acusación y del proceso que se le siguió.

Un raterillo flaco extrae el blanco pañuelo de batista del bolsillo trasero del chaqué gris de don Jesús Luján, soñando en un gran pan, tortillas, un plato de mole y rosquetas dulces que, para mitigar su hambre, comprará con lo que le den por el pañuelo fino. Sobre un banco duerme un anciano que guarda restos de su elegancia mundana y aparece muy atildado en el vestir. Él sueña en su idilio al son de un vals, recordando a su Alteza Serenísima don Antonio López de Santa Anna, quien entrega al general Scout las llaves de Texas, Nuevo México, Arizona, California, Nevada y todos lo demás territorios arrancados a México por la traición de Santa Anna y sus socios, los cuales constituyen en la actualidad la parte más rica de los Estados Unidos. Junto al anciano está una señora vieja y viuda, con el rostro entre las manos, que sueña en sus amores con un *green-coat* (la chaqueta verde de los soldados del general Scout), con el que tuvo un niño rubio. ¡La política del buen vecino! Junto a la vieja un pelado borracho ronca con la boca abierta y sueña con sus glorias militares y amatorias cuando era chicano con don Benito Juárez. Con él sus Leyes de Reforma, Ignacio Manuel Altamirano, Leandro Valle, el combatiente, e Ignacio Ramírez, quien por primera vez en un acto público académico sustentó en México, brillantemente, la tesis «Dios no existe», lo que marca históricamente el auge del liberalismo mexicano y la primera piedra para la definición nacional puesta por Juárez y sus colaboradores. En último término un viejo ex militar conservador en la miseria duerme y sueña también en sus majestades: Maximiliano y Carlota. Entre ellos aparece el rostro del coronel Rodríguez, autor del general Máximo Weygand, gracias a la colaboración de S. M. la Emperatriz. Aparecen el general Miramón y el general Escobedo, este último con sus soldados republicanos armados de fusiles que apuntan al Emperador y a Miramón. En el fondo, entre los árboles de la Alameda, la iglesia de San Diego y el pabellón morisco, trasladado a la Alameda de Santa María para dejar su lugar al monumento a Juárez.

Detrás de la columna que divide este primer grupo dialogan un papelero y un dulcero sobre el acto atrevido del que quitó el pañuelo de batista al Sr. Luján. Un caramelero vende, detrás de ellos, pirulís ensartados en un carrizo por un asta de tejamanil. Entre los pirulís hay jinetes, damas, corazones, soldados con el machete al aire y liras de poeta, también chiles verdes y colorados. Bajo los pirulís, se quita su impecable ocho reflejos don Manuel Gutiérrez Nájera, el cual lleva una gran camelia en la solapa. Cerca de él está el Duque de Job. Gutiérrez Nájera saluda a José Martí, quien pasea dentro de la procesión elegante de los domingos en la Alameda de aquel tiempo. Entre ambos están, de cuerpo entero, doña Carmen Romero Rubio de Díaz, esposa de don Porfirio, que da el brazo a su hijastra Lucecita Díaz. Una serie de gentes sentadas en sillas, que los domingos se alquilaban para el caso, sigue después. Entre ellas están señores y señoras representantes de la sociedad de su tiempo.

Ante el fondo de la gran fuente central de la Alameda, que representa el nacimiento de Venus, se destaca la presencia de nuestra madre la Muerte, o sea, Tonantzin, que no es sino la calavera catrina creada por el enorme José Guadalupe Posada, quien le da el brazo como fiel esposa, mientras mira con buenos ojos a una legítima chiutlahua caricorta y garboza, quien disputa con un gendarme que le marca el alto para que no se revuelva con la gente decente y que es el segundo gran amor del maestro Posada, en cuyo homenaje ha hecho esta pintura su discípulo Diego Rivera, a la edad en que se pintó de la mano de la calavera catrina, a la que adornó con una boa de plumas, en decir, Quetzalcóatl, para que así se volviera la muerte vida, y la vida muerte y luz y aire. Rivera sueña con el amor por excelencia, que está objetivado por Frida Kahlo, su esposa durante diecisiete años. [Al referirse en 1948 a los años de matrimonio con Frida, Rivera hizo mal la cuenta, pues la boda había sido en 1929, mientras que el divorcio duró un año, del 6 de noviembre de 1939 al 8 de diciembre de 1940, cuando volvieron a casarse; resultado: dieciocho años.]

Detrás de este grupo del primer plano aparecen: un pelotari, un torero y Ricardo Flores Magón, el más grande revolucionario mexicano, con Librado Rivera, uno de sus grandes compañeros. Después, bajo su globo «República Mexicana», en el que asciende él mismo, agitando la bandera nacional, sueña don Rafael de la Cantilla y Rico, y junto a él hace lo mismo el señor licenciado don Nicolás Zúñiga y Miranda, candidato permanente a la Presidencia de la República. Éste aparece saludando atentamente a don Porfirio, quien a su vez se descubre ante él para entregarle la silla presidencial, su nombramiento, la banda tricolor y la gloria. Don Porfirio se destaca, con la fama y el poder acreditados, por una rica y extensa colección de condecoraciones que ostenta no sólo en el pecho sino también hasta sobre el vientre. Debajo de don Porfirio el general Guerrero, apodado por el pueblo de la ciudad «general Medallas», camina con sus muletas lleno también de condecoraciones, algunas auténticas, las que le concedió don Porfirio, y las otras que le otorgaron pelados irreverentes y estudiantes guasones, que consisten en chapetones de cielo raso, cabezas de clavos de cortinajes, latas de sardinas, llaves viejas, medallas de juguete; todo lo que relumbra y puede tener valor simbólico, decorativo y ornamental. Después aparece un matrimonio extranjero con dos niños que se burlan, él del «general Medallas» y ella de una niña india que llora desesperada porque un gendarme apalea a su padre por haberse atrevido a entrar con su mujer y su hijo al paseo y concierto de la Alameda, e insistir en el derecho que tenía de hacerlo. Esta escena es un recuerdo vivo de la infancia del pintor. El campesino maltratado, su mujer y su hijo, a quienes acompaña un niño obrero de la ciudad, sueñan en que aquello que les oprime arde. El padre, a caballo, blande en su sueño el 30-30, que la madre lleva también, mientras el hijo vacía su pistola sobre el gendarme apaleador. A lo lejos la célebre Banda de Policía toca en el kiosco. El movimiento de los árboles se acelera y pasa de la inclinación trágica del principio, o la verticalidad juguetona del centro, a un movimiento en torbellino.

En la sección siguiente (estas secciones están señaladas por las columnas cuyos volúmenes dividen la pintura), sobre un banco, duerme un charro soñando en mucho maíz, muchos pesos y un arado de disco que hace fácil la labor. Sobre el arado, el pueblo de la ciudad y del campo, armado e insurrecto, se echa hacia delante. Junto, sueña leyendo un intelectual: sobre el libro tiene los periódicos clandestinos y revolucionarios de la época, por encima de todos *El Antirreeleccionista*. Su sueño es una corona de laureles, una amante guapa y una talega de pesos. El listón que ata las dos ramas de laurel de la corona tiene un letrero que dice: *Ulises Criollo* y *Timón*, de José Vasconcelos. Es la proyección en la actualidad. Al lado del intelectual un obrero revolucionario habla a mujeres y a hombres jóvenes de la pequeña burguesía y el artesanado. Sobre ellos, el obrero, el soldado y el campesino depositan el voto del sufragio efectivo, sueño político no realizado todavía, y coronando al grupo, en el punto más alto de la curva temática de la composición, emerge entre una aclamación popular y con la bandera del sufragio efectivo y no reelección, la figura de Francisco I. Madero que saluda al pueblo. Tras él emerge la silueta de grandes plantas industriales, materializando el sueño de la industrialización en México. Entre el intelectual y el charro, un muchacho frutero ofrece su mercancía de colores magníficos y sabores deliciosos; tras él un vendedor de globos multicolores eleva su mercancía hasta lo más alto de la composición. En el primer término y al final de la pintura, una vendedora de tortas compuestas las expende a un chamaco de la clase media, un estudiante de leyes, dos alumnos de la antigua Escuela de Aspirantes de Tlalpan que sueñan en Victoriano Huerta y en Mondragón, asesinos de Madero, y con los planes de la contrarrevolución. Más alto, en los grandes negocios, las pilas de millones de billetes de banco, la caja de fuerte de Ciniconmex, sociedad anónima de recursos ilimitados: Compañía Industrializadora y Constructora Mexicana. Sobre la caja fuerte de esta compañía, como sobre un bufete, despacha un presidente de la República; mientras con una mano toma los billetes de los impuestos, con la otra, la izquierda, acaricia los cabellos de bellas muchachas rubias y morenas, bajo la bendición y consejos de un señor Arzobispo, mientras en el fondo se levantan hasta el cielo los nuevos rascacielos de los negocios, casas de apartamentos ultramodernos, el Banco de México clásico, el Teatro Nacional de fin de siglo, la Plaza de Toros constructivista y una iglesia estilo Le Corbusier. La dama del hombre de los cientos de millones lo abraza, a horcajadas sobre el joven árbol de la nueva burguesía, y su bella pierna, que termina en un pie chiquitito, empuja al carrizo, haciéndolo inclinar a su antojo, el cual tiene encajadas las astas de rehiletes multicolores, como símbolos de la inconstancia y la versatilidad de los políticos. Es esta dama, feliz heredera de centenas de millones, la culminación de la familia revolucionaria y el *pen-*

dant de Violante de Carvajal. Así termina la composición en la que se mezclan los sueños y la realidad.

En su relato de esos *Sueños* que transcurren dentro de un paisaje rico en vivencias sensoriales propias del impresionismo, Rivera olvidó mencionar otros personajes que sí representó en este recorrido memorable por un decurso histórico: la poeta sor Juana Inés de la Cruz, el consumador de la Independencia Agustín de Iturbide, el mariscal de las tropas intervencionistas François Achille Bazine, el ideólogo revolucionario Lázaro Gutiérrez de Lara, las hijas que tuvo de su matrimonio con Lupe Marín: Ruth y Guadalupe, ésta con su hijo Juan Pablo en brazos; junto a Lupe Marín, la esposa de Miguel Covarrubias, la bailarina y fotógrafa Rosa Rolando, y arriba de este grupo el general revolucionario Francisco Múgica.

La frase «Dios no existe», inscrita en la pintura, despertó gran disgusto entre los creyentes católicos. El arzobispo de México Luis María Martínez se negó a bendecir el nuevo establecimiento; esto preocupó a los socios Luis Osio, Raúl Bailleres y Aarón Sáenz. Ante el creciente descontento Rivera declaró: Propongo respetuosamente que el señor arzobispo bendiga el Hotel del Prado para que, con la ayuda divina, realice este establecimiento las mayores ganancias posibles, y que maldiga mi *Sueño dominical en la Alameda*, para que yo me vaya tranquilamente a los infiernos. El señor Osio y Torres Rivas, gerente del Hotel del Prado, no se enteró de la frase de don Ignacio Ramírez al estar el hotel próximo a inaugurarse, sino desde que concluí mi trabajo, el 15 de septiembre del año pasado, 1947; es decir, hace nueve meses. Desde entonces el señor Osio me pidió que borrase la frase, pero no pude complacerlo porque está de por medio la historia de México. Para afirmar «Dios no existe» no me escudé en don Ignacio Ramírez; soy ateo y considero las religiones como una forma de neurosis colectiva.[100]

Ante la creciente ola de protestas por parte de los católicos,

Rivera reafirmó su posición: Sin la libertad que permitió a Ramírez hablar así ante un auditorio, no hubiera surgido el México liberal heterodoxo sobre las cenizas del México colonial ortodoxo. No aceptaré enmendaduras en una de mis obras. Si la gerencia del Hotel del Prado trata de obligarme a borrar la frase de marras, el asunto lo turnaré a la Sociedad de Impulso de las Artes Plásticas y a la Comisión de Pintura Mural dependiente del Instituto Nacional de Bellas Artes [integrada por José Clemente Orozco, Diego Rivera y David Alfaro Siqueiros]. Para tomar esa posible determinación estaría cimentado mi criterio en un artículo del Código Penal en vigor, que señala como delito de falsificación la alteración de una obra de arte. No deseo el odio del pueblo; en cambio, sí me interesa la opinión de los críticos desapasionados que en otras naciones, como Francia, Inglaterra, Australia, Polonia, etc., han elogiado ésta, mi más reciente obra mural. Ningún católico tiene por qué ofenderse por una opinión filosófica expuesta públicamente, como los que no somos católicos no tenemos por qué ofendernos por las que los católicos exponen en sus textos, templos, oraciones sagradas y todo otro medio de difusión de su fe.[101]

Hasta ese momento Rivera estaba seguro de poder realizar las decoraciones sobre la flora y la fauna mexicanas en el área de elevadores del vestíbulo del hotel. Pero el asunto se habría de complicar. El 2 de junio de 1948 el arzobispo Luis María Martínez le expresó a un reportero del periódico *Excélsior:* Yo he recomendado a todas las personas que se han acercado a mí para conocer mi criterio que, en el caso de los murales pintados en el Hotel del Prado, guarden la mayor prudencia en ese asunto, porque puede encontrarse una solución que no lesione los intereses de esa empresa. Yo no he hecho otra cosa que limitarme a no bendecir un lugar en que se hace fe pública de ateísmo.

El viernes 4 de junio de 1948 un grupo de estudiantes de la Facultad de Ingeniería irrumpió a las ocho de la noche en el comedor del Hotel del Prado y, con cuchillos tomados de las mesas, en medio de un gran escándalo, con agresión a meseros y vigilantes, rasparon las palabras «no existe». Entrevistado Rivera por los periodistas, opinó: Si en 1838 el Nigromante pudo, en la Academia de Letrán, apoyado por Quintana Roo y Zamacona, pronunciar esas palabras sin ser raspado ni arañado como el mural que ahora las reproduce, quiere decir que desde 1838 hasta hoy, 1948 (ciento diez años después), el sector de nuestra sociedad que se llama a sí misma «gente decente, religiosa y culta» no ha hecho progresos, ni en la cultura ni en «el respeto al derecho ajeno» que, según dijo Juárez, «es la paz», lo cual quiere decir que los liberales mexicanos tienen que emprender la defensa activa de su libertad de nuevo, ahora como en 1857, hasta la victoria de Querétaro.

El 5 de junio de 1948, en su columna «Diario» de la revista *Mañana,* Salvador Novo comentó: Cuando hace poco más de un siglo el Nigromante, a quien Diego acaba de exhumar, pronunció en la Academia de Letrán, no precisamente la frase «Dios no existe», sino la fanfarronada científica que daba tema a su discurso de ingreso en aquel inocente círculo de pedantes, y que pretendía probar por A más B la proposición «No hay Dios; los seres de la naturaleza se sostienen a sí mismos», las familias timoratas y ultra-católicas de entonces han de haber puesto, y en realidad pusieron, el grito en el cielo. Miraban aparecer a aquel indio bilioso de ojos inyectados y decían: «Ese hombre viene del infierno». He releído hoy el prólogo de Altamirano a los dos tomos de las *Obras* de Ramírez, en que no encuentro ese discurso. Y en el episodio publicitario para la carrera entonces, a sus veinticinco años, iniciada por el Nigromante, pone Altamirano todo el énfasis posible, y refiere cómo empezaron a llamarle «el Voltaire mexicano» sus compañeros del Colegio de San Gregorio. Vista la seriedad con que ahora se ve esta pictórica, pintoresca, resurrección simultánea del jacobinismo y de la superstición (porque Dios no dejará de existir porque lo haya «probado científicamente» el Nigromante, ni porque lo haya declarado Diego), tiene que concluirse que el sentido de humor faltaba tanto hace un siglo como ahora mismo.

La noche de la agresión al mural en otro restaurante de la Ciudad de México un grupo de pintores e intelectuales le ofrecía una cena al promotor artístico Fernando Gamboa, entonces subdirector general del Instituto Nacional de Bellas Artes. Pronto se enteraron de lo ocurrido y varios de ellos (Xavier Icaza, Jorge Enciso, José Revueltas, Siqueiros, Ángel Zárraga y otros), profundamente indignados, acompañaron a Rivera y estamparon la irritante frase en el libro de visitantes distinguidos. Tiempo después Rivera completó el relato de la complicada circunstancia: Otro de mis retratos representaba a un Presidente promedio de la República, con la cara combinada de un Ejecutivo en el que algunos vieron los rasgos de Calles, algunos reconocieron los de Ávila Camacho y otros, incluso el propio interesado, los de Miguel Alemán. Los partidarios de esos políticos, considerando que yo había caricaturizado las fisonomía de sus héroes, vilipendiaron el mural […] El principal agitador en el atentado contra el *Sueño dominical* fue Torres Rivas, gerente del Hotel del Prado. De la misma manera que Pani antes que él soñaba con llegar a ser un Rockefeller mexicano. Vástago de una familia rica que había perdido su dinero con la caída de Díaz, Torres Rivas trataba de convertir su dinero contante y sonante, sus suntuosos pero por lo demás inútiles títulos, que constituían casi todo su haber. Torres Rivas no tenía tanto poder como para conseguir su sueño por sí solo, pero encontró en Rogelio de la Selva un poderoso aliado. De la Selva era secretario de Alemán y jefe de su guardia privada. Rogelio creyó ver los rasgos de su jefe en mi combinación del retrato presidencial, y obró, según dijo, para proteger la dignidad del Presidente. Lo ayudaron periodistas corrompidos a quienes utilizó como voceros. Basado en su autoridad de secretario de Alemán, De la Selva movilizó un ejército privado, de carácter civil, formado por los estudiantes hijos de los nuevos ricos. Estos rufianes privilegiados entraron a su servicio con el propósito de progresar en sus carreras políticas. Disfrazados de varias maneras, inclusive bajo las insignias de los jesuitas y de los Caballeros de Colón, organizaron manifestaciones contra mi pintura y contra mí, cantando por las calles: «¡Dios sí existe!» «¡Viva Jesucristo!» «¡Muera Diego Rivera!» Algunos fueron más lejos: llegaron a arrojar piedras a las ventanas de mi estudio de San Ángel y de mi casa en Coyoacán. En medio del alboroto, Torres Rivas aprovechó el momento para pedir al arzobispo de México que bendijera el edificio del nuevo hotel y mi mural. Como Torres Rivas lo suponía, el arzobispo se negó a ello y Torres Rivas tuvo un pretexto más en contra del mural. Un sobrino de Torres Rivas, buscando emociones vivas y quién sabe qué favores de su tío, incurrió en una acción más directa. Con tres compañeros de escuela perteneciente a «Los Conejos», organización secreta y clerical de estudiantes reaccionarios, se metió furtivamente en el comedor del hotel y raspó la provocativa cita de Ramírez. En esos momentos, un grupo de amigos y yo asistíamos a un banquete en honor de Frances Toor, por su excelente libro sobre el folklore de México, que acababa de aparecer, y de Fernando Gamboa, director del Departamento de Artes Plásticas, por el rescate que había hecho de varias valiosas pinturas mexicanas. Cuando se me llevó al banquete la noticia del vandálico acto me puse inmediatamente de pie para proteger mi mural. Mis amigos, considerando que la mejor respuesta a ese acto sería una inmediata manifestación en el Prado, se echaron a la calle detrás de mí […] La crema de los intelectuales mexicanos, jóvenes y viejos, se dirigieron al Prado en una pintoresca manifestación de protesta. Mientras yo me puse a trabajar en la restauración de la cita de Ramírez, Orozco, Siqueiros y el elocuente y amargo escritor popular José Revueltas arengaron a los atónitos huéspedes del hotel […] Habiendo fallado la «Operación niño de escuela», se invitó unos días después a un carpintero empleado del Gobierno a repetir la mutilación. A este pobre diablo se le había puesto ante la disyuntiva de perpetrar el desagradable encargo o perder su empleo. Siguiendo las instrucciones que se le habían dado, raspó no sólo la leyenda sino el retrato mío que había en el mural.[102]

Ese retrato representa a Rivera de nueve años con los atuendos domingueros: sombrero, cuello de mariposa y ancha corbata, chaleco, paraguas con mango de águila y las bolsas del saco llenas de alimañas. Los ojos en círculo algo saltones, el mentón redondo, los labios carnosos, la nariz más bien ancha y respingada. La suave sonrisa, que ya aparecía trazada en el boceto previo, revela las esperanzas del precoz enamorado, quien de niño soñaba con el mejor y más complicado de sus amores: Frida Kahlo, a quien le recitaría los más puros versos de José Martí. Nuevamente Rivera repararía el daño.

Durante la gira del presidente Miguel Alemán, llevada a cabo ocho días después de la agresión al mural, el 12 de junio de 1948, los periodistas le preguntaron su opinión sobre el problema surgido en el Hotel del Prado, a lo que él respondió: Alrededor de la pintura no debemos hacer una discusión de carácter nacional. El país no quiere lucha ideológica, quiere trabajo.

Los dueños del hotel decidieron cubrir el mural con una pantalla móvil, la cual se hacía a un lado cuando un visitante distinguido deseaba ver el tan discutido mural. Como los funcionarios del Instituto Nacional de Bellas Artes nada movieron para defenderlo, fue Frida Kahlo quien el 20 de octubre de 1948 decidió enviar a Miguel Alemán Valdés una carta, estrictamente personal y confidencial, para expresar su disgusto: Miguel Alemán: Esta carta es una protesta de justa indignación que quiero hacer llegar hasta sus manos en contra de un atentado cobarde y denigrante que se está cometiendo en el país. Me refiero al hecho intolerable y sin precedente que los arrendatarios del Hotel del Prado están llevando a cabo, cubriendo con tablas la pintura de Diego Rivera en el salón comedor de dicho hotel, pintura que por reproducir *la discutida, pero histórica frase* de Ignacio Ramírez el Nigromante, causó hace unos cuantos meses el ataque más vergonzoso e injusto en la historia de México contra un artista mexicano. Después de ese ataque publicitario, sucio y solapado, los señores hoteleros cierran con «broche de oro» *su hazaña,* tapando con tablones el mural y… ¡allí no ha pasado nada! ¡Nadie en México protesta! Como se dice vulgarmente: «le echaron tierra al asunto». Yo sí protesto, y quiero decirle la tremenda responsabilidad histórica que su gobierno asume, permitiendo que la obra de un pintor mexicano, reconocido mundialmente como uno de los más altos exponentes de la Cultura de México, sea cubierta, escondida a los ojos del pueblo de este país y a los del público internacional por razones *sectarias, demagógicas* y *mercenarias.* Esa clase de crímenes contra la cultura de un país, contra el derecho que cada hombre tiene de expresar su pensamiento; esos atentados asesinos de la libertad solamente se han cometido en regímenes como el de Hitler y se siguen cometiendo en el gobierno de Francisco Franco, y en el pasado, en la época oscura y negativa de la «Santa» Inquisición.

No es posible que usted, que representa en este momento la voluntad del pueblo de México, con libertades democráticas ganadas con el esfuerzo incomparable de un Morelos o de un Juárez, y con el derramamiento de sangre del pueblo mismo, permita que unos cuantos accionistas, en convivencia con algunos mexicanos de mala fe, cubran las palabras de la *Historia de México* y la obra de arte de un ciudadano mexicano a quien el mundo civilizado reconoce como uno de los más insignes pintores de la época. Da vergüenza pensar en semejante atropello.

Me dirigí amistosamente al director del Instituto Nacional de Bellas Artes, nuestro común amigo Carlos Chávez; él con todo empeño se dirigió oficialmente, llamando la atención sobre el hecho a Bienes Nacionales, entidad que parece ser la indicada para proteger las obras de arte en conflictos como el presente. Todas esas gestiones burocráticas generalmente llevan al silencio, a pesar de la buena voluntad de los amigos y funcionarios. También sé que las leyes, desgraciadamente, no garantizan debidamente la propiedad artística de nadie, pero usted, como abogado, sabe bien que las leyes son y han sido siempre elásticas. Hay algo que no está escrito en ningún código, que es la conciencia cultural de los pueblos que no permite que hagan de la Capilla Sixtina de Miguel Ángel una casa de apartamentos. Por esta razón me dirijo a usted, hablándole sencilla y llanamente, no como la esposa del pintor Diego Rivera, sino como artista y ciudadana de México, y con el derecho que me da tal ciudadanía le pregunto: ¿Va usted a permitir que el *Decreto Presidencial que usted mismo* dio protegiendo las obras de arte ejecutadas en edificios pertenecientes a la nación (tal es el caso del Hotel del Prado, que pertenece a Pensiones, es decir, a los empleados públicos del país, aunque «legalmente» una sociedad simulada aparezca como dueña) sea pisoteado por unos mercaderes sectaristas clericales? ¿Usted como ciudadano mexicano y sobre todo como Presidente de su pueblo, va a permitir que se calle la Historia, la palabra, la acción cultural, el mensaje de genio de un artista mexicano? ¿Permitirá usted que se destruya la libertad de expresión, la opinión pública, vanguardia de todo pueblo libre? ¿Todo esto a nombre de la estupidez, el oscurantismo, el «trinquete» y la traición a la democracia? Le ruego que se conteste a sí mismo honradamente y piense en el papel histórico que como mandatario de México tiene ante un hecho de tal trascendencia. Planteo el problema ante su conciencia de ciudadano de un país demócrata. Debe ayudar a esta causa común a todos los que no vivimos bajo regímenes de opresión vergonzosa y destructora.

Defendiendo la cultura, usted demuestra ante los pueblos del mundo que México es *un país libre*. Que México no es el pueblo inculto y salvaje de los Pancho Villa. Que siendo México demócrata, *lo mismo se respetan las bendiciones del Sr. Arzobispo Martínez que las palabras históricas del Nigromante. Lo mismo se pintan santos y vírgenes de Guadalupe que pinturas con contenido revolucionario en las escaleras monumentales del Palacio Nacional.* ¡Que vengan del mundo a aprender cómo en México se respeta la libertad de expresión! Usted tiene la obligación de demostrarle a los pueblos civilizados que usted no se vende, que en México se ha luchado con sangre y se sigue luchando para libertar al país de colonizadores, no importa que éstos tengan muchos dólares. Es el momento de no andarse por las ramas, y de hacer valer su personalidad de mexicano, de Presidente del pueblo y de hombre libre. Una palabra de usted a esos señores arrendatarios de hoteles será un ejemplo fuerte en la historia de la libertad ganada por México. No debe usted permitir que hagan demagogia «gangsteril» con la dignidad de un decreto suyo y con el acervo cultural del país entero. Si usted, en este momento decisivo, no obra como auténtico mexicano y defiende sus propios decretos y derechos, entonces ¡¡que vengan las quemas de libros de ciencia, o de historia, que se destruyan a pedradas o con fuego las obras de arte, que se expulse del país a los hombres libres, que vengan torturas, las cárceles y los campos de concentración!! Y le aseguro que muy pronto y sin el menor esfuerzo, tendremos un flamante fascismo *¡made in Mexico!*

Usted me llamó por teléfono una vez, precisamente desde el estudio de Diego Rivera, para saludarme y recordarme que fuimos compañeros de escuela en la Preparatoria. Ahora yo le escribo para saludarlo y recordarle que antes que nada somos mexicanos y que no permitiremos que nadie y mucho menos unos hoteleros, tipo yankee, se monten en el cuello de la cultura de México, *raíz esencial de la vida del país,* denigrando y menospreciando los valores nacionales de importancia mundial, haciendo de una pintura mural de trascendencia universal, una pulga vestida *Mexican curious.*[103]

Miguel Alemán contestó la carta, en papel membretado como «correspondencia particular del Presidente de los Estados Unidos Mexicanos», el 2 de noviembre de 1948: Estimada amiga: Leí con toda atención la carta de usted del veinte de octubre último, en la que se refiere al hecho de que los arrendatarios del Hotel del Prado han cubierto el mural pintado por Diego Rivera, en el que aparece una frase atribuida al Nigromante. Mi conciencia de ciudadano y mi deber de Presidente de la República me imponen ante todo el respeto de la ley. Sucede con frecuencia que los ciudadanos piensan que la ley es voluntad del Presidente de la República; pero, para una persona de alta cultura como usted no se le puede escapar que, dentro de nuestro sistema constitucional, las autoridades sólo tenemos las facultades limitadas por las propias leyes. En consecuencia, ni en nombre de la libertad ni de la cultura debe jamás un gobernante quebrantar su obediencia a la ley, y en el caso a que se refiere, mi intervención, como usted lo desea, no está dentro de las facultades del Presidente de la República. Si un acuerdo presidencial, en concepto de cualquier ciudadano, ha sido violado, con perjuicio de alguna persona, los procedimientos administrativos o judiciales señalan el camino para que el daño que se produzca sea reparado. De manera que la Secretaría de Bienes Nacionales y la Dirección de Bellas Artes, cada una de ellas dentro de sus funciones, son los órganos que deben conocer el asunto que usted me ha planteado. Puedo afirmar a usted que en México el ejercicio de las libertades consagradas por la Constitución —que es el mejor legado histórico de las generaciones que nos antecedieron y que debemos conservar para el disfrute de las que nos sucederán—, si se le compara con las circunstancias prevalecientes en otras naciones, nuestra Patria puede ostentarse como el país de la Libertad.

La cultura es inmortal y nunca en los verdaderos atentados contra ella la han destruido en ningún momento de la historia humana, porque es incontenible su fuerza creadora. Por eso el mejor signo de la civilización de un pueblo es la libertad y la cultura dentro del cauce de la ley. Aprecio el vigor de los conceptos expresados en su carta que contesto y reconozco que si en ella hay pasión, esa pasión se inspira en un fin noble.

Cuando el INBA le solicitó que escribiera un «Retrato de Diego» para el libro-catálogo de la exposición *Diego Rivera. Cincuenta años de labor artística,* presentada en el Palacio de Bellas Artes de la Ciudad de México de agosto a diciembre de 1949, Frida Kahlo consideró que había llegado el momento de responder, aunque fuera indirectamente, la descomprometida carta del presidente Miguel Alemán. Los airados párrafos en defensa de Rivera son una continuación de la carta del 20 de octubre de 1948: Es increíble, por cierto, que los insultos más bajos, más cobardes y más estúpidos en contra de Diego hayan sido vomitados en su propia casa: México. Por medio de la prensa, por medio de actos bárbaros y vandálicos con los que han tratado de destruir su obra, usando desde las inocentes sombrillas de las señoras «decentes», que rayan sus pinturas hipócritamente y como de pasada, hasta ácidos y cuchillos de comedor, no olvidando el salivazo común y corriente, digno de los poseedores de tanta saliva como poco seso; por medio de letreros en las paredes de calles en las que se escriben palabras nada adecuadas para un pueblo tan católico; por medio de grupos de jóvenes «bien educados» que apedrean su casa y su estudio destruyendo insustituibles obras de arte mexicano precortesiano —que forman parte de las colecciones de Diego—, los que después de hacer su «gracia» echan a correr; por medio cartas anónimas (es inútil hablar del valor de sus remitentes) o por medio del silencio, neutral y pilatesco, de personas en el poder, encargadas de cuidar o de impartir cultura para el buen nombre del país, no dándole «ninguna importancia» a tales ataques contra la obra de un hombre que con todo su genio, su esfuerzo creador, único, trata de defender, no sólo para él, sino para todos, la libertad de expresión. Todas estas maniobras a la sombra y a la luz se hacen en nombre de la democracia, de la moralidad y de ¡Viva México! —también se usa, a veces, ¡Viva Cristo Rey!— [...] el estado deplorable y débil de un país —semi-colonial— que permite que sucedan en 1949 cosas que solamente podrían acontecer en plena Edad Media, en la época de la Santa Inquisición o mientras imperó Hitler en el mundo [...] Mientras viva habrá muchos «machos», de esos que han recibido su educación en el «paquín», que seguirán apedreando su casa, insultándolo anónimamente o por medio de la prensa de su propio país y otros, todavía más «machos», *pico de cera,* que se lavarán las manos y pasarán a la historia envueltos en la bandera de la prudencia.

Seguramente por sugerencia del propio Rivera, en la exposición monumental dedicada a toda su obra en el Palacio de Bellas Artes se mostró una reproducción de *Sueño dominical.* A la inauguración asistió el presidente Alemán en compañía de algunos secretarios de Estado y muchos ayudantes, entre ellos Rogerio de la Selva. Pero la molestia había calado muy profundamente en Rivera, como lo demuestran párrafos del artículo «La cuestión del arte en México», que escribió para la revista *Índice,* publicado en marzo de 1952: Logra en el mural del Hotel del Prado una expresión de la vida del pueblo, en lenguaje de pueblo y con un contenido político tan correcto, que la obra produce pedreas contra el autor [...] los burgueses alquiladores del hotel y los burócratas gubernamentales aprovechan, los primeros para ordenar y los segundos para solapar que el mural sea cubierto y la voz aclaradora de su contenido sea ahogada para que no la escuche el pueblo. La cita del Nigromante «Dios no existe», transcrita en caracteres minúsculos, fue pretexto vil para el secuestro de la pintura; la verdadera razón fue la claridad en la expresión de la trayectoria política de México, sintetizada en lenguaje de pueblo, presentando sus caracteres sucesivos hasta el actual periodo de consolidación política de la burguesía, con toda la corrupción con que la nueva clase de nuevos ricos ejerce desvergonzada y cínica su poder.

En 1955 el poeta católico Carlos Pellicer, amigo de Rivera desde los años de José Vasconcelos en la Secretaría de Educación Pública, decidió por su cuenta realizar una encuesta en torno al mural del Hotel del Prado. Él, como otros, opinaba que una cita histórica no lesionaba los sentimientos del pueblo católico de México, mientras que la pintura clausurada lo privaba de un bien cultural público de primer orden. En esta acción Pellicer fue apoyado por la secretaria y amiga de todas las confianzas de Diego, a quien le envió un recado muy preciso a la Unión Soviética, donde Rivera se encontraba en tratamiento del cáncer que lo aquejaba. Seguramente el deterioro de su salud lo movió a pensar en un acuerdo, a limar diferencias con los católicos de México, a eliminar dificultades seguramente secundarias. El 14 de octubre de 1955 le escribió desde Moscú a Teresa Proenza: Siento sobre todo necesidad de paz y de amor y de lucha por lo que nos une para conseguirlo, no por lo que nos divide. He sentido como nunca entre esta gente maravillosa lo que quiere decir solidaridad humana y amor al prójimo.

Otra carta desde Moscú, el 17 de noviembre de 1955, estaba dirigida a Pellicer: Querido Carlos: He recibido los recortes de prensa con la encuesta sobre el mural en el Hotel del Prado y quiero agradecerle a usted, como gran poeta católico, su combate por la verdad histórica y la libre expresión en el arte, también a las demás personas que han tomado parte en la campaña. Como ya se reconoció, se trata solamente de una cita histórica muy importante y una verdad evidente respecto al cambio de clima histórico de México en esa época. Por esto, la cita debe mantenerse en todo caso. Sin embargo, si el título de la conferencia molesta, como lo importante es el hecho, puede restaurarse la pintura y poner en el papel que sostiene el Nigromante: «Conferencia en la Academia de Letrán -1836». Creo que así se respeta la verdad histórica, se eliminan pretextos y se evitan molestias. Considero que usted más que nadie es el indicado para dar a conocer, en la forma que juzgue más conveniente, mi decisión.

El 10 de diciembre siguiente, en su habitual crónica de la revista *Mañana,* Salvador Novo comentó: Me pregunto si Jesucristo se le habrá aparecido también a Diego, allá en Moscú; le quedaba cerca. Y si lo habrá convertido. Esta mañana, los periódicos informan que ya regresa, curado del cáncer. Hace ocho días justos me encontré a Alfaro Siqueiros. Acababa de dejar en Moscú a Diego, y me dijo que el cáncer lo tiene en, digamos, el principio, y que el temor de los médicos es que si se lo cortan, le pase a la sangre. Será de cualquier modo muy venturoso verlo regresar.

Descubierto el mural oculto durante ocho años, el 15 de abril de 1956, acompañado de amigos y periodistas, Rivera subió al andamio para cambiar la inscripción junto al Nigromante, tal como se había anunciado. Ya sin la mampara, la luminosa y dinámica composición narrativa de los *Sueños de un domingo en la Alameda* todavía quedaría encajonado otros cuatro años por las columnas del gran comedor. En 1960 los peritos llegaron a la conclusión de que el hundimiento del edificio ponía en grave peligro el mural, que para entonces presentaba numerosas grietas. Entonces el INBA convocó a un equipo de los más confiables peritos de México, quienes aconsejaron la muy arriesgada maniobra de cortar la pared con todo y pintura, encapsularla en una estructura de acero, para luego arrastrar el bloque de catorce y media toneladas hasta el vestíbulo. Los cálculos fueron hechos con tal precisión que, tras doce horas de dramático acarreo, los *Sueños* llegaron felizmente a su nuevo emplazamiento que debió haber sido el de los frescos sobre la flora y la fauna que Rivera no llegó a ejecutar. Entre los aplausos por el éxito se oyó una protesta, era la del arquitecto y pintor Juan O'Gorman, estrechamente ligado a Rivera durante casi tres décadas. El 15 de abril de 1961 le envió a Celestino Gorostiza, director del INBA, una carta para expresar su desacuerdo con la «decoración» en la que había quedado sumergido el muy célebre mural: Muy señor mío y amigo: Ya que me hizo usted el honor de llamarme a colaborar gratuitamente en el arreglo del sitio donde se transportó el gran mural de Diego Rivera en el Hotel del Prado, me permito externarle mi opinión, que al mismo tiempo es protesta. Este mural, tanto por su alta calidad artística, como por ser un monumento nacional, requiere y necesita estar colocado en un salón que tenga dignidad. A mi juicio el local de la estancia del hotel donde se encuentra es, desde este punto de vista, totalmente inadecuado. Para confirmarlo paso a darle mis razones: El arreglo «arquitectónico» de este local tiene todos los caracteres de un salón de agencia funeraria modernista dizque elegante. Parece que lo proyectó algún decorador de interiores especializado en peluquerías de señoras de segunda clase de alguna población de tercera clase de los Estados Unidos del Norte. Las bambalinas de madera (material inflamable) que aparentan ser los muros de la estancia del hotel están forradas con papel tapiz de plástico de un color muy sucio, entre lodo y chocolate. Este material hecho de plástico y el esqueleto de madera llegan hasta el mural por sus lados. Aparte de lo horroroso de este «arreglo» se pone en peligro el mural en caso de incendio. El ambiente tétrico del local y el color escatológico de los muros sólo pueden explicarse como un desacato a la memoria del maestro. Por si esto fuera poco, se colocó frente al mural una jardinera sin jardín. He quedado muy sorprendido de que se suprimieran los «arreglos florales» con plantas hechas de plástico que querían colocar en la jardinera de marras frente al mural. En cambio, como algo realmente novedoso, rellenaron con piedras la misma «jardinera», que desde ahora, me supongo, podemos llamar piedrera.

Aunque mi voz sea una sola, protesto y quiero que usted sepa que de ninguna manera estoy de acuerdo, ni jamás he dado mi aprobación para toda esta tramoya asquerosilla que trata de rebajar la calidad de una obra maestra de la pintura de todos los tiempos. Claro está, que usted debe saberlo perfectamente, que toda esta basura estética no es más que la forma con que pretenden ser elegantes esos pobres y rastacueros individuos cuya aspiración máxima es llegar a ser criados de calidad en un hotel de categoría para pochos. Como da la casualidad que yo intervine a petición de ustedes en este asunto, creo mi deber hacer pública mi inconformidad por lo que en mi concepto es un ignominioso «arreglo arquitectónico». Ojalá que el INBA, en su calidad de autoridad máxima en la educación estética del pueblo mexicano, procure que se haga un arreglo que tenga la dignidad necesaria para que no se deforme el contenido estético de una de las mejores obras del gran pintor mexicano, que es uno de los tesoros artísticos de nuestra patria. En efecto, O'Gorman hizo pública su protesta haciéndola publicar en los periódicos *Novedades* y *Excélsior*.

Después del traslado del mural, la restauración del mismo estuvo a cargo del pintor Osvaldo Barra, el ayudante chileno de Rivera desde 1953. Sobre esto también opinó Juan O'Gorman, después de revisar centímetro a centímetro los *Sueños*. En una entrevista que le hice para la revista *Política* (junio 1, 1961), me dijo: El trabajo de Barra es excelente; ha hecho una restauración de acuerdo con los colores que usaba Rivera, y esto es algo que debe saber siempre el restaurador: la paleta que usó el pintor al crear la obra. En este caso Barra estaba familiarizado con la paleta de Rivera y ha hecho un buen trabajo porque conoce y ama su pintura.

Lo que deberá destacarse siempre es que si no hubiera sido removido en 1961 del sitio original, *Sueños de un domingo en la Ala-*

meda se hubiera dañado de manera irremediable durante los terremotos del 19 y 20 de septiembre de 1985, pues el ala del comedor de Hotel del Prado quedó prácticamente destruida. En el vestíbulo, al gran tablero independiente sólo se le incrementaron antiguas fisuras y tuvo desprendimientos de escasa significación en una zona de la parte inferior derecha. Cupo al muy experimentado restaurador Tomás Zurián y sus colaboradores del Centro Nacional de Conservación de Obras Artísticas del INBA, auténticos héroes culturales en aquel septiembre de tragedias, actuar con prontitud para el salvamento de esos *Sueños* preciosos. Ellos cubrieron la zona pintada con una cortina y encerraron todo el tablero en una caja de triplay para impedir que aquellos que estaban trabajando para diagnosticar si el Hotel del Prado seguiría en pie o sería derruido pudieran dañarlo. Después de diversas especulaciones se decidió trasladarlo, corriendo todos los enormes riesgos que tal movimiento implicaría, a un terreno en la esquina noroeste de las calles de Colón y Balderas. Antes de su remoción fue sometido a una prolija restauración y se le protegió con todos los materiales y las normas de las técnicas actualizadas, con asesoría de la Facultad de Ingeniería de la Universidad Nacional Autónoma. Primero se preparó la cimentación donde sería colocado el mural; éste, con todos los elementos protectores, permaneció a la intemperie hasta que se construyó, durante ocho meses, el edificio que lo contendría, nada ostentoso, aunque en sus dimensiones ha permitido rodear a la pintura de los suficientes documentos que dan cuenta de su azarosa historia al numeroso público que acude a contemplarlo, desde el 19 de febrero de 1988, cuando fue por tercera vez inaugurado.

PESADILLA DE GUERRA Y SUEÑO DE PAZ. Cuadro monumental o mural transportable. Poliestireno sobre tela, 4.40 × 9.80 m, 1951-1952. Desaparecido.

A fines del sexenio del presidente Miguel Alemán se organizó, bajo la dirección de Fernando Gamboa, para itinerar por París, Estocolmo y Londres, la Exposición de Arte Mexicano Antiguo y Moderno, para la cual se le encargó a Rivera la ejecución de una pintura monumental. La guerra de Corea había conmovido al artista, a la vez que las pláticas de paz entre Corea del Norte y del Sur habían despertado en él esperanzas de arreglos a largo plazo que ahuyentaran al latente peligro de un reinicio del conflicto. Cuando en 1951 le fue cursada a Diego la invitación para realizar la obra, él propuso el tema *Pesadilla de guerra y sueño de paz,* el cual fue aceptado antes de que hiciera el dibujo preparatorio. Dispuesto al trabajo, se instaló con su gran tela en el tercer piso del Palacio de Bellas Artes para pintarla a la vista del público. Trazada la composición en todos sus detalles, Rivera se disponía a concluir la tarea cromática, cuando Carlos Chávez, director del Instituto Nacional de Bellas Artes, le planteó verbalmente ciertas inconformidades que ratificó por escrito el 26 de febrero de 1952, donde le comunicaba que el mural no sería exhibido en Europa porque «contiene graves cargos de naturaleza política en contra de varias naciones extranjeras con cuyos gobiernos el nuestro cultiva relaciones amistosas»,[104] aunque el contrato seguía vigente y la pieza podría mostrarse en México.

Los temas se habían desarrollado en dos secciones horizontales; en la parte superior se puede apreciar una explosión atómica, crucificados, ahorcados, fusilados, torturados. A la derecha del espectador se levantan construcciones arquitectónicas propias del gran capital, así como obreros explotados y reprimidos. Del lado izquierdo los líderes comunistas José Stalin y Mao Tse-Tung le ofrecen la paloma de la paz a las figuras emblemáticas del Tío Sam (Estados Unidos), John Bull (Gran Bretaña) y Marianne (Francia). En la franja inferior obreros, soldados, campesinos, madres con sus hijos, artistas, intelectuales y activistas sociales acuden al llamado por la paz lanzado desde Estocolmo en abril de 1950 por el Comité Permanente de Partidarios de la Paz, firmando o recogiendo firmas. Entre los personajes reconocibles: el general Heriberto Jara, los poetas Enrique González Martínez y Efraín Huerta, la arquitecta Ruth Rivera, Frida Kahlo en silla de ruedas.

El 28 de febrero de 1952 Rivera le expresa por escrito a Chávez su más enérgica protesta por la falta de objetividad en sus argumentos y le describe forma y contenido de la obra: Presenta una escena en las calles de México. Partidarios de la paz recogen firmas para un plebiscito contra el empleo de las armas atómicas y por la paz, la cual no es posible establecer en ningún caso más que por el compromiso solemne de no hacer la guerra entre equellos que pueden hacerla, es decir, las cinco grandes potencias del mundo […] No estaría mal que recordase usted que un gran crítico inglés, monárquico y nada sospechoso de subversivo, Sir John Ruskin, dijo: «Si no hubiera habido batallas, no habría gran pintura mural», y yo he pintado la más lícita y grande de las batallas, la batalla por la paz […] Hay un solo hecho histórico preciso publicado en casi todas las revistas ilustradas de la tierra: la crucifixión de un guerrillero norcoreano en la ciudad de Tchedonindo por tropas de Sigman Rhee. Siendo esto un crimen contra los derechos humanos y la civilización del dominio público, en letras de molde y en imágenes fotográficas, me guardo de hacer el insulto a usted, de pensar que pretende usarlo como un cargo hecho por mí a varias naciones […] Presenta las cinco grandes potencias en la exacta actitud histórica que guardan actualmente entre sí, y eso no puede constituir, señor Director, ningún cargo contra ellas. Tuve cuidado de usar para representar a esas potencias, lo que en ellas mismas, por la palabra, en prosa, con la poesía y en la imagen están admitidas como tales. Es decir: para Francia, la bella Mariana; la figura popular y querida del pueblo y con la cual todos los grandes artistas franceses, desde el tiempo de Rude hasta Daumier y todos los contemporáneos han presentado a la Francia de la libertad. Esta figura reposa sus manos sobre un azadón, el de la Francia cultivadora de su propia tierra y de las grandes tradiciones de cultura Greco-Latina, y de las nuevas corrientes de Libertad Democrática y de renovación social. La Inglaterra, representada por el popular John Bull con el traje y la fisonomía con que lo consagraron los grandes artistas ingleses Howard y Rowlanson. John Bull apoya su diestra en un engranaje de acero como corresponde al carácter del país industrial que tiene Inglaterra. Para Estados Unidos de Norte América, la más familiar de las auto representaciones: el Tío Samuel, tranquilamente cruzado de brazos, sostiene en su mano la Sagrada Biblia, pues como usted sabe, señor Director General, nuestro vecino, el Tío Samuel, dice ahora en todos tonos y por boca de todos sus funcionarios que pelea por la Democracia, la Libertad, la Paz y la Civilización Cristianas; todo ello contenido en el antiguo y nuevo Testamento y los Santos Evangelios. Por otra parte, usted no puede ignorar los presupuestos de guerra del Tío Samuel, por lo cual él sostiene en su mano derecha un típico revólver para defender sus propósitos y lleva una amplia bolsa llena de dólares dispuestos para la ayuda generosa que precisamente usted no puede ignorar. No habiendo aún una figura sígnica nacional, universalmente admitida para la China Popular como existen para las otras tres naciones, hube de emplear la del líder de su pueblo conocido mundialmente, el poeta y pintor Mao Tse-Tung, que tiene en su mano la paloma blanca de la Paz, usada como signo de tal cosa en China desde hace más de siete mil años. En cuanto a la URSS, me encontré en el mismo caso que respecto a China y empleé la figura más prominente conocida dentro y fuera de las fronteras de la Unión de Repúblicas Socialistas Soviéticas, líder de sus pueblos, el Mariscal Stalin que ofrece a las potencias una pluma para firmar un pacto de paz. La talla de las figuras de este grupo fue establecida cuidadosamente de acuerdo con la extensión geográfica real de sus respectivos territorios. Esta situación está comprobada por el mapamundi alrededor del que están las figuras. Para Inglaterra y Francia, tuve en cuenta la suma de los territorios de la Comunidad Británica y la comunidad francesa de dominios, agregados a los territorios metropolitanos.

Rivera concluye el mural y el 14 de marzo recibe otra comunicación de Carlos Chávez en la que alega que pese a no exhibirse en París: No puede por ello decirse que el gobierno inhiba ni contraríe la libertad de expresión de los artistas mexicanos. Pero existen toda clase de razones de cortesía internacional, y de tradicional respeto a los países y gobiernos extranjeros, para que el de México no pueda convertirse en el vehículo ni en el instrumento, ni en el responsable de una producción pictórica cuyo mérito, por encima de su valor artístico, es su propósito extra artístico de propaganda política [...] Es criterio de nuestro gobierno que, cuando se extravasa la libertad individual de expresión artística en el tratamiento, muy personal, de los asuntos internacionales, es natural que deseosos de disfrutar en todo de nuestra autonomía, debamos respetar ampliamente la ajena; y que lo mismo que encontramos improcedente el envío oficial de una exposición mexicana en el extranjero de un mural que exalta la figura de algunos estadistas soviéticos, y deprime en sus símbolos, a los pueblos de Inglaterra, Estados Unidos y la Francia de la que será huésped la exposición, vetaríamos la exportación oficial para su exhibición en el extranjero, de un mural que contuviera la exaltación de algún otro jefe de Estado y situara a la Rusia Soviética en posición deprimente. No puede escapar al sentido común de usted, ni de nadie, lo ofensiva que resultaría, sin duda, para Francia, la representación de su pueblo en las condiciones que usted la coloca. Para apreciar el sentimiento que semejante representación puede despertar, basta imaginar que México invitara al gobierno de Francia a celebrar aquí una exposición de arte, y que un equivalente de

Diego Rivera pintara un mural en el que el pueblo mexicano apareciera representado por una figura depresiva. Es de pensar que ni el gobierno de Francia aprobaría su envío, ni el de México ni su pueblo lo recibieran con agrado […] El tratamiento que usted ha escogido dar a la pintura, objeto de esta correspondencia, ha llevado al Secretario de Educación —quien la conoce tanto por fotografías como por las publicaciones de ella que usted ha hecho en la prensa— a la consideración de que, siendo el Palacio de Bellas Artes un edificio público, la exhibición en él de su mural resultaría ofensiva para las naciones amigas a las cuales usted en ella agravia, en la medida en que su exhibición en los muros públicos de un edificio del gobierno parecería solidarizar a éste con los puntos de vista políticos internacionales muy privados de usted […] Al describir su mural, me dice usted que el «Tío Samuel sostiene en su mano derecha un típico revólver para defender sus propósitos y lleva una amplia bolsa llena de dólares dispuestos para la ayuda generosa que precisamente usted no puede ignorar». Si insinúa usted que yo he recibido o recibo la «ayuda generosa» del Tío Samuel por el hecho de que suela dirigir conciertos en los Estados Unidos y ganar por eso dólares con mi legítima actividad profesional, debo hacerle ver, con toda claridad, que como a usted le consta por los seguramente muchos dólares que ha ganado con vender su pintura a clientes norteamericanos —museos y particulares—, ni en un caso, ni en otro, puede sugerirse que semejantes legítimos honorarios constituyan una ayuda del Tío Sam con cargo a sus presupuestos de guerra o a sus «generosas» intenciones; son lisa y llanamente el precio que voluntariamente paga el público norteamericano por oír los conciertos que yo dirijo, o por colgar en sus casas y museos los cuadros que usted pinta.

En obediencia a órdenes cursadas por el secretario de Educación, Manuel Gual Vidal, a las diez y media de la noche del viernes 14 de marzo de 1952 un grupo, bajo la supervisión de Fernando Gamboa, llegó al tercer piso del Palacio de Bellas Artes, y con navajas cortaron al borde del bastidor la tela del mural. Dos días después Rivera convocó a una conferencia de prensa en la que expresó: En el principio de este asunto tuve yo la impresión de que se trataba de una cuestión interna entre los organizadores de la exposición y de los intereses de todo orden que ellos tienen. Ahora estoy convencido de que se trata del temor que en el gobierno ha despertado el contenido de ese mural: la lucha por la paz. De otro modo no se explicaría el secuestro de que ha sido objeto, evitando su exhibición, no ya en París sino aquí mismo […] El desarrollo de los acontecimientos me ha demostrado que las objeciones en el sentido de que se hacen graves cargos a países y gobiernos amigos de México no corresponden al verdadero pensamiento de los funcionarios del INBA, sino a la tendencia general del gobierno de México que, englobado en el llamado bloque occidental de las Naciones Unidas, no pudo permitir que el mensaje de la voluntad de paz del pueblo mexicano, fielmente reflejada en mi mural, fuera conocido mundialmente, lastimando los intereses guerreristas del imperialismo anglosajón […] El asunto esencial y exclusivo de mi mural fue, y no podía ser otro, aquel que más importancia tiene en el presente momento histórico para el pueblo de México y para todos los pueblos de la tierra: la paz. La paz, de la que soy ferviente y honesto partidario […] La primera versión oficial fue de que un grupo de individuos extraños al establecimiento habían venido y se habían llevado la pintura. Como esta versión era insostenible y estúpida se abandonó el recurso de robo por manos desconocidas y la señorita jefe del Departamento de Administración del INBA declaró ante notario público, ante mi abogado el señor licenciado Alejandro Gómez Arias, uno de los ayudantes que había sido expulsado —el señor Arturo Arámburu— y ante mí, que la pintura había sido desmontada y guardada fuera del museo *por orden superior* […] El gobierno no puede tomar esta actitud más que por una razón política: es inútil repetir aquí lo que en todos los tonos se ha dicho respecto a la creciente presión o influencia del imperialismo anglosajón sobre nuestro gobierno […] Seguiré reclamando me sea entregado este mural, por el cual siento legítimo orgullo como artista, como partidario de la paz y como mexicano.

El 17 de marzo de 1952 Rivera solicita a Carlos Chávez la rescisión del contrato y devuelve dos cheques por cinco mil pesos cada uno. Pero el mural no le fue devuelto. Debió esperar el cambio de gobierno y fue en mayo de 1953, siendo presidente de la República Adolfo Ruiz Cortines, cuando le entregaron en la casa de Coyoacán un enorme tubo metálico que lo contenía. Entonces hizo trámites para que lo adquiriera el gobierno chino por la suma de cinco mil dólares (que seguramente serían aportados al Partido Comunista); mas como no existían relaciones entre China y México, la exportación se hizo al través de Checoslovaquia. Primero se pensó embarcarlo por avión, pero las dimensiones del bulto obligaron al envío por vía marítima el 30 de julio de 1953. Y ahí se le perdió el rastro. Con auténtica preocupación, el 5 de septiembre de 1954 aborda el caso en carta al secretario general del Consejo Mundial de la Paz, Jean Laffite: El mural *Pesadilla de guerra y sueño de paz* fue embarcado con completa documentación hecha ante el Instituto de Arqueología, Etnografía e Historia de México, que autorizó la exportación, así como la Secretaría de Hacienda y con documentación aduanal legal y regular. Por otra parte, existen relaciones diplomáticas y comerciales entre México y la República Popular de Checoslovaquia, de modo que no hay razón para irregularidad en este asunto, a menos de acción ilegal y clandestina, por lo que interesa sobremanera conocer las particularidades del caso, pues no es posible que no se hubiesen verificado en más de un año transcurrido ya desde que se envió. Este asunto, tanto por razones de orden superior políticas cuanto por razones económicas que son muy perentorias para nuestros amigos de acá, resulta de urgente solución para nosotros. El mural fue adquirido por nuestros amigos de China en cinco mil dólares.

Rivera murió sin saber a dónde había ido a parar su pintura. En los años noventa surgió el rumor de que se encontraba en una bodega en Rusia, y los rusos siguen sosteniendo que si lo encuentran lo harán saber de inmediato. Por lo raro del caso se podría sospechar que la tal bodega está más cerca, en algún sitio del territorio mexicano. Quizás algún funcionario decidió que el secuestro tuviera un nuevo capítulo. El enorme contenedor no era un alfiler como para que desapareciera sin dejar rastro. Por intermedio de Juan Pablo Sáenz, miembro del PC que había viajado a China, le fueron adelantados a Rivera quinientos dólares, que se emplearon para pagar el embalaje y el transporte del mural hasta Praga.

EL PUEBLO EN DEMANDA DE SALUD. Hospital de Zona Número 1 del Instituto Mexicano del Seguro Social, convertido posteriormente en el Centro Médico «La Raza». Cruce de las avenidas Insurgentes y Río Consulado, Ciudad de México. Fresco, temple de caseína, temple de emulsión resinosa, óleo y mosaico de vidrio. 142.5 m². Firmado y fechado el 30 de noviembre de 1953, inaugurado el 10 de febrero de 1954.

El arquitecto Enrique Yáñez (1908-1990), máximo experto en la construcción de hospitales durante varias décadas, concluyó el edificio de este nosocomio en 1952. En consulta con Diego Rivera, decidieron, en lo que era el vestíbulo principal del llamado Hospital de la Raza, destinar un muro que en lo alto de la parte frontal se curvaba de manera parabólica, con suave elegancia, y se continuaba por los costados en unas angostas franjas que completaban el grácil aspecto de un gran telón. Debido a las ampliaciones posteriores, la inicial espectacularidad del vestíbulo de la entrada, en lo alto de una amplia escalera, se vio disminuida al convertirse en un espacio secundario de circulación.

El principal ayudante en esta obra, aunque no el único, fue el chileno Osvaldo Barra, con buena preparación como artista plástico y con experiencia en obra mural, pues había realizado en su tierra, antes de llegar a México, varios trabajos en este orden. A su paso por Chile en mayo de 1953, Rivera había elogiado *A los mineros de Lota,* pintado por Osvaldo en una pared de la Escuela de Bellas Artes de Santiago. Su testimonio de la labor junto a Rivera (acosado entonces por el grave deterioro en su propia salud y en la de Frida Kahlo) resulta muy valiosa: La técnica de pintura al fresco de Rivera —me reveló durante una charla amigable— era un verdadero alarde de libertad plástica, tanto en el dibujo como en el color. El maestro no temía colocar un amarillo cadmio puro y un rojo bermellón puro sin ninguna matización. Comprendí que en una gran composición un plano de color no es más que un toque que se matiza dentro del conjunto. Además tuve la suerte de estar junto a Rivera en su época de mayor riqueza de color, casi se podría decir de exuberancia de color. Nunca había tenido un maestro con tanta capacidad de trabajo. Yo, que me consideraba un buen trabajador, confieso que muchas veces me sentí fatigado hasta la desesperación durante jornadas de veinticinco o treinta horas seguidas, y tras descansar sólo cinco horas volver al andamio para otra jornada similar. Fue así como un mural de 142.5 metros cuadrados, *El pueblo en demanda de salud,* que contiene tantas figuras como *El juicio final* de Miguel Ángel, fue terminado en escasos cuatro meses. Ser ayudante de Rivera significaba tener que fundirse con el trabajo y la persona del maestro, que era una misma cosa, dejando de lado todo, incluso los intereses personales y privados. Había que abandonar todo tipo de actividad para poder seguirlo fuera de día o de noche en horarios caprichosos. Por ejemplo, podíamos perder una mañana completa o gran parte del día escuchando al maestro contar una y otra vez, con imaginación muy singular, anécdotas sobre los temas más diversos: científicos, sentimentales, históricos, para lanzarse después curiosamente a la tarea antes de que la mezcla del aplanado se secara y quedara inutilizada. Una de las cosas más notables que se percibían en Rivera a poco de trabajar con él era su enorme cultura sobre el pueblo al cual pintaba. Como era un gran improvisador en el muro, muy pocas veces se hacían dibujos previos, resolviéndose los trazos en el fresco mismo, o sea, cuando la mezcla colocada en una sección del muro urgía, no dando tiempo de documentarse. Cuántos apuros pasé en momentos en que el maestro me indicaba realizar un objeto mexicano que yo desconocía. Su memoria para producir ciertos elementos sin modelo a la vista era prodigiosa. Muchas veces mi guía era una explicación verbal que el maestro iba haciendo mientras él por su parte también pintaba, interrumpiendo sólo de vez en cuando para echar una mirada sobre mi «interpretación» que apenas lograba yo comprender cuando estaba terminada. No era fácil ser un buen ayudante de Rivera; con él no existían los cartones previos tan usados durante el Renacimiento. Este sistema tiene el defecto de que el cartón queda siempre mejor que el muro porque en él se ha volcado toda la emoción del pintor. El límite de libertad que daba Rivera en el trabajo dependía mucho del ayudante. Había algunos que se entendían mejor con él que otros. Un ayudante de Rivera no sólo debía someterse ciegamente a sus enormes horarios de trabajo, sino también a sus cánones plásticos. En raras ocasiones hablaba Rivera de pintura.

En esta composición el pueblo demanda salud en dos tiempos históricos: el prehispánico y el del México de los años cincuenta. En ambos hay una multitud que exige, en la antigüedad a los sacerdotes y en el presente a los funcionarios que tienen consideraciones con los pudientes. Estas escenas se desarrollan en lo alto de la composición y hacia abajo, en franjas sucesivas, diseñadas para conservar una cierta bidimensionalidad, demuestran los conocimientos médicos de cada época. Basándose en códices y en informes de Bernardino de Sahagún y otros cronistas, Rivera demuestra que la asistencia médica entre los antiguos mexicanos era muy variada: cirugías, trepanaciones, enemas, masajes, entablillamientos; asistencia dental, cardiaca o dermatológica, y, entre otras más, la importantísima del alumbramiento, convertido en ritual de vida, cuando la partera celebraba a la madre y al recién nacido por haber salido triunfantes del peligroso trance. En su alabanza salmodiaba: Seáis muy bien llegado, hijo mío muy amado; trabajo habéis tenido; os ha enviado acá vuestro padre humanísimo que está en todo lugar, criador y hacedor; habéis venido a este mundo donde vuestros parientes viven en trabajos y fatigas, donde hay calor destemplado y fríos y aires, donde no hay placer ni contento, que es lugar de trabajos y fatigas. ¡Oh, hija mía, águila! Habéis hecho todo vuestro poder, habéis puesto todas vuestras fuerzas para salir con esta empresa de madre. Lo que puedo afirmar es que nuestro señor Quetzalcóatl, que es criador, ha puesto una piedra preciosa suya y una pluma rica suya en este polvo, y en esta casa pobre hecha de cañas.

Es justamente la deidad de la vida y del parto, Nuestra Señora comedora de inmundicias, la diosa Madre, la progenitora de los dioses y de los hombres, la amorosa Tlazolteotl, la que en imagen tomada del Códice Borgia, la que domina el centro del mural con todos los símbolos de sus atributos, fecundada por la luz de un sol que despide flamas de energía, para expulsar de su vientre a esa gota de resplandor que es el recién nacido, en quien encarnará la sabiduría para interpretar como hombre la naturaleza, pues lo recibe un manto cuadriculado que contiene las plantas medicinales usadas por los antiguos. Las plantas no sólo están representadas, sino que muchas de ellas están identificadas con sus nombres en náhuatl o en latín. Decía Marte R. Gómez que Rivera seguramente se documentó en el libro del médico indio Martín de la Cruz (1552), traducido al latín por el xochimilca Juan Badiano, y quizás también en la *Historia de las plantas de Nueva España,* del protomédico Francisco Hernández (1557). Como Diosa de la tierra, Tlazolteotl está cubierta con la piel de Xipe-Totec, nuestro Señor el Desollado.

A la izquierda del observador se desarrolla la medicina moderna, provista de tecnología muy desarrollada y profesionales especializados. Entre los muchos retratos cabe destacar el homenaje rendido por Rivera a Marie y Pierre Curie, así como a los doctores Ignacio Millán y Manuel Aceves Pérez, destacados científicos mexicanos que lo habían asistido. En las angostas secciones laterales Rivera destacó la labor de la médica Guadalupe Eguilús, dietista especializada en el combate al raquitismo, y a una laboratorista, a cuyas espaldas se suceden células y frutos. El desarrollo constructivista y didáctico fue enmarcado por Rivera con dos elementos de tamaño mayor y extraordinaria sensualidad simbolista en su representación antropomorfa: el árbol rojo de la salud y el árbol amarillo de la vida. De este último emerge un gran falo erecto del cual pende un columpio en el que una Tlazolteotl-Izcuina (copia de una célebre escultura en cristal de roca) está acuclillada, ayudándose en su esfuerzo por parir. Estos árboles luminosos, dadores de frutos y con una dinámica propia que se contagia al resto de lo representado, descansan en el zócalo de mosaico, donde quedaron ubicadas en su versión de serpientes Quetzalcóatl y Tláloc, cuyas fauces se acercan para sostener una cabeza mitad muerte y mitad vida.

La rapidez en la ejecución, testimoniada por Osvaldo Barra, no afectó las cualidades plásticas, impregnadas de evidentes refinamientos. Entre éstos resalta la figura de la muchacha de la paz, para la que sirvió de modelo la entonces joven pintora Ana Teresa Fierro. Esa figura sobresaliente está situada en la sección de la medicina contemporánea, frente al contingente de los humildes que se amontonan para recibir los servicios de la medicina socializada. La joven saludable, de físico vigoroso, sostiene en sus manos fuertes dos ofrendas que son dos símbolos: su mano derecha se adelanta para ofrecer la paloma de la paz, mientras la izquierda retiene un corazón como fruto de salud. Los signos combinados por Rivera son bien descifrables: sólo una paz defendida con vigor y conciencia permitirá al pueblo conquistar los plenos y seguros beneficios de la medicina social.

El Hospital de Zona Número 1 del Instituto Mexicano del Seguro Social fue el primero en el país que se dedicó a la medicina preventiva. Esto fue tomado en cuenta por Rivera al exaltar el ciclo evolutivo de la especie humana como un tránsido en busca de una posible felicidad, y rendir tributo a quienes desde la antigüedad al presente se han esforzado por mitigar el dolor, corregir el defecto, subsanar el accidente y defender el irrenunciable derecho a prevenir la salud. Individualmente el trabajador no puede, como los adinerados, pagar los servicios que la avanzada medicina del presente está en condiciones de ofrecerle. El IMSS se creó para solucionar ese insoslayable problema sanitario entre quienes laboran y construyen para alcanzar un desarrollo y un porvenir mejor para la mayoría menos favorecida. Esto lo debe entender una burocracia no siempre bien predispuesta, debido entre otros motivos a las presiones egoístas de sectores dominantes. Rivera sostenía que los obreros asegurados debían acostumbrarse a exigir algo más que «una sopa de su propio chocolate».

EL TEATRO DE MÉXICO. Fachada exterior del Teatro Insurgentes, en el sur de la avenida del mismo nombre, Ciudad de México, mosaico de vidrio, 300 m², 1953.

El empresario José María Dávila encargó a los arquitectos Julio y Alejandro Prieto la construcción del Teatro Insurgentes y en 1953 llamó a Diego Rivera para que decorara en la fachada el muro cóncavo situado arriba de la marquesina. Bajo el título de *El teatro en México,* Diego desplegó una serie de temas dentro del esquema: prehispánico, colonial, Reforma, Revolución y presente.

En ese momento muchos artistas venían adoptando el mosaico de vidrio para sus trabajos plásticos en exteriores, y así lo hizo también Rivera, con la diferencia de que el cartón previo no fue tal sino una pintura directa al silicón sobre un aplanado provisional, lo que le permitió ponderar tanto la percepción a la distancia como la del espectador en movimiento, y realizar a la vez las adecuaciones propias de una distorsionante superficie curva. A los sesenta y seis años de edad se le dificultaba la permanencia prolongada en un andamio a la intemperie, de modo que integró una amplio equipo de ayudantes, todos ellos pintores jóvenes que seguían las instrucciones precisas del artista para fondos y rellenos de figuras, las cuales en su totalidad fueron ejecutadas por Rivera.

En la representación del teatro prehispánico se conjugan vida y muerte en la plataforma de un templo a Quetzalcóatl. Los personajes son Mictlantecuhtli, Señor del Mundo Subterráneo y de la muerte; el guerrero que defiende con una lanza a su pareja para evitar que sea llevada al sacrificio; para ello cuenta con el amparo de una sacerdotisa de Tlazolteotl, señora de la vida, el amor, la enfermedad, la medicina, los alimentos y la basura. Lo prehispánico se completa con tres danzarinas semejantes a las figurillas cerámicas de Tlatilco, con vistosas orejeras y los cuerpos tatuados de la cintura a los pies; las acompañan tres músicos que tocan instrumentos originales. Esta sección, con un paisaje de fondo, culmina con la representación de Quetzalcóatl, señor de la luz, el viento, el movimiento y la sabiduría, a quien celebran dos danzantes disfrazados, respectivamente, de Tláloc y de tigre.

En el teatro colonial hay un telón de fondo con la imagen del diablo, frente al cual sobreviene la lucha entre el bien y el mal, o sea, entre el demonio y el ángel, a la manera de un auto sacramental inspirado en *Los alcabaleros* de Juan Ruiz de Alarcón. En la escena se ve un galán seductor, una enamorada seducida, un corregidor, un encomendero, el arcángel Gabriel y un indio expoliado. Los músicos tocan instrumentos europeos: un esclavo negro encadenado la tambora, un mulato el flautín, mientras que el violinista es mestizo. Un charro chinaco y una china poblana bailan el jarabe tapatío. Un chicano y su mujer, más un soldado de caballería liberal, entonan un corrido que exalta las figuras de Hidalgo, Morelos y Juárez, ahí retratados. Casi al centro Emiliano Zapata con una mazorca de maíz en una mano y la antorcha de la lucha en la otra.

Para el teatro contemporáneo Rivera decía haberse inspirado en *Corona de sombras* de Rodolfo Usigli. Esta sección cubre los periodos de las luchas civiles posteriores a la Independencia, es decir, el Imperio, su caída y la victoria de la República. La representación de la Revolución Mexicana se basó en *Los de abajo,* de Mariano Azuela, con la guerra civil y las luchas campesinas por la tierra.

En la comedia contemporánea Rivera puso como personaje central a «Cantinflas», quien trata de dar a los pobres el dinero que saca a los ricos. Afirmaba Rivera que fue genialidad de Mario Moreno adoptar el harapo inmundo, que él llamaba gabardina, y en el cual inicialmente Diego pintó a la Virgen de Guadalupe, imagen que eliminó ante las airadas protestas de algunos católicos, aunque dejó a espaldas de estos grupos la reproducción de la Basílica de Guadalupe. «Cantinflas» tiende la mano derecha a un grupo de pudientes (el capitalista, el militar, el clérigo, la cortesana, hombres y mujeres de la gran burguesía), mientras con la izquierda deposita una moneda en una de las muchas manos de desvalidos que se tienden suplicantes. Los ricos están parados en lingotes de oro, al frente de los cuales hay una placa con las cifras 1,000.000 × 9,000. En el piso de «Cantinflas» y los pobres se puede leer un solo número: 20,000.000. Con estas cifras Rivera expresaba que en el México de aquel momento había nueve mil millonarios y veinte millones de miserables.

Cuando le pregunté a Diego por qué había elegido la figura de «Cantinflas» para la acción transitiva de pedir y donar, me respondió que tan sólo había reflejado una concreta realidad y me incitó a constatarla directamente. Así lo hice. En efecto, si a las dos de la tarde pasaba uno por la calle Morelos frente al número 110, en el centro de la Ciudad de México, podía ver una multitud de hombres y mujeres pobres, apesadumbrados, tristes, que esperaban pacientemente la hora de ser atendidos en las oficinas de Mario Moreno. Llegaban con problemas de salud, de trabajo, de embargo de sus míseros bienes. La caravana de necesitados había hecho de Morelos 110 su Muro de los Lamentos. «Cantinflas» escuchaba, se hacía cargo de situaciones extremas y trataba de dar a los solicitantes un mínimo de consuelo. Seguramente la mayoría de los que aguardaban nunca habían tenido los centavos para ir al cine y ver una película de su benefactor, que llegaba a Morelos 110 en un Cadillac negro y de inmediato era rodeado por la gente controlada por guardianes. Cuando lo entrevisté, Mario Moreno se aprestaba a construir sesenta y cuatro casas para igual número de familias pobres. ¿Por qué hace esto?, le pregunté y me contestó: Ayudo al prójimo porque me satisface y puedo hacerlo. Es una acción buena, pero muy difícil, ya que no siempre es posible hacer las cosas que uno quisiera. Hay veces que desearía librarme de esta caravana que me acosa constantemente en mi casa, en la calle, en la oficina, en el set. Quería hacer cuanto está a mi alcance sin que nadie lo supiera; pero tuve que dar publicidad al asunto cuando pretendí conmover, sin resultado positivo alguno, el corazón de dos mil millonarios. Colmado de éxito y fortuna, «Cantinflas» no podía olvidar sus días de pobre cargador de mercado.

Una de las partes más atractivas del mural en el Teatro Insur-

gentes son las dos grandes manos de mujer, con mitones de enca-
je, que sostienen un antifaz, por cuyos agujeros asoman ojos feli-
nos e incitantes. Sobre el antifaz, en el lugar de la frente, un eclipse
de sol. Al respecto de esta sección absolutamente espectacular, señalaba Rivera: Generalmente se acepta la literatura teatral como el
elegante antifaz de la fantasía sobre la cruda realidad de la vida.

El teatro en México no fue el último mural de Diego Rivera,
pero sí uno que, resumiendo muchos de sus temas, contiene a la
vez una mezcla de crítica social, gracia erudita y sensualidad refi-
nada, con mayor abundancia de elementos sonrientes y fantasio-
sos, particularmente remarcables en los años finales de una
existencia vivida con una intensidad sin límites en el trabajo, en los
afectos y en los instintos.

Notas

[1] Felipe S. Gutiérrez: «La exposición artística de 1881», *El Siglo XIX*, México, 1881.

[2] Juan M. Villela: «La pintura mexicana», *El Artista*, México, enero, 1874.

[3] J. González de la Torre: «La Academia de San Carlos», *El Eco de Ambos Mundos*, núm. 855, México, octubre 20, 1875.

[4] R. Rafael: «Tercera exposición de la Academia Nacional de San Carlos», *El Espectador de México*, México, enero 4, 1851.

[5] *Ibidem.*

[6] Ignacio M. Altamirano: «La pintura histórica en México», *El Artista*, México, 1874.

[7] Manuel del Olaguíbel: «Nuestros artistas. Pasado y porvenir», *El Artista*, México, 1874.

[8] Jorge Hammeken y Mexía: «El arte y el siglo», *El Artista*, México, enero, 1874.

[9] José Martí: «Una visita a la exposición de Bellas Artes», *Revista Universal*, núm. 297, México, diciembre 29, 1875.

[10] *El Imparcial*, México, octubre 15, 1910.

[11] Daniel Eysset: «La exposición de Bellas Artes en la Academia de San Carlos», *El Siglo XIX*, México, enero 6, 1892.

[12] Manuel Revilla: «Exposición XXII de la Escuela Nacional de Bellas Artes», *El Nacional*, México, enero 13, 1892.

[13] Eduardo Gibbons: «Reflexiones sobre arte nacional», *La Federación*, México, julio 28, 1892.

[14] Diego Rivera: Introducción a la monografía *Las obras de José Guadalupe Posada, grabador mexicano,* editada por Frances Toor, Paul O'Higgins, Blas Vanegas Arroyo, *Mexican Folkways,* Talleres Gráficos de la Nación, México, 1930.

[15] Diego Rivera: «La pintura mexicana: el retrato», *Mexican Folkways,* núm. 5, México, febrero-marzo, 1926.

[16] Max Henríquez Ureña: «Whistler y Rodin», *Savia Moderna,* revista mensual de arte, núm. 4, junio, 1906.

[17] Diego Rivera: «La exposición en la Escuela Nacional de Bellas Artes», revista *Azulejos,* núm. 3, octubre, 1921.

[18] Ramón Gómez de la Serna: *Ismos,* Biblioteca Nueva, Madrid, 1931.

[19] Carta que Angelina Beloff heredó a su colega Vita Castro y que luego pasó a la Capilla Alfonsina.

[20] Correspondencia de Diego Rivera en la Casa-Museo Alfonso Reyes, conocida como Capilla Alfonsina, Ciudad de México.

[21] *Das Werk Diego Riveras,* Neue Deutscher Verlag, Berlín, 1928.

[22] *Correspondencia entre Alfonso Reyes y Pedro Henríquez Ureña.* Edición José Luis Martínez, Biblioteca de América, Fondo de Cultura Económica, 1986.

[23] Ilya Ehrenburg: *Gente, años, vida,* Joaquín Mortiz, S.A., México, 1962.

[24] Ahora es propiedad del Meadows Museum de la Southern Metodist University, Dallas, Texas.

[25] Ramón Favela: «Diego Rivera: los años cubistas, 1913-1917», en el catálogo *Diego Rivera. Los años cubistas,* Museo Nacional de Arte, México, 1985.

[26] Martín Luis Guzmán: «Diego Rivera y la filosofía del cubismo» (artículo escrito en 1915). *Obras completas de Martín Luis Guzmán,* Compañía General de Ediciones, México, 1961.

[27] *Ibidem.*

[28] Angelina Beloff: *Memorias,* SEP-UNAM, México, 1986.

[29] Loló de la Torriente: *Memoria y razón de Diego Rivera*, Editorial Renacimiento, México, 1959.

[30] José Vasconcelos: *Ulises criollo*, Ediciones Botas, México, 1935.

[31] Ver nota 17.

[32] Walter Pach: «Impresiones sobre el arte actual en México», *México Moderno*, México, octubre 1, 1922.

[33] Diego Rivera: «La pintura y otras cosas que no lo son», *La Falange*, México, agosto 1, 1923.

[34] Divulgado inicialmente en volantes, el Manifiesto, redactado por Siqueiros y firmado por Rivera, Guerrero, Revueltas, Orozco, Ramón Alba Guadarrama, Germán Cueto y Carlos Mérida, se publicó en el periódico *El Machete*, segunda quincena de junio de 1924.

[35] «Protesta del Sindicato Revolucionario de Pintores y Escultores por nuevas profanaciones de pinturas murales», fue firmada por Siqueiros y se publicó en *El Machete*, 11-18 septiembre, 1924.

[36] Reproducido en Bertram D. Wolfe: *Diego Rivera, su vida, su obra, su época*, Ediciones Ercilla, Santiago de Chile, 1941.

[37] «Un zafarrancho de estudiantes», crónica en el periódico *La Prensa*, abril 1, 1930.

[38] Publicada en el periódico *Excélsior*, abril 3, 1930.

[39] Publicadas en el periódico *Excélsior*, abril 9, 1930.

[40] Diego Rivera: «Rectificación y desmentido», periódico *El Universal*, México, abril 30, 1930.

[41] Del documento publicado en *El Nacional Revolucionario*, abril 30, 1930.

[42] *Excélsior*, mayo 14, 1930.

[43] Diego Rivera: «La posición del artista en Rusia hoy en día», *Arts Weekly*, Nueva York, mayo, 1932.

[44] Arnoldo Martínez Verdugo: «Diego Rivera y el PCM», periódico *El Universal*, enero 5, 1978.

[45] Valentín Campa: *Mi testimonio. Memoria de un comunista mexicano*, Ediciones Cultura Popular, México, 1978.

[46] «Consenso en el PSUM: homenaje a Diego Rivera», revista *Proceso,* México, mayo 12, 1986.

[47] *Ibidem.*

[48] Contestación a la encuesta «¿Hay crisis en la pintura contemporánea de México?», revista *Así,* México, enero 6, 1945.

[49] Arnoldo Martínez Verdugo: *Historia del comunismo en México,* Editorial Grijalbo, México, 1983.

[50] Estos documentos fueron publicados en el núm. 41 de *El Machete,* agosto 13, 1925.

[51] Marcela de Neymet: *Cronología del Partido Comunista. Primera parte, 1919-1939,* Ediciones de Cultura Popular, México, 1981.

[52] *Ibidem.*

[53] *El Machete,* núm. 60, segunda quincena de febrero, 1927.

[54] El texto completo de las respuestas de Rivera se reprodujo en la antología *Diego Rivera. Arte y Política,* selección, prólogo, notas y datos biográficos de Raquel Tibol, Editorial Grijalbo, México, 1979.

[55] *El Machete,* núm. 96, enero 7, 1928.

[56] Jacobo Dalevuelta: «Rivera vino, pero se irá otra vez», *El Universal,* junio 15, 1928.

[57] Isaac Deutscher: *El profeta desterrado,* Ediciones Era, México, 1979.

[58] Esta carta, escrita en francés, fue entregada en los años 80 al investigador mexicano Xavier Guzmán Urbiola por Teresa Proenza, la secretaria de Rivera, quien posiblemente la extrajo de su archivo. Se hizo pública en la revista española *Diario 16,* núm. 268, septiembre 8, 1990.

[59] *El Machete,* núm. 141, diciembre 1, 1928.

[60] *El Machete,* núm. 145, diciembre 29, 1928.

[61] *El Machete,* núm. 165, mayo 18, 1929.

[62] *El Machete,* núm. 152, febrero 16, 1929.

[63] *El Machete,* núm. 160, abril 13, 1929.

[64] Ver nota 61.

[65] Elegía reproducida en el catálogo de la exposición retrospectiva de

María Blanchard, Museo de Arte Contemporáneo, Madrid, enero-marzo, 1982.

[66] *El Machete,* núm. 293, junio 10, 1934.

[67] Carta de Frida Kahlo al doctor Leo Eloesser, Detroit, mayo 26, 1932.

[68] Fondo Diego Rivera, archivo del Centro de Investigación de Artes Plásticas del INBA, CENIDIAP.

[69] Versión publicada por Isaac Deutscher. Ver nota 57.

[70] Original mecanografiado en inglés. Fue publicado por Xavier Guzmán Urbiola en la revista *Biblioteca de México,* marzo-abril, 1991.

[71] Fondo Diego Rivera en el CENIDIAP.

[72] Documentos del archivo secreto del Departamento de Estado sobre el caso Rivera; fueron dados a conocer por William Chase y Dana Reed, profesores de la Universidad de Pittsburgh, publicados en México por el periódico *El Financiero,* noviembre 19, 1993.

[73] Carta reproducida en el periódico *El Nacional,* abril 24, 1938.

[74] Publicado en el periódico *Novedades,* junio 24, 1938.

[75] Citado por Isaac Deutscher. Ver nota 57.

[76] Cartas publicadas en la revista *Clave,* núm. 6, marzo 1, 1939; la siguiente en el núm. 7, abril, 1939, y otra más en el núm. 8, mayo, 1939.

[77] *Clave,* núm. 1, segunda época, septiembre 1, 1939.

[78] «Diego Rivera contesta al autor de *Cosmópolis*», *La Prensa,* México, marzo 14, 1941.

[79] Diego Rivera: «El espíritu revolucionario en el arte moderno», *Modern Quaterly,* Baltimore, Estados Unidos, otoño, 1932.

[80] Ver nota 23.

[81] Este texto es una compilación de los siguientes escritos de Diego Rivera: «La revolución en la pintura», *Creative Art,* Nueva York, enero, 1929; «¿Hay crisis en la pintura mexicana?», revista *Así,* México, enero 6, 1945; «La pintura mural en México», copia en el Fondo Diego Rivera del CENIDIAP, mayo 1, 1955; «Observaciones, reflexiones y opiniones sobre las artes plásticas y sus posibilidades en la nueva Polonia y las otras

democracias populares de Europa Central», junio 5, 1956, copia en el CENIDIAP; «Respuestas al cuestionario del señor redactor de la revista *Europe,* París, agosto 30, 1957; «Respuestas de Diego Rivera al cuestionario del Sr. Arq. Héctor Manuel Romero», septiembre 11, 1957, copia en el CENIDIAP.

[82] Compilación de los siguientes textos de Diego Rivera: «Las pinturas decorativas del Anfiteatro de la Preparatoria»; revista *El Arquitecto,* núm. 5, México, septiembre, 1925; descripción de sus trabajos relatada para el libro *Das Wer Des Malers Diego Rivera,* Neue Deutscher Verlag, Berlín, 1928; dictado hecho a Juan O'Gorman sobre las técnicas de la encáustica y el fresco, en el libro-catálogo *Diego Rivera, 50 años de labor artística,* INBA, México, 1951.

[83] «Gabriela Mistral en la escuela que lleva su nombre», revista *El Maestro,* tomo III, núm. 1, abril, 1922.

[84] Entrevista con José Vasconcelos en *The New York Call,* julio 30, 1922.

[85] Augusto Santiago Sierra. *Las misiones culturales (1923-1973),* Sep-Setentas núm. 113, SEP, México, 1973.

[86] Diego Rivera «¡¡Asesinos!!», periódico *El Machete,* primera quincena de marzo, 1924, núm. 1.

[87] *La condición de la mujer,* Memorias del Primer Encuentro Sindical sobre la Condición de la Mujer, SUTU, Sección 15, Universidad Nacional Autónoma de Puebla, 1980.

[88] *Ibidem.*

[89] Ver nota 51.

[90] Ver nota 21.

[91] Diego Rivera: «La pintura mexicana», periódico *Excélsior,* México, marzo 18, 1942.

[92] Gladys Steven March: *Diego Rivera, Mi arte, mi vida,* traducción al español de Henrique González Casanova, Editorial Herrero, México, 1963.

[93] Justino Fernández: *Arte moderno y contemporáneo de México,* Instituto de Investigaciones Estéticas, UNAM, México, 1952.

[94] *Ibidem.*

[95] *Ibidem.*

[96] *Ibidem.*

[97] Varios autores: *Testimonio sobre Diego Rivera,* Imprenta Universitaria, UNAM, México, 1960.

[98] Ernst Fischer: *La necesidad de arte (Un enfoque marxista),* Ediciones Unión, La Habana, Cuba, 1964.

[99] Reproducido en *Encuentros con Diego Rivera,* Guadalupe Rivera Marín y Juan Coronel Rivera (coords.), Siglo XXI Editores y El Colegio de México, 1993.

[100] René Tirado Fuentes: «Diego Rivera propone una transacción al señor arzobispo», *Excélsior,* junio 2, 1948.

[101] Raúl Horta: «Siempre no borrará la inscripción», *Excélsior,* junio 3, 1948.

[102] Ver nota 92.

[103] El original se encuentra en el Archivo General de la Nación, al igual que la copia de la respuesta del presidente Miguel Alemán.

[104] Copias de éste y los siguientes documentos se encuentran en el Fondo Diego Rivera del CENIDIAP.

Diego Rivera, luces y sombras
de Raquel Tibol
se terminó de imprimir en **Agosto** 2007 en
Comercializadora y Maquiladora Tucef, S.A. de C.V.
Venado Nº 104, Col. Los Olivos
C.P. 13210, México, D. F.